Histoire Du Brésil Depuis Sa Découverte En 1500 Jusqu'en 1810: Contenant L'origine De La Monarchie Portugaise, Le Tableau Du Règne De Ses Rois, Et Des Conquêtes Des Portugais Dans L'afrique Et Dans L'inde, La Découverte Et La Description Du Brésil...

Alphonse de Beauchamp

HISTOIRE
DU BRÉSIL.

Cet Ouvrage étant ma propriété, je déclare contrefaits les exemplaires qui ne seront pas revêtus de ma signature, et je poursuivrai les contrefacteurs suivant toute la rigueur des lois.

DE L'IMPRIMERIE DE J. B. IMBERT.

Cet Ouvrage se trouve aussi chez les Libraires ci-après :

Lecerf sculp.

Arrivée au Brésil de Don Thomé de Sousa, premier Gouverneur général. P.184

HISTOIRE DU BRÉSIL,

DEPUIS SA DÉCOUVERTE EN 1500 JUSQU'EN 1810,

CONTENANT

L'ORIGINE de la monarchie portugaise ; le tableau du règne de ses rois, et des conquêtes des Portugais dans l'Afrique et dans l'Inde ; la découverte et la description du Brésil ; le dénombrement, la position et les mœurs des peuplades Brasiliennes ; l'origine et les progrès des établissemens portugais ; le tableau des guerres successives, soit entre les naturels et les Portugais, soit entre ces derniers et les différentes nations de l'Europe qui ont cherché à s'établir au Brésil ; enfin, l'histoire civile, politique et commerciale, les révolutions et l'état actuel de cette vaste contrée.

PAR M. ALPHONSE DE BEAUCHAMP,

Auteur de l'Histoire de la Guerre de la Vendée, etc.

Orné d'une nouvelle Carte de l'Amérique Portugaise et de deux belles Gravures.

TOME PREMIER.

PARIS,

A LA LIBRAIRIE D'ÉDUCATION ET DE JURISPRUDENCE
D'ALEXIS EYMERY, rue Mazarine, n° 30.
1815.

PARIS

PRÉFACE.

LES expéditions maritimes et l'histoire des établissemens des Portugais dans l'Inde rappellent leur ancienne gloire ; mais ce grand et bel épisode de leurs annales remet aussi sous les yeux le triste tableau de la décadence de leur puissance et de leur monarchie. Un plus vif intérêt accompagne l'histoire de l'origine des vicissitudes, des progrès de leurs établissemens au Brésil, de la fondation et du développement prodigieux de ce nouvel empire de l'hémisphère austral, aujourd'hui le siége de la puissance portugaise ressuscitée et le centre de son commerce et de ses richesses.

Aucune possession du Nouveau-Monde n'a été si long-tems ni si souvent disputée, non seulement par les naturels, mais encore par des nations formidables de l'Europe, qui se sont portées tour-à-tour au Brésil, soit pour le piller, soit pour s'y établir. Cette suite d'entreprises et d'événemens répand un double intérêt sur l'histoire de l'Amérique Portugaise, qui embrasse une période de trois siècles depuis son origine jusqu'à l'émigration de la famille royale de Bragance.

Cependant aucune histoire générale et complète du Brésil n'avait encore paru, non seulement en langue française, mais encore dans aucune autre langue de l'Europe ; il n'existait sur le Brésil que des renseignemens vagues, incomplets, inexacts, et au lieu d'un corps d'histoire on ne possédait que des voyages et des fragmens historiques. L'ouvrage que je publie est donc une sorte de création, et il aura du moins le mérite de la nouveauté. Avant de

l'entreprendre , j'ai médité long-
tems sur son étendue et sur son importance ; sur le degré d'intérêt qu'il
pouvait inspirer, et sur la composition du sujet en lui-même , qui devait
être à la fois historique , politique ,
descriptif , géographique , militaire
et commercial. En effet, l'histoire
d'un pays à peine connu ne doit
pas être traitée comme celle d'une
nation de l'Europe dont les pays , les
mœurs , les usages, les institutions et
les lois ont déjà été l'objet d'une foule
d'observations , de recherches , de
mémoires et d'ouvrages. Ici les faits
seuls doivent remplir le cadre ; là
rien ne doit être omis pour donner
une connaissance exacte des hommes
et des choses. Il s'agissait , dans l'histoire du Brésil , de peindre à la fois
le Portugal et l'Amérique Portugaise,
de retracer le caractère des Portugais
et les mœurs des Brasiliens , sans

perdre de vue toutefois que le Portugal ne devait jouer qu'un rôle accessoire et épisodique ; il fallait joindre aux notions et aux documens de l'histoire toutes les lumières des voyageurs et des géographes , pour que le lecteur pût se former une idée juste de l'accroissement progressif, des relations étendues et de la grandeur comparative du Brésil et du Portugal.

Sept années ont été employées à recueillir , à mettre en ordre et à rédiger tous les matériaux nécessaires pour former le corps d'histoire qu'aucun écrivain n'avait encore offert au public. Dans l'intervalle , il est vrai ; d'autres travaux en ont retardé ou suspendu l'achèvement , et des obstacles imprévus ont fait naître de nouveaux délais. La dernière partie de l'ouvrage présentait un vide, et il fallait le remplir.

Un usage accrédité de nos jours dans la littérature, ou plutôt dans la librairie, autorise la publication partielle et successive des ouvrages les moins volumineux. En m'étayant de cet usage, j'aurais pu faire paraître depuis long-tems les deux premiers volumes de l'*Histoire générale du Brésil*; mais, attaché à mon plan primitif, je me suis décidé à publier l'ouvrage complet et tout à la fois. Cette marche était lente, il est vrai, mais elle était plus sûre, et surtout plus utile à l'égard d'une composition dont l'ensemble et l'ordonnance exigeaient autant de méditations que de soins. En effet, en coordonnant les matériaux de mon dernier volume, je sentis la nécessité de le mettre au niveau des recherches qui avaient complété la première partie de mon ouvrage, et de fortifier, par des informations récentes et authentiques, les chapitres destinés à faire connaître d'une manière positive l'*état actuel* du Brésil : rien ne fut négligé pour arriver à ce résultat. Dans l'intervalle, parut à Londres une compilation sur l'histoire de Buenos-Ayres et du Brésil jusqu'en 1640. Sans offrir de nouvelles lumières, l'auteur anglais (M. Southey) faisait espérer qu'un second volume, annoncé pour 1810, compléterait les annales du Brésil et donnerait des renseignemens tout à fait nouveaux sur la géographie et sur la statistique de cette vaste contrée. Vain espoir ; l'attente de l'Europe littéraire a été encore une fois trompée. Ce second volume, si emphatiquement promis, n'a point paru ; mais à cette même époque un minéralogiste anglais (M. John Maw) pénétrait dans l'intérieur du Brésil, avec l'autorisation du prince régent de

Portugal. La relation de son voyage, quoique nulle sous le rapport historique, n'en est pas moins la plus curieuse qui existe sous le double point de vue de la topographie intérieure et de l'état actuel de l'empire Brasilien; elle est aussi incontestablement la plus récente. Il ne restait donc plus d'autre tâche à remplir qu'à puiser dans cette source vraiment originale, d'autant plus précieuse pour nous qu'il n'existait alors en France qu'un seul exemplaire de la relation nouvelle. J'en obtins bientôt la communication, grâces aux procédés obligeans et à la sollicitude éclairée de M. de Humboldt, membre associé de l'Institut, et de M. Pictet, professeur d'histoire à Genève, savans distingués, animés l'un et l'autre par le zèle le plus noble pour le progrès des connaissances historiques et géographiques. Je ne trahirai pas leur modestie en faisant éclater publiquement les témoignages de mon estime et de ma reconnaissance; j'avouerai seulement que je dois à une si heureuse communication et à d'autres renseignemens, tout à fait inédits, l'avantage de pouvoir publier une histoire générale et complète du Brésil.

Je serais coupable d'ingratitude si je ne faisais éclater ici les mêmes sentimens de reconnaissance pour d'autres littérateurs non moins estimables, tels que M. Durdent et M. Charles Botta, qui ont bien voulu m'aider de leurs lumières et de leurs conseils.

Les érudits me reprocheront sans doute de n'avoir point hérissé les pages de cette histoire de notes, de citations et de commentaires. Je n'ai qu'une seule objection à leur opposer, et elle est sans réplique;

c'est que malheureusement je ne
suis point un érudit. J'aurais pu facilement, et tout comme un autre,
me donner le mérite d'un certain
étalage d'érudition et de citations ;
mais ce petit charlatanisme m'aurait semblé ridicule et tout à fait
indigne d'un écrivain qui fait profession de franchise et de loyauté.
On peut d'ailleurs opposer au système des citations minutieuses l'autorité des historiens de l'antiquité,
seuls modèles qu'avoue la saine critique, et l'exemple de plusieurs historiens modernes qui ont marché sur
leurs traces. A quoi bon, par exemple, citer dans les mêmes pages des
auteurs qu'il faut souvent concilier
ou contredire, et dont la version
a besoin d'être corrigée ou complé-
tée par d'autres témoignages ? Les
mémoires sont à l'historien ce que
les couleurs sont au peintre; ce n'est

que par leur mélange et par leur fusion que le tableau d'histoire qui en résulte forme une composition complète et régulière.

Il ne me reste plus maintenant qu'à faire connaître les autorités qui ont servi de base à mes récits, et à indiquer les sources où j'ai puisé les lumières nécessaires pour éviter les erreurs des écrivains qui m'ont précédé.

Voici les principaux ouvrages que j'ai suivis, consultés ou contredits, en les opposant ou en les comparant les uns aux autres :

Voyage de Pinson, par Herrera.

P. Manuel Rodriguez.

Bernardo Perreira de Berredo.

Relaçam Sommaria di Siman Estacio da Silveira.

Zarate.

Pietro Martire.

Gomara, hist. de las Indas.

Voyage de Cabral, par Barros.

Castanheda.

Damiam de Goes.

Lery.

Voyage d'Amerigo Vespuce.

Rocha Pitta.

Siman de Vasconcellos, Chron. da comp. de Jesu do Estado do Brasil.

Hervas.

Don Christobal Eladera.

Marcgraw, hist. natur. Brasil.

António Galvam.

Vieyra.

Memorias para a hist. de cap. de S.-Vicente.

Vasconcellos, noticias do Brasil.

Annaes de Rio-Janeiro, mss.

Gaspar de Madre de Deos.

Noticia da Brasil, mss.

J. de Laet.

Carta del. R. don Juam III.

Castrioto Lusitano P. Raphaël de Jesus.

Tamoyo de Vergas.

Duarte Albuquerque Conde de Pernambuco.

Nova Lusitania P. Brito Freyre.

Manuel de Faria y Sousa.

Histoire de la découverte des guerres du Brésil, par Jean Nieuhoff.

Gasp. Barlœi rerum per octenium in Brasilia, etc.

Histoire des derniers troubles du Brésil entre les Hollandais et les Portugais, par Pierre Moreau.

Historia delle guerre del Regno del Brasile, etc. p. Giuseppe di S. Teresa.

Hans Stade (le premier qui ait écrit quelques détails sur le Brésil.)

Chronica del rei dom Emmanuel.

Manuel Severim de Faria, vida de Joam de Barros.

Voyage de Diego Garcia.

Argentina do Rey Diaz de Guzman.

Pedro de Cieza.

Acuna in el Maranao y Amazonas.

Nobrega et Anchieta.

Condamine, voyage à la rivière des Amazones.

Claude d'Abbeville.

Kuivet in Purchas.

Damian de Goes.

Pedro Corea.

Ant. Pires.

Annaes de Rio-Janeiro, mss.

Tellès comp. da Jesu.

Ericeyra.

Stedman.

Bento Texeira.

Relaçam annual, pour 1601.

Jornada da Bahia.

{ Voyages d'Azara.
De Thomas Lindeley.
De Barow.
De Macartney.

Mémoires de Dugué-Trouin.

Voyage de Texeira, etc.

Histoire du Brésil et de Buenos-Ayres, par Southey.

Travels, etc. Voyage dans l'intérieur du Brésil, et particulièrement dans les pays où sont les mines d'or et de diamans, par John Maw, auteur de la Minéralogie du Derbyshire, Londres, 1812. (C'est le premier Anglais qui ait pénétré dans l'intérieur du Brésil avec l'autorisation et l'appui du gouvernement Portugais.)

Tels sont les mémoires et les nombreux voyages que j'ai consultés, analysés, comparés et fondus pour ainsi dire ensemble pour former un corps d'histoire complet sur le Brésil. Puissent mes travaux et mes soins ne pas être perdus ! puisse cette histoire offrir quelque intérêt et satisfaire la curiosité du public ! Mes vœux seront alors accomplis.

TABLE

DES MATIÈRES

Contenues dans cet Ouvrage.

TOME PREMIER.

TOME SECOND.

TOME TROISIÈME.

1 c

FIN DE LA TABLE DES MATIÈRES.

HISTOIRE

DU BRÉSIL.

LIVRE PREMIER.

INTRODUCTION. — *Origine et Progrès de la Monarchie portugaise.* — *Découvertes et Conquêtes des Portugais en Afrique et dans l'Inde.*

1139 — 1499.

LA monarchie la plus occidentale de l'Europe, le Portugal, faible encore, sembla se réveiller tout à coup, vers la fin du quinzième siècle. Les grands, le monarque et le peuple, dévorés de l'amour des découvertes et de la soif des richesses, signalèrent, par des entreprises hardies, les premiers essais de la navigation moderne, et s'ouvrirent, par des prodiges, toutes les parties du monde. En peu d'années, les côtes occidentales de l'Afrique, jusqu'alors inconnues, et les Indes orientales devinrent la proie des navigateurs conquérans, sortis du Portugal : le courage, les vertus de ces marins intrépides, s'y montrèrent d'abord dans tout leur éclat ; mais leur gloire y fut bientôt obscurcie par les crimes de l'ambition et de l'avarice. Le hasard seul les dirige en même temps vers le grand hémisphère occidental récemment découvert ; ils touchent au Brésil, le reconnaissent et s'en emparent. Climat salubre, sol riche et fécond, fleuves navigables et nombreux, ports vastes et multipliés, races vigoureuses d'hommes et d'animaux, forêts profondes et magnifiques, montagnes recélant tous les métaux précieux : tels sont les rares avantages qu'une heureuse situation géographique assure au Brésil. La nation portugaise y porte bientôt cette même ardeur de découvertes et de possession qui l'avait déjà conduite en Afrique et en Asie. Les premiers établissemens qu'elle fonde au Brésil sont marqués, il est vrai, par l'oppression, par le massacre de plusieurs tribus indigènes, mais aussi par la civilisa-

tion des plus braves peuplades, qui cèdent
enfin à la voix et aux efforts sublimes d'un
petit nombre d'apôtres de la religion et de
l'humanité. Alors des villes s'élèvent sur tous
les points de la côte; les champs défrichés
deviennent fertiles; l'industrie et l'agriculture, se prêtant un mutuel secours, multiplient les richesses par la circulation et par
le commerce. De nouvelles découvertes,
d'heureuses tentatives étendent les établissemens et la civilisation. Mais ce même
Brésil, dont viennent de s'enrichir les navigateurs portugais, excite aussi la cupidité de
trois autres nations de l'Europe, et bientôt
éclatent des guerres opiniâtres et sanglantes.
De loin en loin, quelques exemples de vertu et d'héroïsme consolent des vicissitudes
de la fortune et de l'horreur des batailles. A
de fréquentes expéditions, à des combats
sans nombre, à des siéges importans, à de
brillans assauts, à la destruction de flottes,
à des changemens de domination et d'empire, on voit succéder une insurrection mémorable contre les Hollandais, conquérans
de la moitié du Brésil, insurrection heureuse, qui fait rentrer cette possession im-

mense sous la puissance des Portugais.
Tels sont les divers tableaux formant l'ensemble de l'histoire du Brésil, qui, prolongée jusqu'à nos jours, comprend les événemens de trois siècles. Quoique l'Amérique portugaise fût devenue le théâtre d'événemens mémorables, aucun écrivain en France ne s'était encore proposé de réunir, en un seul corps d'histoire, ses annales éparses. J'ai osé l'entreprendre sans être rebuté par l'espèce d'incohérence des diverses parties dont ce sujet se compose ; il n'en est sans doute que plus difficile à traiter, mais il en est aussi plus varié, plus neuf, plus intéressant même, car il offre des exemples d'un dévouement héroïque, et toujours des leçons utiles. On voit la nation portugaise, faible dans son origine, mais parvenue, par son grand caractère et par la sagesse de ses lois, au plus haut degré de la puissance monarchique, se mesurer seule avec des nations redoutables, et surmonter leurs efforts ; s'éclipser pendant un demi-siècle dans la monarchie espagnole, pour briller de nouveau seule ; on la voit demeurer enfin triomphante et maîtresse absolue de cet immense

empire dont la richesse a semblé l'inviter à toutes les jouissances du luxe, et à tous les genres de gloire.

En remontant à l'origine des Portugais, on trouve l'histoire de la Lusitanie constamment liée, dans ses commencemens, à l'histoire d'Espagne, dont la Lusitanie, ou le Portugal, n'est, en quelque sorte, qu'un démembrement. Il n'appartient pas à notre sujet de suivre en détail les premières révolutions que le sort des armes, véritable arbitre de la puissance humaine, leur fit éprouver en commun. Le jeune Scipion, en terminant la guerre qui disputait aux Carthaginois la possession de l'Espagne, soumit aux Romains la péninsule entière. Agrippa, sous Auguste, en consomma de nouveau la conquête par la réduction des Cantabres, et les empereurs y perpétuèrent paisiblement leur domination. Sous Galba, la Lusitanie avait cinq colonies romaines, et Osilippo, aujourd'hui Lisbonne, était une ville privilégiée. La fin du cinquième siècle vit commencer l'irruption des peuples du nord, et la destruction lente de l'empire romain. L'Espagne fut successivement envahie par les Alains, les Suèves et les Visigoths. Ces derniers y régnèrent trois siècles. Les Arabes ou Sarrasins s'en emparèrent ensuite, et s'y établirent; mais les montagnes des Asturies devinrent le refuge des débris de la puissance des Goths, et l'on vit une poignée de Chrétiens, commandés par Pélage, résister dans des cavernes aux conquérans arabes. Les successeurs de ce héros, enhardis par son exemple, relèvent le sceptre gothique, et fondent le royaume d'Oviédo et de Léon, berceau de la monarchie espagnole. Les fiers Asturiens reculent bientôt les limites que leur opposent les Musulmans arabes; ils étendent, au-delà de leurs montagnes, la confédération chrétienne, qui, toujours en armes contre les infidèles, devient chaque jour plus redoutable. La lutte est alors générale, et de grands efforts de courage rendent bientôt les chrétiens maîtres du nord de l'Espagne. Fortifiés contre l'ennemi commun, ils ne tardent pas à se diviser entre eux. Léon, la Castille, la Navarre et l'Aragon avaient vu s'élever autant de trônes séparés, mais que réunissaient des alliances politiques. L'Espagne musulmane éprouvait le même sort. Aux règnes brillans des khalyfes Ommiades de Cordoue, succèdent des déchiremens et la guerre civile. Les émirs ou gouverneurs de provinces érigent leurs gouvernemens en autant de petites souverainetés indépendantes. Cet état d'anarchie empêche les Arabes d'arrêter les progrès des Chrétiens, qui, du nord de la presqu'île en menacent le midi.

Devenu seul roi de l'Espagne chrétienne, saint Ferdinand, au commencement du onzième siècle, ose porter ses étendards au-delà du Tage; et chassant devant lui les Musulmans, il circonscrit leur domination. Le partage de ses états fait naître de nouvelles divisions entre les Chrétiens; mais Alphonse, fils de Ferdinand, dépouillé d'abord par son frère Sanche, réunit enfin sur sa tête toutes les couronnes de son père. Les conquêtes sur les Musulmans se multiplient et s'étendent. Alphonse pénètre même jusqu'à la fertile Andalousie, et ajoute chaque jour à ses domaines. Il soumet une partie des rives du Tage; et, sous le titre de roi de Castille, il acquiert bientôt une célébrité qui attire en Espagne plusieurs chevaliers français, jaloux de s'unir à ses armes.

Parmi cette jeunesse brillante, se distinguait Henri de Bourgogne, d'origine capétienne, arrière-petit-fils de Robert II, roi de France. Après avoir fait ses premières armes sous l'illustre *Cid*, dont il désirait partager la gloire, Henri signala sa valeur contre les Maures de la Lusitanie, et obtint du roi de Castille et de Léon, empressé de se l'attacher, le titre de comte, avec la main de dona Theresa, une des filles naturelles de ce monarque.

Uni étroitement à la Castille, Henri s'illustra par une foule d'exploits contre les Maures, soumit la contrée fertile comprise entre le Minho et le Duero, contrée qui, perdant alors son nom de Lusitanie, prit celui de Portugal. Selon l'étymologie la plus vraisemblable, ce nom moderne se forma de ceux de la ville de Porto, que le comte Henri fit bâtir, et de la ville de Cale, qui se trouvait en face sur l'autre rive du Duero.

Devenu comte de Portugal et vassal du royaume de Léon, Henri de Bourgogne affermit sa souveraineté, qui comprenait les seules villes de Porto, Brague, Miranda, Lamego, Coïmbre et Viseu; par de nouveaux triomphes, et sans prendre le titre de roi, il posa les premiers fondemens de la monarchie portugaise.

Son fils Alphonse Henriquez, héritier de sa valeur et de sa gloire, remporta sur les Maures de brillans avantages ; il défit en un seul jour cinq de leurs souverains ou gouverneurs, et fut proclamé roi par ses soldats sur le champ de bataille d'Ourique. Les états de Portugal assemblés à Lamego, confirmèrent l'auguste titre qu'il ne tenait que de son armée. Cette assemblée célèbre, composée de prélats, de nobles et de députés des villes, promulgua les lois fondamentales d'un royaume déclaré héréditaire et indépendant. Elle donna ainsi, dès le douzième siècle, l'exemple remarquable de sujets limitant le pouvoir souverain.

A la fois fondateur et législateur, Alphonse Henriquez illustra un règne de quarante-six ans, par une administration paternelle, et par sa sollicitude pour le progrès des sciences. La dynastie de ce fondateur s'est perpétuée avec éclat jusqu'à la fin du seizième siècle. Sous son règne, et par ses soins, la chevalerie, cette brillante institution, qui déve-

loppait les plus nobles passions de l'homme,
s'établit aux bords du Tage, avec tout l'éclat
qu'elle avait eu dès son origine en France et
en Angleterre. De fréquentes relations avec
les Maures imprimaient au caractère portugais une teinte de courtoisie et de galante-
rie; bientôt, le langage de l'amour prit ce
ton exalté qui semble être exclusivement
réservé à l'imagination brillante des Orien-
taux. Les tournois furent nombreux, les
fêtes magnifiques; la gravité, la fierté, les
passions fortes devinrent le caractère dis-
tinctif des chevaliers ou nobles portugais. Si
leurs haines étaient profondes, leurs affections étaient aussi plus vives. Alors se forma cet esprit national que les successeurs
d'Alphonse Ier ne tardèrent pas à élever encore, soit par la sorte d'égalité qu'ils établirent entre eux et la noblesse, soit par
les bornes qu'ils assignèrent eux-mêmes à
l'autorité royale. Les états-généraux furent
souvent assemblés : on y proposa des lois
qui excitèrent l'amour des grandes vertus.
La noblesse fut la récompense non seulement des services militaires, mais encore
des actions qui caractérisaient le désintéres-

sement et la fierté de l'ame. Les guerres des
Portugais étaient à la fois politiques et religieuses ; leur zèle était excité par le double
intérêt de l'expulsion des Maures, et de la
propagation de la foi.

Les successeurs d'Alphonse bâtirent des
villes, créèrent des flottes, animèrent la population, et réunirent au Portugal le petit
royaume des Algarves, enlevé aux Musulmans. Ainsi, pendant les premiers siècles de
la monarchie, on voit la nation portugaise
chasser les Maures, assurer ses frontières,
combattre tour à tour les infidèles et les Castillans, souvent avec avantage ; on voit ce
peuple belliqueux cultiver tout ensemble l'a-
griculture, le commerce et les arts ; on voit
aussi le clergé et la noblesse, appuis naturels du trône, exercer dans l'état une grande
influence, et opposer une digue salutaire aux
invasions du pouvoir suprême ; on voit enfin les monarques tenter à plusieurs reprises,
mais toujours en vain, de dépouiller le clergé, devenu riche et prépondérant. Tous leurs
efforts échouent devant la résistance combinée de ce corps respecté, qui trouve un
soutien redoutable dans la puissance spiri-

tuelle des papes. Frappés successivement des foudres de l'église, plusieurs rois de Portugal transigent avec le Saint-Siége, et se soumettent à son autorité. Des troubles fréquens, des guerres civiles conservent à la nation sa vivacité et son énergie, sans altérer ses vertus. Les nobles, éloignés des villes et de la cour, entretiennent dans leurs châteaux, au pied des images de leurs ancêtres, le souvenir et l'imitation des exploits dont ceux-ci leur ont légué l'exemple.

La nation entière était déjà préparée aux grandes entreprises, lorsque, vers la fin du quatorzième siècle, Ferdinand Ier, neuvième monarque, mourut sans laisser d'héritier mâle, après avoir marié Béatrix sa fille, née d'une union illégitime, à Jean Ier, roi de Castille, croyant assurer ainsi le trône au fils qui naîtrait de cet hymen, et à son défaut, à Jean Ier son gendre. Mais l'aversion des Portugais pour la domination castillane, favorisa les vues ambitieuses de don Juan, frère naturel du roi. Ce prince s'empara du gouvernement, et les états assemblés à Coïmbre, lui déférèrent la couronne. Il l'affermit sur sa tête à la fameuse bataille d'Aljubarota, le 14 août 1385, où, secouru par les Anglais, il défit les Français et les Castillans réunis. Le nouveau roi, connu dans l'histoire sous le nom de Jean-le-Bâtard, fut la tige d'une seconde race, qui, pendant deux cents ans, occupa le trône de Portugal. Son règne fut illustré non seulement par la victoire décisive d'Aljubarota, mais encore par son expédition contre les Maures, qu'il poursuivit avec une flotte jusqu'en Afrique.

Dès ce moment, les Portugais commencèrent à sentir le besoin de la navigation et des découvertes. Le règne de Jean Ier devient sur-tout remarquable par l'impulsion et le mouvement que l'infant don Henri, digne fils de ce monarque, donne à l'esprit de sa nation pour vaincre des préjugés qui jusqu'alors avaient dû paraître invincibles. Versé dans la géographie et dans les mathématiques, actif, entreprenant, éclairé, don Henri ouvre lui-même à ses compatriotes la carrière où la gloire les attend. Ne possédant qu'un domaine borné à l'extrémité occidentale de l'Algarve, il y fait construire des vaisseaux à ses frais, et les envoie à la reconnaissance des côtes d'Afrique. Son génie et l'audace du peuple qu'il dirige vont faire renaître l'art de la navigation, et lui donner un plus vaste essor.

Encouragés et guidés par un tel chef, les Portugais, de tout temps fiers, braves, audacieux, d'un esprit pénétrant et d'une imagination ardente, vont se frayer, sur les flots, des routes qu'on n'avait pas encore soupçonnées; ils vogueront sur des mers inconnues; ils doubleront des caps regardés jusqu'alors comme les bornes du monde, et ils étonneront l'Europe par la hardiesse de leurs entreprises.

C'est sous l'influence du fils de Jean Ier, et par l'inspiration de son génie, qu'ils découvrent d'abord les îles de Madère, des Canaries et du Cap-Vert, puis les îles Açores, et que, doublant le cap Bojador, ils s'avancent le long de la côte occidentale d'Afrique, plus loin que ne l'avait fait jusque-là aucun navigateur; c'est sous ses auspices qu'ils découvrent plus tard les côtes de Guinée, et y font leurs premiers établissemens. L'illustre prince Henri mourut septuagénaire, peu après l'avénement de Jean II, son petit-neveu, au trône de Portugal; il mourut dans sa ville de Segrez en Algarves, d'où il laissait tomber ses regards sur la mer Atlantique, heureux d'avoir ouvert à sa nation un si vaste champ de gloire. La plus simple narration de ce qu'il médita et de ce qu'il entreprit suffit à son éloge. Si le Portugal ne l'a pas compté au nombre de ses rois, le Portugal et l'Europe entière le placent au rang des plus grands hommes. On lui doit incontestablement les premières idées qui, vers la fin du quinzième siècle, conduisirent à la découverte d'un nouvel hémisphère et du passage aux Indes.

La forte impulsion qu'il avait donnée à ses compatriotes lui survécut. Les entreprises et les découvertes se succédèrent. Toujours plus animés, plus ardens, les Portugais longent le rivage occidental de l'Afrique, et parcourent l'immense côte qui s'étend depuis les Colonnes d'Hercule jusqu'au Zaïre. C'est alors qu'ils conçoivent le projet de s'ouvrir un passage de l'Océan africain dans l'Océan oriental; ils se flattent même de remonter jusqu'aux Indes, d'y faire un commerce direct, de tarir ainsi

les sources de la grandeur et des richesses
de Venise, d'arriver enfin, par leur persévérance et leur courage, à ce premier terme
de tant d'espérances et d'efforts.

A cette époque à jamais mémorable, et
sur laquelle l'influence des Portugais se répandit avec un éclat nouveau, la plupart des
états de l'Europe commençaient à prendre
une forme plus régulière et à offrir des pages
intéressantes à l'histoire. La législation, le
commerce, la politique et la renaissance des
lettres s'unissaient pour établir des rapports
heureux entre les principales nations. L'Italie, centre des lumières, laissait, à la vérité, bien loin encore derrière elle, les autres contrées de la plus florissante partie du
globe. L'Allemagne, quoique privée de la
portion septentrionale de l'Italie, et long-
temps agitée par les querelles des empereurs
et des papes, prenait enfin une assiette
plus tranquille. La France était également
paisible; les grands fiefs venaient d'y être
réunis à la couronne : Charles VIII régnait.
L'Espagne, entièrement délivrée du joug
des Arabes, ne connaissait plus qu'une seule
domination. Le mariage de Ferdinand et

d'Isabelle avait uni l'Aragon et la Castille. Les finances de cet état, ses flottes, ses armées l'égalaient à la France même. Les premières puissances européennes voyaient toutefois d'un œil jaloux l'Italie, sur laquelle tant de prétentions et de tentatives devaient leur devenir funestes. L'Angleterre, après les longs et sanglans débats des maisons d'Yorck et de Lancastre, respirait enfin sous Henri VII. Les trois royaumes du nord étaient réunis ; mais la Suède frémissait des liens qui l'asservissaient au Danemarck, et songeait à les briser. La Pologne élisait ses rois ; elle avait à se défendre contre les Turcs, qui désolaient ses campagnes, et contre les Russes, devenus déjà pour elle des voisins redoutables. La puissance des Turcs s'étendait en Europe et en Asie, sur un territoire immense.

Le Portugal ne s'occupait que de ses découvertes et de ses établissemens maritimes. Jean II était l'ame des grandes entreprises de ses sujets au dehors ; il présidait à leurs glorieux travaux, qu'il animait par sa sollicitude paternelle ; et tandis que, dans les deux autres parties du monde, les peuples

gémissaient sous un joug étranger; que la
Perse subissait celui des Tartares; que l'E-
gypte était soumise à la milice des Mame-
loucs; que le reste de l'Afrique, divisé sous
plusieurs chérifs, reconnaissait pour maître
le tyran de Maroc, la nation portugaise fon-
dait de nouveaux monumens de sa gloire,
sur tous les points où la portait son infatigable activité.

Au milieu de ces circonstances, parut,
l'un de ces génies extraordinaires qui changent les destinées humaines. Frappé vivement de l'exemple des navigateurs portugais, Christophe Colomb conçoit le dessein
de se frayer un passage aux Indes par les
mers d'occident; il court offrir ses espérances et ses promesses à plusieurs souverains qui le dédaignent. Les vues des Portugais étaient alors exclusivement tournées
vers l'Afrique, et Jean II ne fit pas à Colomb
un meilleur accueil que les rois de France et
d'Angleterre. L'illustre Génois fut également
repoussé par les souverains de la Castille;
mais ce que ses plans vastes offraient de séduisant lui obtint enfin d'Isabelle protection
et secours. Il s'aventure alors sur des mers

inconnues, et découvre l'Amérique. A son
retour des Antilles, il s'approche des côtes
du Portugal, entre dans le Tage, accompagné de quelques Indiens, et apportant de
l'or et des fruits du Nouveau-Monde. Ces
signes non équivoques d'une réussite inouïe,
les récits emphatiques de l'heureux navigateur, excitent les regrets et le dépit de la
cour de Lisbonne. Le monarque repoussa
toutefois avec horreur la proposition de faire
périr Colomb ; il le traita, au contraire,
avec distinction, et l'illustre Génois parut
couvert de gloire à la cour de Castille, où
il reçut le titre et les honneurs de vice-roi
du Nouveau-Monde.

Le succès de sa première expédition fit
sur les Portugais une sensation si vive, que
Jean II crut devoir en balancer l'effet aux
yeux de sa nation et de l'Europe par quelque
grande entreprise. Il arma sur-le-champ,
pour s'ouvrir enfin le passage aux Indes
orientales. Mais le roi de Castille, voyant
dans ses dispositions une sorte d'hostilité,
s'en plaignit par son ambassadeur. Les préparatifs furent suspendus et le débat soumis
au Saint-Siége, occupé alors par Alexan-

dre VI. Le pape, dont les deux puissances reconnaissaient le droit divin, leur partagea le monde, en assignant à l'ambition de chacun son hémisphère à part. Une ligne imaginaire, tirée du nord au sud, à cent lieues ouest des îles du Cap-Vert et des Açores, donnait l'occident à l'Espagne et l'orient au Portugal, convention que dérangèrent bientôt de nouvelles découvertes, et que ne respecta aucune des nations maritimes.

Jean II mourut à la fin du quinzième siècle, après s'être acquis par sa justice, par ses grandes vues, par ses exploits, les surnoms de *Grand* et de *Parfait*; mais il emporta dans la tombe le double regret d'avoir refusé les offres de Colomb et de n'avoir pas consommé l'expédition des Indes orientales. Toutefois, cette grande expédition fut préparée sous son règne, son successeur la réalisa.

Ici commence le siècle de vigueur et de gloire du Portugal. Emmanuel, dit le Grand, petit-fils d'Edouard, était monté sur le trône au défaut d'enfant légitime de Jean II. Doué des plus belles qualités, il se montra de bonne heure l'ami des arts, le protecteur de la navigation, le père de son peuple, et ne se pénétra de la gloire de ses prédécesseurs, que pour ajouter de plus en plus à la splendeur du trône et à la prospérité de la nation. Il tint d'abord des conseils fréquens pour réformer les abus, pour tracer un plan général de gouvernement, et pour s'occuper des nouvelles découvertes.

Quelques considérations d'une timide politique, quelques restes de ces préjugés que les premiers succès avaient attaqués puissamment, sans les détruire tout à fait, balancèrent d'abord les élans du génie d'Emmanuel, et semblèrent même obtenir une sorte de prépondérance à laquelle eût pu céder tout autre que le petit-fils d'Edouard. Mais après de plus mûres délibérations, rien n'arrêta plus le monarque, et il fut décidé qu'on s'ouvrirait la route des Grandes-Indes par l'Océan occidental, conformément aux plans déjà conçus.

Une flotte de quarante vaisseaux est confiée au commandement de Vasco de Gama, d'une maison illustre du Portugal; il part en 1497, avec des instructions rédigées par Emmanuel même. Le cap des *Tourmentes* ou des *Tempêtes*, reconnu onze ans auparavant, avait présenté la possibilité d'un passage dans l'Océan indien, et avait reçu dès-lors le nom de cap de *Bonne-Espérance*, que Gama devait justifier.

Ce grand navigateur doubla le cap, triompha de tous les dangers, et les pavillons des Portugais voguèrent pour la première fois sur ces mers, à travers lesquelles ils avaient tant désiré se frayer un chemin. Gama poursuit sa route; il parcourt la côte orientale de l'Afrique, et après avoir long-tems erré sur un Océan inconnu, il trouve, à quatorze degrés de latitude méridionale, des pilotes mahométans, à l'aide desquels il aborde au royaume de Calicut. Plus de quinze cents lieues de côtes avaient été reconnues dans ce célèbre voyage.

A l'arrivée des Portugais, l'Indostan, ce vaste et beau pays, renfermé entre l'Indus et le Gange, se partageait entre plusieurs souverains plus ou moins puissans. Le roi de Calicut, plus connu sous le nom de *Zamorin*, qui répond à la dignité d'empereur, en possédait les états les plus maritimes; il étendait sa domination sur tout le Malabar; que, moins de trois siècles après, la force des armes devait soumettre, avec toute la presqu'île de l'Inde, à la puissance britannique.

Gama, instruit de la situation politique de la côte, aborde à Calicut, où le commerce florissait avec le plus d'avantage, et propose au zamorin une alliance et un traité de commerce avec le roi son maître. Le monarque indien accueille d'abord Gama; mais, excité ensuite par les Mahométans, il trouve dans l'audace, dans l'activité, dans l'ambition des navigateurs portugais une source d'inquiétude; il les environne de piéges et de dangers. L'amiral portugais n'y échappe que par sa fermeté impassible et par des représailles exercées à propos. Il reprit la route d'Europe après avoir fait respecter le nom portugais dans l'Inde, où il n'avait trouvé de dispositions vraiment favorables que chez le roi de Mélinde, qui le fit accompagner par un ambassadeur.

On juge aisément quelle réception Emmanuel réservait à l'illustre amiral. Son arrivée fut célébrée par des fêtes brillantes, par tous les témoignages de la joie publique. Comblé des marques de l'estime et de la reconnaissance de son souverain, Gama fut fait comte de Vidiguère, créé grand de Portugal, honoré du titre de duc pour lui et pour sa postérité. Le roi le nomma de plus amiral des mers orientales. Ces dignités, non moins glorieusement acquises que libéralement prodiguées, ont perpétué chez ses descendans la mémoire de ses services, et la justice éclatante du monarque qui sut les apprécier et les reconnaître.

Emmanuel, en mettant un si haut prix à la navigation de Gama, ne s'en était pas exagéré l'importance et les avantages. Tout allait changer dans le commerce de l'ancien monde. Le passage du cap de Bonne-Espérance, et les expéditions qui en furent la suite, détournèrent la source des immenses richesses que Venise, au quinzième siècle, tirait presque seule d'Alexandrie, aux dépens du reste de l'Europe commerçante; d'Alexandrie qui, sous le règne des Ptolémées, sous les Romains, sous les Arabes, avait été l'entrepôt du commerce entre l'Égypte, l'Europe et les Indes. C'est ainsi que les Portugais brisèrent les entraves qui s'opposaient aux progrès de la navigation, de l'industrie et des lumières. Leur passage aux

Grandes-Indes substitua bientôt Lisbonne à
Venise; et si, comme on n'en peut douter,
la grandeur des événemens doit se mesurer
par leur influence sur le sort des nations,
sur leurs rapports commerciaux et politiques, l'expédition de Gama et le règne
d'Emmanuel sont une de ces époques mémorables que l'histoire s'honore d'avoir à
signaler pour la gloire de l'Europe et pour
l'instruction de l'avenir.

En changeant ainsi le commerce du monde,
les découvertes de Colomb et de Gama eurent une influence marquée sur les destinées
de l'espèce humaine. La puissance de Venise
et celle de Gènes, déjà affaiblies par les
Turcs, tombèrent rapidement; d'autres nations, jusqu'alors faibles ou ignorées, s'élevèrent à leur tour par la navigation et le
commerce. L'idée seule de contrées immenses, d'une nature toute différente, de
mers jusqu'alors inconnues, de nouvelles
sources de richesses, électrisa les esprits,
excita l'émulation, alluma la cupidité. Dès
qu'il fut question de tenter des conquêtes
en Afrique et en Asie, la soif de s'enrichir,
tout autant que le désir d'affermir l'état et

de propager l'évangile, fit courir en foule les Portugais sur des bords étrangers. Bientôt leurs flottes couvrent et dominent les mers de l'Inde. Emmanuel ne s'occupe que de soumettre cette riche contrée à ses armes. Les entreprises audacieuses, les victoires brillantes des Almeïda, des Albuquerque, lui assurent en moins de trois ans la possession de Goa, en deçà du Gange, de Malaca, dans la Chersonèse d'Or, d'Aden, sur la côte de l'Arabie heureuse, d'Ormus, dans le Golfe persique; ses vaisseaux fréquentent l'Ethiopie orientale, la mer Rouge, toutes les mers de l'Asie; ses comptoirs s'établissent depuis Ceuta jusqu'aux frontières de la Chine. Déjà les Portugais ont découvert cinq mille lieues de côtes; déjà le hasard et la tempête leur ont ouvert la domination d'une des plus vastes régions de l'hémisphère occidental, du Brésil, qui, placé à quinze cents lieues de la métropole, et d'abord négligé, doit devenir un jour, d'après l'ordre éternel des événemens, l'un des plus beaux empires de l'Amérique, le refuge de la monarchie portugaise, et le véritable siége de sa puissance.

LIVRE II.

DÉCOUVERTE *du Brésil par don Pédro Alvarès Cabral. — Expéditions d'Améric Vespuce et de Coelho. — Découverte de Rio-Janeiro et du Paraguay, par Jean Diaz de Solis, grand-pilote de Castille. — Mort de ce navigateur. — Premiers démêlés de l'Espagne et du Portugal, au sujet des découvertes d'Amérique. — Mort d'Emmanuel le Fortuné. — Jean III lui succède, et forme le projet de coloniser le Brésil.*

1500 — 1521.

A PEINE la rentrée du célèbre Gama dans le Tage eut-elle prouvé à l'Europe entière que les Grandes-Indes étaient désormais accessibles à la nation portugaise, qu'Emmanuel, rempli d'espérances, conçut de vastes desseins qu'il ne regarda plus comme de vaines tentatives. Des flottes nombreuses, et capables de donner des lois par-tout où elles aborderaient, furent successivement équi-pées pour les Indes.

Ni l'épuisement des finances, ni les pertes inséparables de ces navigations périlleuses n'arrêtèrent le roi. La perspective d'un glo-rieux avenir, les conquêtes qu'elles promet-taient à la religion, et à la prospérité de ses états, ne lui permettaient plus de calculer les sacrifices.

Les Portugais, qui n'avaient pas d'abord saisi dans toute leur étendue les conceptions de ce grand monarque, se présentèrent alors en foule pour les réaliser.

La première flotte, composée de treize vaisseaux, fut prête à mettre en mer au mois de mars de l'an 1500. Elle était com-mandée par don Pedro Alvarès Cabral, issu d'une des premières familles du royaume, gouverneur de la province de Beira, et sei-gneur de Belmonte. Cabral eut pour lieute-nant un autre gentilhomme nommé Sanche de Tavor. La flotte était montée par quinze cents hommes de troupes, indépendamment des équipages.

Aux termes de ses instructions, Cabral devait toucher à Sofala, visiter les rois de la côte de l'Inde, faire avec eux des alliances, et former quelques établissemens qui pussent servir à la fois d'échelle et d'entrepôt au voyage et au retour des Grandes-Indes; il devait ensuite aller droit à Calicut, et après avoir épuisé toutes les voies de douceur auprès du zamorin, pour en obtenir la faculté d'établir un comptoir dans sa capitale, il devait lui déclarer une guerre ouverte, s'il se refusait aux propositions du Portugal.

Emmanuel voulant signaler le départ de Cabral par une grande solennité, rassembla le peuple dans la cathédrale de Lisbonne. L'évêque de Ceuta vint y officier pontificalement, et fit ensuite un sermon, dont le principal objet fut l'éloge de Cabral, qui entreprenait, avec tant de courage, une si grande expédition maritime. Le sermon fini, l'évêque prit sur l'autel même l'étendard, aux armes du Portugal, qu'on y avait planté pendant le service divin, et après l'avoir publiquement consacré, il le donna au roi, qui le remit à Cabral, en présence des grands et du peuple. Le monarque lui plaça ensuite sur la tête un chapeau béni qu'avait envoyé le pape, et lui prodigua les marques les plus honorables d'une confiance sans bornes. La bannière fut alors élevée et portée processionnellement au rivage, où le roi en personne accompagna Cabral, voulant être témoin de l'embarquement, qui se fit au bruit de l'artillerie du port et aux acclamations générales du peuple.

Le départ de Gama lui-même n'avait pas été honoré de plus de pompe; comme si la nation eût pressenti que le résultat de cette seconde expédition pour l'Inde devait procurer au Portugal un empire encore plus riche et plus étendu.

Le Tage était couvert de bateaux remplis de spectateurs, qui allaient et venaient de la flotte au rivage. « Toutes ces chaloupes, dit » l'historien Barros, témoin oculaire, étaient » chamarrées de livrées, de banderoles, d'ar- » moiries, et donnaient au fleuve l'aspect » d'un jardin orné de fleurs diverses dans » un des plus beaux jours du printemps. » Mais ce qui exaltait le plus les esprits,

» ajoute l'historien portugais, en employant
» un style presque poétique, c'était le bruit
» sonore et harmonieux des flûtes, des tam-
» bourins, des hautbois, des trompettes,
» auquel s'unissait le son plus doux de l'a-
» greste chalumeau, qui jusque-là n'avait
» retenti que dans des prairies, des vallons,
» et qui, pour la première fois, se faisait
» entendre sur les eaux salées du vaste
» Océan. »

Depuis cette époque, le roi de Portugal
fit embarquer, sur chaque flotte destinée
pour l'Amérique ou pour les Grandes-Indes,
un corps de musiciens, afin que ceux de ses
sujets qui entreprenaient de si longues navigations ne fussent privés d'aucun des
adoucissemens capables de les distraire de
l'ennui et des fatigues de la mer.

Cabral mit à la voile, et arriva aux îles du
Cap-Vert en treize jours. Jusque-là aucun
accident n'avait troublé sa navigation. Il s'a-
perçut alors qu'un vaisseau lui manquait; il
l'attendit deux jours entiers, et ne continua
sa route qu'après avoir perdu l'espérance de
le rallier à sa flotte. Mais pour éviter les calmes et la côte d'Afrique, il prit tellement au

large que, battu par la tempête, il fut forcé
de dériver vers l'occident. Bientôt, à sa
grande surprise, le 24 avril 1500, il découvrit
à l'ouest une terre inconnue, sous le dixième
degré au-delà de la ligne : c'était le Brésil.

La chaloupe ayant été détachée, approcha
du rivage ; on aperçut quelques sauvages au
teint cuivré, entièrement nus, le nez aplati, les cheveux noirs, et qui, armés d'arcs
et de flèches, s'avancèrent, mais sans annoncer aucune intention hostile. Ils s'enfuirent en voyant débarquer les Portugais,
et se rallièrent sur une éminence. Le vent
contraire et la grosse mer obligèrent Cabral,
pendant la nuit, de longer la côte dont il
venait de s'approcher, et de chercher au sud
un autre mouillage : il courut jusqu'au seizième degré de latitude australe, et là, dé-
couvrant un beau havre, il y mouilla en
sûreté, et lui donna le nom de *Porto Seguro*.
On renvoya de nouveau les chaloupes au
rivage ; elles en ramenèrent deux naturels
pris dans une pirogue, où ils s'occupaient
de la pêche. Cabral les fit vêtir de beaux
habits, les orna de bracelets de laiton, leur
donna des clochettes et des miroirs, et les

renvoya à terre. Cet expédient réussit. Quelques sauvages entièrement nus et peints d'une couleur rougeâtre, se présentèrent, et attirés par les présens et les caresses, établirent avec les Portugais des communications amicales ; ils échangèrent des fruits, du maïs, de la farine de manioc, contre des bagatelles d'Europe, dont les vaisseaux avaient été chargés pour trafiquer sur les côtes d'Afrique.

L'amiral portugais fit reconnaître les terres, et apprit avec joie, par le rapport de ses éclaireurs, qu'elles paraissaient fertiles, coupées de belles rivières, couvertes de différentes espèces d'arbres et de fruits, et peuplées d'hommes et d'animaux.

Le jour suivant (c'était le dimanche de Pâques), Cabral descendit à terre avec ses principaux officiers et une partie de ses équipages. Il éleva un autel pour la célébration d'une messe solennelle, arbora une croix sur un grand arbre touffu, et en fit exécuter une en pierre sur le rivage même. C'est de là que la nouvelle terre reçut le nom de *Santa-Crux*, parceque le 3 mai, jour de cette prise de possession,

I.   3

est dédié à la sainte Croix ; mais le nom de *Brasil* ou *Brésil*, sous lequel était déjà connu le bois précieux de teinture trouvé en abondance au nord de cette partie de l'Amérique, n'en a pas moins prévalu. Ce nom a pour racine le mot portugais *brazas* (braise), donné au bois du Brésil, à cause de son beau rouge de feu ardent.

Ainsi Cabral commença au Brésil le premier établissement portugais sur le sommet d'un rocher blanchâtre, vis-à-vis d'un terrain qui, s'élevant au nord, s'aplanissait au midi, et formait par degré un rivage sablonneux.

Tandis qu'il faisait célébrer la grand'messe au bruit de la musique et des salves d'artillerie, les Indiens, arrivés en foule pour voir un spectacle si nouveau, restaient dans le plus profond silence, comme frappés d'étonnement et d'admiration. Cabral, fidèle aux principes de son siècle et au système de prosélytisme devenu trop souvent le prétexte des fureurs humaines, chargea le moine Henri de Coïmbre, supérieur des sept missionnaires qu'il menait aux Indes, d'annoncer l'évangile à ces peuples. Il était loin, sans doute, de croire au succès d'une prédication qui ne pouvait être entendue ; mais il remplissait un devoir que lui imposaient les bulles apostoliques. Indépendamment même de ses sentimens particuliers, Cabral devait songer, avec une sorte d'orgueil, que, le premier, il faisait prêcher la foi sur ces rives étrangères. Les équipages ne manquèrent pas d'applaudir à un zèle qui pour lors justifiait tout, et semblait tout garantir.

Pendant l'office divin, les naturels du Brésil donnèrent des marques d'un très grand intérêt, qui n'était sans doute que l'effet de la surprise, mais qu'on se plut à prendre pour du recueillement. Ils suivirent avec exactitude tous les signes d'adoration et d'humilité des prêtres et des assistans, ils se mirent à genoux et se relevèrent, se frappèrent la poitrine, et imitèrent en tout les Portugais dans l'idée de leur plaire. Ceux-ci virent dans toutes ces démonstrations le présage d'un heureux avenir. En effet, l'accueil prompt et facile que leur faisaient les Brasiliens de la côte, était un augure favorable des dispositions et du caractère de ces peuplades indiennes. Cependant on n'aperçut parmi elles aucune trace de religion, ni de gouvernement, ni même de civilisation ébauchée.

Cabral fit planter sur la côte un poteau marqué des armes du Portugal, et se hâta de dépêcher à la cour de Lisbonne un de ses capitaines, nommé Gaspard de Lemos, pour annoncer sa découverte, qui donnait à la nation portugaise un nouvel empire. On fit embarquer avec Lemos un des naturels du Brésil, pour faire connaître à Emmanuel ses nouveaux sujets. Cabral retourna à son bord, laissant dans le pays deux criminels condamnés à mort, et dont la peine avait été commuée en celle du bannissement. Les Brasiliens l'accompagnèrent jusqu'à sa chaloupe, en chantant, dansant, frappant des mains, tirant leurs flèches en l'air, élevant les bras vers le ciel, pour marquer la joie que leur causait une pareille visite. Ils s'avancèrent même dans l'eau pour suivre les Portugais ; quelques-uns allèrent jusqu'à la flotte dans leurs pirogues ; d'autres, hommes et femmes, se jetèrent à la nage avec une facilité étonnante, comme si l'eau eût été leur élément naturel. Cabral quitta enfin la côte, se dirigea sur le cap de Bonne-Espérance, et de là, cingla vers les Indes orientales, sa première destination.

Emmanuel reçut avec joie la nouvelle que lui apporta Lemos. Il voyait désormais sa domination s'étendre, non seulement dans les trois anciennes parties du monde, mais encore dans la quatrième à peine découverte. Les succès de Cabral dans l'Inde justifièrent d'un autre côté toutes ses espérances. Les Portugais n'avaient qu'à s'y montrer pour donner des lois; et ces mêmes souverains, dont ils avaient brigué l'alliance, n'obtenaient plus la leur qu'en se reconnaissant vassaux de la cour de Lisbonne. Ces intérêts étaient si grands, que les découvertes occidentales n'y firent pas même d'abord une forte diversion.

Le roi résolut cependant d'équiper une flotte destinée à rapporter de cette région nouvelle une connaissance complète, et à s'en assurer la possession. Améric Vespuce, habile géographe, fut choisi par Emmanuel pour accompagner Orejo dans son expédition du Brésil. Employé d'abord par les rois de Castille, Ferdinand et Isabelle,

Vespuce n'avait reçu, après deux voyages dans les Indes occidentales, qu'un froid accueil, qu'il devait naturellement taxer d'ingratitude. Le roi de Portugal s'empressa de mettre à profit le mécontentement d'un navigateur célèbre qui pouvait le servir. Ainsi, l'usurpateur de la gloire de Colomb fut appelé à Lisbonne, et chargé de la navigation du Brésil. Sa mission était sur-tout d'assigner les limites des terres que Cabral avait découvertes, et d'en explorer avec soin les havres et les côtes.

Il eût été facile à Colomb, après avoir reconnu, dans son troisième voyage, l'île de la Trinité, les côtes de Cumana et les bouches de l'Orénoque, de suivre ces mêmes côtes de l'hémisphère occidental, qui l'auraient conduit, en avançant vers le sud, jusqu'au fleuve des Amazones; il aurait alors infailliblement découvert le Brésil. Mais, rappelé à Saint-Domingue par ses premiers établissemens, il abandonna pour le nord-ouest cette nouvelle route, qui eût encore illustré son nom par la brillante découverte dont le hasard devait enrichir les Portugais.

Cependant Vincent Ianez Pinçon, qui

avait accompagné Colomb dans son premier
voyage, passant ensuite la ligne, aperçut,
quelques mois avant Cabral, les côtes du
Brésil, voisines de l'embouchure de l'Amazone. Mais tous les navigateurs étaient alors
portés à se régler sur la fausse théorie que
les nouvelles découvertes en Amérique faisaient partie du grand continent de l'Inde.
Ainsi, cette côte que Pinçon reconnut, était
censée, dans la ligne de démarcation, dévolue aux Portugais par le souverain pontife,
et Cabral en prit possession avant même que
le navigateur castillan fût de retour en Espagne.

Aidé dans sa navigation par l'expérience
de ses précédens voyages, Améric Vespuce
partit avec trois vaisseaux, et parvint à la
côte du Brésil. Quelques hommes de l'équipage, envoyés à la découverte, furent pris
et dévorés par les sauvages, à la vue même
de la flotte. Vespuce s'éloigna aussitôt de
ces antropophages, et, arrivé au huitième
degré de latitude sud, il établit avec des Indiens moins barbares des communications
amicales. Il reconnut la contrée, entra dans
quelques ports, s'assura de plusieurs mouil-

lages , et mit dans ses opérations tant de
soins et d'intelligence, que, s'il ne justifia
pas entièrement l'enthousiasme des peuples
qui donnèrent son nom au monde nouvellement découvert, du moins rendit-il plus
plausible l'opinion vulgaire qui frustra Colomb de la gloire qu'il avait méritée. Vespuce s'avança jusqu'au trentième degré, par-
delà le Fleuve d'Argent; il regagna ensuite
la haute mer, et rentra à Lisbonne, après
seize mois de navigation.

Toutefois ses rapports flattèrent peu la
noble ambition d'Emmanuel : ils ne s'ac-
cordaient pas généralement avec ceux de
Cabral. Le navigateur florentin présentait
la nouvelle découverte sous un aspect peu
favorable; elle n'offrait, selon ses observations, que de vastes déserts, des terres peu
propres à la culture, des sauvages peu susceptibles de civilisation.

Ainsi, Emmanuel n'accorda point à la
découverte de Cabral toute l'importance
qu'elle méritait. Il sentit pourtant qu'on ne
devait pas entièrement la négliger, et que
de nouvelles vérifications étaient nécessaires
pour asseoir un jugement encore plus sûr.

En conséquence, il ordonna un second voyage, et Vespuce partit de Lisbonne avec une flotte de six vaisseaux, dont Gonzalès de Coelho avait le commandement en chef. La mésintelligence éclata bientôt entre les deux navigateurs. Le Florentin se plaignit dans la suite avec amertume du commandant portugais. L'expédition était destinée pour Santa-Crux, où avait abordé Cabral; mais, arrivé au Brésil, Coelho dédaignant les avis de Vespuce, perdit quatre de ses vaisseaux par le peu de connaissance que ses pilotes avaient des courans, et par l'ignorance où il était lui-même de la côte. Il la reconnut néanmoins, parcourut deux cent soixante lieues au sud, aborda au dix-huitième degré de latitude, y resta plusieurs mois en bonne intelligence avec les naturels, et faisant élever un fort sur la côte, il y laissa vingt-quatre hommes échappés au naufrage du vaisseau commandant. Après avoir parcouru les terres et fait charger de bois de Brésil les vaisseaux qui lui restaient, Coelho employa encore plusieurs mois à visiter les ports et les rivières, en éprouvant de grandes fatigues. Il revint enfin en Europe, rentra avec Ves-

puce dans le Tage, et fut reçu comme un
navigateur intrépide, qui avait triomphé
des plus grands dangers, et que long-temps
la métropole n'avait plus espéré de revoir.

Les observations de Coelho étaient plus
conformes aux premiers renseignemens don-
nés par Cabral. Les terres lui avaient paru
bonnes et fertiles; mais comme il n'avait pu
découvrir alors les mines du Brésil, sources
des plus grandes richesses du pays, Emmanuel ne crut pas devoir s'occuper encore du
dessein d'y établir des colonies permanentes.

Il était difficile toutefois qu'une si importante découverte devînt tout à coup le partage exclusif d'une monarchie peu redoutable en Europe, sans faire naître ni concurrence ni rivalité parmi les puissances
maritimes. L'Espagne sur-tout, qui regardait
l'Amérique comme son propre domaine, se
montra d'abord jalouse de la domination du
Brésil, excitée en cela par Améric Vespuce,
qui, voyant son rival l'emporter sur lui à
son retour à Lisbonne, rentra de dépit au
service du roi de Castille, et pressa fortement ce monarque de prendre possession de

la côte qu'il venait de reconnaître sous le pavillon portugais.

La grande réputation qu'il devait à ces deux derniers voyages, lui valut d'abord la gloire d'attacher son nom d'Améric aux parties septentrionales du Brésil; mais ce dernier nom seul ayant ensuite prévalu, il aurait été dépouillé d'une gloire justement acquise, si les géographes d'Europe n'avaient étendu son nom à la totalité du nouveau continent. C'est ainsi que le hasard ou le caprice accorda au navigateur de Florence une célébrité qui n'appartenait qu'au navigateur génois, son illustre rival.

Autorisé par la cour d'Espagne, Vespuce s'embarqua de nouveau pour le Brésil, avec Ianes Pinçon et Jean Diaz de Solis, grand-pilote de Castille; mais ces trois navigateurs furent si peu d'accord dans tout le cours de leur expédition, qu'ils ne firent guère autre chose que planter quelques croix le long de la côte. Cette navigation infructueuse fut marquée d'ailleurs par la mort déplorable de Solis.

Parti d'Espagne en 1516, il était entré le

premier dans le havre magnifique de *Rio-Janeiro*, y avait pris possession de la côte, au nom du roi de Castille, mais sans s'y arrêter, et avait continué sa route vers le sud. Parvenu à l'entrée d'un grand fleuve, auquel il donna le nom de la *Plata*, il n'osa s'y engager, dans la crainte de se briser sur des rochers et des écueils. Solis ne voulant pas cependant retourner en Espagne, sans avoir pris une connaissance exacte de ce fleuve, cotoya la rive occidentale, et aperçut bientôt des Indiens qui paraissaient l'inviter à descendre, en mettant à leurs pieds leurs armes et leurs ornemens, comme pour lui en faire hommage.

Trompé par ces démonstrations, dont il n'eut pas même l'idée de se défier, Solis aborda sans précaution et avec une suite peu nombreuse. A mesure qu'il avançait, les sauvages s'éloignaient : ils l'attirèrent ainsi dans un bois, où le navigateur castillan ne craignit point de les suivre presque seul. A peine y eut-il mis le pied, qu'une grêle de flèches le renversa mort avec tous ceux qui l'accompagnaient. Les Indiens dépouillèrent les cadavres, allumèrent un grand feu sur

le rivage, les y firent rôtir, et les dévorèrent
à la vue des Espagnols qui étaient restés
dans la chaloupe ou qui avaient pu s'y ré-
fugier. Saisis d'horreur, ceux-ci regagnèrent
leurs vaisseaux, et remirent à la voile pour
retourner en Espagne.

Telle fut la destinée de l'un des plus habiles navigateurs de son temps, mais qui
n'était pas doué de la prudence nécessaire
pour former une entreprise coloniale.

Instruit du voyage de Vespuce et de Solis, le gouvernement portugais s'en plaignit
à la cour de Castille, comme d'une infrac-
tion à ses limites. Ces deux puissances, presque toujours rivales, et entre qui Alexandre VI avait si libéralement partagé les terres
à découvrir, paraissaient reconnaître cette
ligne de démarcation envers tous, excepté
en ce qui les concernait elles-mêmes:

Cette fameuse ligne excluait réellement les
Portugais du nouveau continent, et néanmoins la terre étant de forme sphérique,
une ligne de démarcation, tracée d'un seul
côté du globe, devenait tout à fait illusoire.
Aussi, à force d'interprétations, le roi de
Portugal parvint-il à faire comprendre le

Brésil dans l'hémisphère qu'Alexandre VI lui avait départi.

Les vaisseaux de Solis étaient rentrés en Espagne, chargés de bois de Brésil. Emmanuel demanda aussitôt que les cargaisons lui fussent livrées, ainsi que les équipages, qu'il voulait punir comme interlopes et fraudeurs. Ses remontrances ne furent pas entièrement sans effet. Charles-Quint venait de monter sur le trône d'Espagne, et voulait vivre en paix avec le Portugal, pour tourner toute son ambition contre le reste de l'Europe. Il promit à Emmanuel de ne plus chercher désormais à s'établir au Brésil concurremment avec les Portugais, à qui le hasard, dès ces premiers temps, semblait ménager la possession exclusive d'un si vaste empire, dont le monarque espagnol ne soupçonnait sans doute pas l'importance. Aussi, lorsque, trois années après, Magellan vint toucher à Rio-Janeiro, il n'acheta aux Brasiliens que des vivres, pour ne pas donner à Emmanuel des motifs de plaintes.

Cependant le débit lucratif des cargaisons de bois du Brésil qu'avait apportées Vespuce, donna bientôt l'idée à quelques spéculateurs

d'entreprendre ce commerce, et d'y employer
des navires marchands : leur but était uniquement d'exploiter sur une terre vierge une
production qui devenait précieuse au commerce. Ces expéditions partielles se multi-
plièrent, et il se présenta, en qualité d'interprètes, de facteurs et de correspondans,
un grand nombre d'aventuriers qui allèrent
séjourner volontairement dans une contrée
délicieuse et abondante, où l'on pouvait
jouir d'une indépendance complète, parmi
des sauvages qui, la plupart, se montrèrent
d'abord hospitaliers. Ces premiers colons
ne furent pas les seuls. De temps à autre, le
gouvernement portugais faisait partir pour
le Brésil un ou deux vaisseaux chargés des
plus grands scélérats du royaume. C'était
les dévouer, en quelque sorte, sous le tropique, à la condamnation qu'on semblait
leur épargner en Europe; car ces hommes,
flétris par les lois, se montrèrent sans aucun
ménagement pour les naturels du Brésil, et
ceux-ci ouvrant enfin les yeux sur les dangers de la servitude qui les menaçait, se
mirent par-tout en défense. Aussi les premières relations des malfaiteurs portugais

avec les sauvages du Brésil furent-elles fa-
tales à la fois aux Européens et aux indigènes. Ceux-là, tout dépravés qu'ils étaient,
perdirent ce sentiment d'horreur que leur
avaient fait éprouver les sacrifices humains
des cannibales, et ceux-ci cessèrent bientôt
d'avoir pour des hommes qu'ils avaient d'a-
bord crus d'une nature supérieure, cette vé-
nération qui aurait pu tourner à leur avantage, en les amenant à un état plus civilisé.

Ainsi, pendant le règne d'Emmanuel, les
expéditions au Brésil n'eurent pour objet
que des recherches, des vérifications, des
tentatives, et le gouvernement portugais
n'envoya dans sa nouvelle possession que
des forçats et des femmes perdues. Les
vaisseaux qui exécutaient ces sortes de dé-
portations n'étaient chargés, à leur retour
en Europe, que de perroquets, de singes et
de bois de teinture.

Quoique ce bois soit devenu l'un des premiers objets du commerce du Brésil, les
Européens étaient bien éloignés de trouver
alors dans les productions de cette immense
colonie, l'attrait éblouissant que les richesses de l'Inde offraient sans cesse à leur

cupidité. Les exploits les plus éclatans, les succès les plus rapides, les conquêtes les plus brillantes absorbaient, pour ainsi dire, dans l'Orient, tous les vœux et toutes les espérances de la nation portugaise, tandis que, dans le Nouveau-Monde, l'incertitude et les dangers se présentaient à chaque pas. Ceux qu'on y transportait ne pouvaient s'occuper que d'une culture pénible et de la défense de leurs jours ; la plupart considéraient ce voyage comme un nouveau genre de supplice infligé à des criminels ; il n'était donc pas étonnant que les Portugais ne s'éclairassent pas plus vîte sur des avantages réels que leur gouvernement semblait affecter de méconnaître.

Telle était encore la situation du Brésil vingt ans après la découverte, lorsqu'Emmanuel, après un long règne, termina sa glorieuse carrière, regretté comme le père de son peuple, l'ami des sciences, et le protecteur de la navigation.

Ses vues honorables, et la prospérité qui les avait constamment accompagnées, lui firent donner le surnom de *Fortuné*. Ce fut en effet sous son règne que l'Inde devint réellement tributaire du Portugal. Les conquêtes d'Alphonse d'Albuquerque, les brillans établissemens qui en furent le fruit, le commerce aussi riche que varié dont elles ouvrirent les sources à la nation, l'immense étendue des pays qui furent soumis aux Portugais, leurs possessions assurées depuis Ormus jusqu'à la Chine, leur influence dans le reste des trois parties du monde, la découverte enfin d'un nouveau continent, dont l'existence semblait se manifester pour ajouter à leur gloire : tels furent les grands événemens qui signalèrent ce règne à l'admiration jalouse des contemporains et à l'étonnement de la postérité.

Jusqu'à cette époque, l'importance de la découverte du continent brasilien avait été à peu près méconnue. Occupé exclusivement des affaires de l'Inde, le Portugal songeait peu à un pays où les produits et les avantages devaient bien moins provenir du commerce que de l'agriculture. C'étaient uniquement les échanges et le commerce que recherchaient les Portugais, avec autant d'ardeur qu'en apportaient les Espagnols à la découverte des mines d'or et d'argent. Ainsi

le Brésil resta encore ouvert aux autres nations de l'Europe pendant les premières
années du règne de Jean III, fils et successeur d'Emmanuel. Mais ce prince ne pré-
tendit point toutefois renoncer aux fruits
qu'il ne jugeait pas impossible d'en recueillir. Quoique plus religieux que politique,
il s'occupa essentiellement de la prospérité
de ses colonies, et sur-tout du Brésil. Tranquille sur les prétentions de l'Espagne, depuis qu'il avait terminé ses différens avec
cette puissance, par son mariage avec la sœur
de Charles-Quint, il n'avait plus à redouter que la rivalité des Français, qui déjà
se montraient dans les mers du Brésil avec
l'intention de partager au moins les avantages que semblait offrir cette nouvelle découverte. La cour de France n'avait point
reconnu la validité du partage des deux
Indes entre l'Espagne et le Portugal, et des
armateurs normands avaient commencé de
bonne heure à faire des entreprises lointaines, ou plutôt à exercer une sorte de pi-
raterie envers les vaisseaux portugais qui
revenaient de l'Inde, chargés des richesses
de l'Orient. Les expéditions des Français au

Brésil eurent un caractère plus honorable ;
ils cherchèrent à y établir des relations amicales avec les naturels, et à s'y procurer du
bois de teinture par la voie des échanges,
sans aucune violence ni vexations. Alarmé
de cette concurrence, Jean III fit faire des
représentations par son ambassadeur à Paris :
on n'y eut aucun égard, la puissance du Portugal étant trop faible pour se faire respecter en Europe. Jean III résolut alors de traiter en ennemis tous les navires qui seraient
rencontrés dans ses possessions d'Amérique.
Il envoya en conséquence une flotte au Brésil, sous le commandement du capitaine
Christovao Jacques, très habile navigateur,
qui, par ses instructions, était chargé d'examiner de nouveau la côte, d'en chasser
les Français, et de marquer les points convenables pour élever des factoreries ou des
établissemens stables.

Christovao reconnut des peuplades nouvelles et de nouveaux ports ; il visita sur-
tout la fameuse baie, qu'il consacra à tous
les Saints, sous le nom de *Bahia de todos
Santos*, et dont l'étendue et l'importance
firent dans la suite donner ce nom à la

première métropole de tout le pays. Deux
navires français y étaient entrés quelques
jours auparavant, et le commandant portugais, en explorant les sinuosités et les criques de cet immense golfe, découvrit ces
vaisseaux dans l'une d'elles, et voulut les
capturer comme interlopes ; ils résistèrent,
mais ce fut en vain ; Christovao les coula
tous deux à fond, avec la cargaison et les
équipages. Il établit ensuite, mais plus loin,
au nord sur le continent, par la barre de
l'île d'Itamaraca, la première factorerie portugaise ; et de retour à Lisbonne, confirma,
par les détails de sa navigation, les espérances
que Jean III commençait à concevoir rela-
tivement au Brésil. Ce prince donna toute
son attention à une si importante colonie ;
et la divisant en plusieurs provinces, il se
proposa de les distribuer aux *fidalgos*, ou nobles, les plus entreprenans de son royaume,
à condition qu'ils se chargeraient du soin de
les soumettre ou de les coloniser au nom du
Portugal. Cette distribution des terres à titre
de domaines, soit pour l'exploitation, soit
pour la suzeraineté, devait s'étendre à cinquante lieues de côtes pour chacun des

concessionnaires, en y ajoutant éventuelle-
ment ce qu'ils pourraient acquérir de plus
dans l'intérieur. L'application au Brésil de
ce système de concession déjà mis en usage
par Emmanuel, fut la source et l'origine des
premiers établissemens qui régularisèrent
enfin la colonie au profit de la métropole.

Mais avant d'entrer dans ces détails historiques, il est nécessaire que nous placions
ici la description du pays dont nous avons
entrepris l'histoire, le tableau de sa situation
lorsqu'il fut découvert, celui des mœurs de
ses habitans naturels, avec la position res-
pective des différentes peuplades brasiliennes.

LIVRE III.

~~~~~~~~

Etat du Brésil à l'époque de la découverte. — Description générale de cette vaste contrée. — Caractère, Mœurs et Usages, Dénombrement et Position géographique des Peuplades brasiliennes.

1500 — 1521.

Le nom de *Brésil*, qui ne fut donné d'abord qu'à une partie des côtes maritimes depuis l'embouchure de l'Amazone jusqu'à la rivière de San-Pedro, s'étend aujourd'hui à toutes les possessions portugaises de l'Amérique méridionale. Bornée à l'est par l'Océan, à l'ouest par le Pérou et le pays des Amazones, cette vaste région semblait devoir se renfermer à jamais du nord au sud entre les deux grands fleuves de l'Amazone et de la

Plata. Là se bornaient du moins ses limites naturelles ; mais ses frontières, quoique déterminées par divers traités, n'ont plus aujourd'hui de bornes, sur-tout vers le nord, depuis que l'intérêt et la politique ne reconnaissent ni pacte ni équilibre.

Le Brésil, depuis l'Amazone, presque sous l'équateur, au deuxième parallèle de latitude nord, jusque vers le fleuve de la Plata, au trente-cinquième degré de latitude sud, s'étend en longueur sur près de neuf cents lieues communes ; sa plus grande largeur, de l'est à l'ouest, est d'environ sept cents lieues ; et il renferme en surface plus des deux cinquièmes de l'Amérique méridionale. Les rivages et les sinuosités de la mer lui donnent plus de douze cents lieues de côtes.

Considéré en mer quand on l'aborde, ce continent paraît de loin élevé, agreste, inégal ; mais de près, aucun aspect au monde n'est plus pittoresque ni plus admirable : ses éminences sont couvertes de bois magnifiques, et ses vallons revêtus d'une verdure éternelle.

L'intérieur du Brésil n'est, pour ainsi dire,

qu'une immense forêt ; mais le centre est formé du vaste plateau de l'Amérique méridionale, connu sous le nom de *Campos-Parexis*, ou *Plaines de Paresis*, et ainsi nommé d'une nation indienne qui l'habite. Cette grande région, qui s'étend d'orient en occident, est couverte presque par-tout de terres légères et de monceaux de sables, qui de loin, par l'effet de leurs ondulations, ressemblent aux vagues de la mer. Le sol y est si friable, si sablonneux, que les convois de mulets et les caravanes y enfoncent et s'y fraient difficilement une route ; il n'offre d'ailleurs, çà et là, qu'une herbe pauvre, à tige mince, d'un pied de hauteur, dont les feuilles, petites et rondes, ont la forme de lancettes. Cet immense plateau de sable se trouve comme encaissé au centre et vers le sommet des chaînes de montagnes du même nom, réputées les plus hautes du Brésil, et qui se développent sur une longueur de plus de deux cents lieues. C'est-là le grand réservoir d'où sortent non seulement toutes les rivières qui se jettent dans l'Amazone, dans le Paraguay, et dans l'Océan méridional, mais encore plusieurs courans *aurifères*, et d'autres qui coulent sur un sol parsemé de diamans.

Au sud-ouest, le Paraguay, le Manoré, le Guarupé, la Madeira, et plus de trente rivières qui s'y jettent, forment comme un large canal d'environ cinq cents lieues de circuit autour du Brésil. Ces courans immenses le séparent des provinces espagnoles, et lui servent comme de boulevard intérieur. Là sont les parties centrales de l'Amérique portugaise, si riches de tant de trésors découverts ou enfouis, réservoir naturel d'une multitude de rivières qui se subdivisent en canaux innombrables, et offrent aux possesseurs du Brésil des routes faciles pour pénétrer jusqu'au cœur du Pérou.

La principale masse des montagnes se trouve au nord de Rio - Janeiro, vers la source des trois grandes rivières de l'intérieur, le San-Francisco, la Parana, et le fleuve des Tocantins. Non seulement le fer et le cuivre y abondent, mais elles recèlent en outre de riches mines d'or et de diamans ; on y trouve aussi des topazes, des saphirs, des tourmalines, des cymophanes, et différentes espèces de cristal de roche.

De ce groupe de montagnes élevées, se prolongent diverses chaînes parallèlement aux côtes du nord, sous le nom de *Serra das Elmeraldas*, *Cerro do Frio*. Une autre ramification partant du même centre, suit une direction semblable vers le sud ; une troisième chaîne, sous le nom de *Mato-Grosso*, se courbe au nord-ouest jusque vers le plateau central, en partageant ses eaux entre les rivières qui se jettent dans le Paraguay et la Parana d'un côté, le fleuve des Tocantins et le Chingu de l'autre.

Entre la Parana et le Paraguay, règne, du nord au sud, une chaîne de montagnes très étendue, qu'on nomme Amambay, et qui, se terminant au sud de la rivière d'Iguatimy, forme une autre chaîne de l'est à l'ouest, appelée Maracayer.

Divers autres groupes moins connus bordent, pendant un long espace, le fleuve des Tocantins et ses affluens, outre l'*Itiapaba*, l'une des chaînes de montagnes les plus considérables du Brésil, qui s'étend vers la côte septentrionale, entre le Maranho et Pernambuco.

Peu de contrées au monde sont d'ailleurs

arrosées et vivifiées avec autant de profu-
sion. Le plus grand de tous les fleuves,
l'Amazone, qui prend sa source au Pérou,
dans le sein des plus hautes montagnes de
la terre, entre par le nord-ouest sur le territoire brasilien, s'y grossit du Rio Negro,
que ses débordemens ont fait comparer à
une *mer d'eau douce;* du Rio Madeira, ou
Rivière des Forêts, dont le cours est de plus
de sept cents lieues; du Topayos, qui vient
des hauteurs centrales ou *Campos-Parexis,*
et dont le cours est de trois cents lieues;
et enfin de Chingu, qui descend des flancs
du Mato-Grosso. Cette grande rivière forme
l'une des plus belles branches de l'Amazone,
à laquelle on la voit se réunir après un cours
de plus de quatre cents lieues, interrompu
par plusieurs cataractes. Ses bords, couverts
d'impénétrables forêts, sont habités par des
Indiens indomptables.

La plupart de ces rivières de l'intérieur
appartiennent au continent brasilien, parcourent avec rapidité des terres inhabitées,
que souvent elles inondent, et finissent par
s'engloutir dans l'immense Amazone, qui
n'a pas moins de treize cents lieues de cours.

Sur ce grand fleuve, les tempêtes sont aussi dangereuses qu'en pleine mer. Ses bords ne présentent de tous côtés qu'une vaste plaine marécageuse, et vers son embouchure, large de douze lieues, il servait dans l'origine de limites naturelles au Brésil.

Rival de l'Amazone, et grossi des eaux de l'Araguaya, dont les bords sont peuplés par tant de tribus guerrières, le fleuve des Tocantins, dans son cours majestueux, arrose le Brésil, sur un espace de cinq cents lieues, du sud au nord. Des montagnes et des forêts bordent ses rives ; et vers sa source, de nombreuses cataractes indiquent assez qu'il se fait jour à travers des vallons et des précipices. Mais réuni à l'Araguaya, il continue son cours dans un lit commun, offrant l'immense avantage d'une navigation non interrompue depuis son embouchure jusqu'au centre du Brésil ; embouchure qui, voisine de celle de l'Amazone, vient mêler ses ondes, par un bras de communication, au vaste courant du grand fleuve. L'eau et la terre semblent se disputer le domaine de ces plages, alternativement sèches et noyées.

Toutes les côtes environnantes sont des

terrains bas, marécageux ou vaseux, formés par les alluvions réunies de l'Amazone, du Tocantin et de l'Océan; aucune digue, aucun récif n'y arrête la violence des flots et des marées. Cependant des bancs de sable et des îles à moitié submergées resserrent les embouchures des deux fleuves, qui, se précipitant tous deux dans l'Atlantique en sens contraire du courant commun, luttent avec les vagues de l'Océan. C'est là que, pendant les grandes marées, la rapidité de leurs ondes réunies produit une sorte de phénomène périodique nommé *Pororoca* par les Portugais et par les Indiens. Rien alors ne peut s'opposer à la violence des flots de l'Océan et des deux fleuves qui se mêlent avec fracas. Un bruit effrayant annonce et accompagne cette subite invasion; des montagnes d'eau douce s'élèvent, s'abaissent, se succèdent, et comblent en un instant presque toute l'immense largeur du canal. Ces lames épouvantables balaient le rivage, déracinent de gros arbres, emportent des masses de terrain, et engloutissent jusqu'aux embarcations qui s'exposent à leur fureur.

Depuis les bouches du Tocantin jusqu'à

Pernambuco, les côtes tournant à l'est, vers
le sud, n'offrent plus, sur un développement d'environ quatre cents lieues, aucune
rivière de long cours. Le Maranho, le Rio-
grande du Nord, et la Paraïba, qui se jette
dans la mer à la pointe la plus orientale,
ont, il est vrai, d'assez larges embouchures,
et forment dans la saison pluvieuse des torrens dont les campagnes sont inondées ;
mais dans les temps secs, ils ont à peine un
filet d'eau, et leur lit sert de chemin aux naturels du Brésil.

Entre Pernambuco et Bahia, le San-Fran-
cesco, qui prend sa source dans le flanc des
montagnes au nord-ouest de Rio-Janeiro,
parcourt un plateau élevé, en se dirigeant
au nord, et tourne circulairement à l'est
Son cours, de plus de trois cents lieues,
est souvent interrompu par des cataractes.

Vient ensuite le Riogrande de Porto-Seguro, jusqu'ici mal connu, et qui, sortant des
montagnes de Pitungui, coule vers le nord,
puis vers l'est, presque toujours environné
d'une contrée riche en bois précieux et en
mines de diamans.

Encore plus au midi, se jette dans les mers

du Brésil la Paraïba, dite du Sud, pour la distinguer de deux autres rivières du même nom : elle est remarquable par son cours de cent cinquante lieues parallèle à la mer, dont elle n'est séparée que par la chaîne de montagnes qui forment le cap San-Thomé et le cap Frio.

Depuis ces deux caps jusqu'au trentième parallèle de latitude sud, la côte, très élevée, ne verse dans l'Océan aucune rivière considérable, si ce n'est le Real et le Dolce, qui coulent de l'ouest à l'est. Là, presque toutes les eaux se dirigent vers l'intérieur, et se jettent dans la Parana ou dans l'Uruguai, qui, tous les deux, tirent leur source des montagnes centrales.

Nous ne nous étendrons point ici sur les particularités naturelles de la Parana, parceque la direction de son cours la fait plus positivement appartenir au Paraguay qu'au Brésil.

Toute la côte orientale présente une multitude de baies et de promontoires. Parmi ces derniers, les principaux sont le cap Saint-Augustin, vers le neuvième degré de latitude; le cap Frio, au vingt-cinquième, et le cap Saint-Vincent, le plus méridional de tous.

La baie la plus vaste est celle de *Tous les Saints*, dont les Portugais durent l'entière découverte au capitaine Jacques, le troisième navigateur du Brésil; elle aura, ainsi que la rade magnifique de Rio-Janeiro, sa description particulière dans le cours de cet ouvrage.

Les côtes septentrionales, depuis Para jusqu'à Olinda, sont parsemées de récifs et d'îlots, vers lesquels se brisent les vagues de l'Océan : ils offrent souvent l'image d'un mole naturel qui s'étend parallèlement à la côte.

Au vingt-troisième degré de latitude sud, commencent, à peu de distance de Porto-Seguro, ces fameux écueils nommés *Abrolhos*, qui s'étendent au loin et font la terreur des pilotes. On y a découvert plusieurs canaux étroits, par lesquels les navires peuvent se frayer un passage, mais non sans de grands dangers.

Placé tout à la fois sous la zone torride et sous un ciel moins brûlant, le Brésil jouit, par cette double situation, des avantages de

plusieurs climats : aussi le sol y est-il favorable à presque toutes les productions du
globe. Dans une aussi vaste étendue , les
saisons et la température offrent nécessairement une très grande variété. Les chaleurs,
dans le voisinage de l'Amazone , sont adou-
cies par l'humidité naturelle de ses bords
marécageux. En remontant les fleuves vers
leurs sources , on trouve des plaines élevées ,
des vallons fertiles , qui jouissent d'un climat salubre et tempéré , sur-tout vers Minas-
Geraes , Villarica , et Saint-Paul. Là, une
douce chaleur permet aux fruits d'Europe
de croître parmi les productions de l'Amérique.

Tel est aussi le climat de la grande île de
Maranham , qui appartient au Brésil , où les
quatre saisons se confondent , où la terre est
toujours fleurie et les arbres toujours verts.
L'abondance des rosées , l'ombrage des forêts et la fraîcheur délicieuse des nuits y
procurent un printemps perpétuel.

Mais le froid est sensible à l'extrémité
méridionale du continent brasilien , vers les
côtes de Saint-Vincent. Là sont les hautes
montagnes de Pernahiacaba , d'où part une

multitude de sources limpides qui donnent à l'air plus de fraîcheur.

Le vent d'ouest, passant pardessus de vastes forêts marécageuses, devient par-là insalubre dans les parties intérieures. Souvent même, la chaleur excessive qui suit le cours du soleil, remplit l'atmosphère de particules ignées qui produisent des effets funestes ; mais l'air malsain est quelquefois corrigé par l'odeur balsamique d'une grande quantité d'aromates, qui se fait même sentir à quelques lieues du rivage, quand le vent de terre l'y porte.

Du mois de mars au mois d'août, la saison pluvieuse règne sur les côtes maritimes, et pendant la saison sèche, le vent du nord y souffle presque sans interruption. Alors l'ardeur du climat rend la végétation languissante, et les collines n'offrent plus qu'un sol brûlé.

Tout le reste de l'année, des vents de mer rafraîchissent l'atmosphère, et redonnent à la nature et sa force et sa première activité. Un printemps perpétuel embellit les endroits ombragés et humides ; les arbres présentent à la fois des fleurs, des fruits verts et des fruits mûrs, et pendant presque toute l'année, une agréable verdure couvre la terre.

L'intérieur du Brésil n'étant qu'une vaste forêt primitive, les arbres y sont embarrassés de broussailles, d'arbustes sarmenteux, de lianes qui les enveloppent jusqu'à leurs dernières sommités, la plupart étalant des fleurs magnifiques. Ces plantes forment un trait singulier dans la peinture du Brésil; elles grimpent autour des arbres, montent au-dessus, redescendent sur la terre, y prennent racine, et remontant de nouveau, s'attachent de branche en branche, d'arbre en arbre par-tout où le vent les chasse, jusqu'à ce que tous les bois soient enlacés de leurs guirlandes et rendus presqu'impraticables. Les singes voyagent parmi ces labyrinthes sauvages, et s'y balancent par la queue. Ce cordage végétal est quelquefois si étroitement entrelacé, qu'il a l'apparence d'un filet, et que ni les oiseaux ni les bêtes ne peuvent passer au travers. Quelques-uns sont épais comme la cuisse d'un homme; ils se contournent de toutes façons, et il devient impossible de les briser; souvent ils donnent la mort à l'arbre qui les supporte : de là les Portugais les ap-

pellent *matapalos*. Quelquefois ils restent
debout comme une colonne torse, après que
le tronc qu'ils ont fait périr a disséminé leur
enveloppe. Il y en a qui donnent, par in-
cision, une eau fraîche, pure et agréable.
Ceux-là viennent dans les marais du pays de
l'Orénoque, et dans des lieux sablonneux
où, sans cette ressource, le voyageur mour-
rait de soif. Le lierre grimpe aussi au sommet des plus hauts arbres, et couvre la forêt
d'un tapis du vert le plus brillant.

Les palulviers rouges couvrent les côtes
du Brésil; à peu de distance commencent
les nombreuses espèces de palmiers, parmi
lesquelles on distingue le myrte brasilien,
qui brille par son écorce argentée; le coco-
tier brasilien, plus gros, plus élevé que celui
des Indes, et dont le fruit donne un excel-
lent beurre, et le pekia, qui porte un fruit
gros et dur, semblable, pour la forme et
pour la grosseur, à un boulet de canon : il
est même dangereux d'y être exposé lorsqu'il
tombe à terre; ses énormes calices et ses
larges pétales s'élèvent en pyramides fleu-
ries, revêtues de couleurs variées et d'un
aspect brillant.

Aucun pays du monde ne fournit de bois aussi précieux pour la teinture, pour la menuiserie, et pour les constructions navales. L'olivier et le pin y sont particulièrement propres à la mâture. Le cerisier, le cèdre, le cannellier sauvage, les bois de rose, de campêche et d'acajou gagnent à être mis en œuvre, et une fois travaillés, résistent plus long-temps à l'action de l'air et de l'eau. C'est au Brésil qu'on admire ces arbres gigantesques qui s'élèvent souvent à la hauteur de quatre-vingts pieds, et dont les racines entourent l'énorme tronc à plusieurs palmes au-dessus de la surface de la terre : nul bois n'est plus propre à faire des courbes de navires.

Mais le plus beau de tous les arbres du Brésil, et même de l'Amérique entière, c'est l'*acayaba;* il est sur-tout remarquable, lorsqu'étalant toute sa pompe, dans les mois de juillet et d'août; lorsque, pendant l'automne d'Europe, il se couvre de fleurs blanches et roses; et lorsque, dans les trois mois suivans, il est enrichi de ses fruits, suspendus aux branches comme autant de pierres précieuses. Son ombrage est épais et agréable; ses fleurs ont une étamine suave, et ses

branches exhalent une odeur aromatique ;
il en sort une gomme qui égale en beauté
celle du Sénégal ; elle est si abondante,
qu'elle paraît sur l'arbre comme autant de
gouttes de pluie. Cet arbre admirable n'est
pas commun dans l'intérieur des terres ;
mais vers la côte, il couvre des pays entiers,
d'ailleurs stériles. Plus le sol est sablonneux, moins la saison est humide, et plus
il semble fleurir et prospérer. Son fruit,
spongieux et exquis, a quelque ressemblance
avec les poires d'Europe, mais il est plus
long et en quelque sorte diaphane; sa pulpe,
réduite en farine, est pour les Brasiliens un
mets délicieux. La possession d'un terrain
où l'acayaba croît et multiplie est d'une telle
importance, que souvent elle a été l'occasion de guerres entre les peuplades natives.

L'ibiripitanga, qui donne le fameux bois
de teinture connu sous le nom de bois de
Brésil ou de Pernambuco, n'est guère que
de la hauteur d'un chêne d'Europe; il croît
dans les rochers et dans les terrains arides.
Chargé de branches, il est en général d'un
aspect peu agréable. Sa feuille ressemble à
celle du buis, et son écorce est très épaisse.

Ses fleurs, semblables à celles du muguet, sont d'un très beau rouge. La pesanteur spécifique de son bois est un indice de sa bonté relative pour la teinture : on en tire une espèce de carmin et de laque propre aux peintures fines et délicates. Cet arbre précieux ne se trouve que dans le nord du Brésil.

Tout change vers le sud : d'autres productions s'élèvent sous un climat plus éloigné du tropique et plus tempéré.

Comme dans tout le reste de l'Amérique, la racine de manioc et des fruits sauvages étaient la principale nourriture des indigènes avant que les Européens y eussent cultivé ou naturalisé les ignames, le riz, le maïs, le froment, et presque tous les fruits de leur climat. L'arbrisseau nommé manioc ne croît que dans les terrains secs, et n'exige presqu'aucune culture. Sa racine inestimable est de la grosseur du bras, et a quelque ressemblance avec les panais d'Europe. Crue ou fraîchement tirée de terre, c'est un poison mortel; désséchée, réduite en farine et en pain, c'est une nourriture substantielle.

On trouve dans tout le Brésil le vanillier,

qui s'attache comme le lierre au tronc des arbres ; ses feuilles sont épaisses et d'un vert sombre ; son fruit consiste en une gousse triangulaire de six ou huit pouces de long, remplie de petites semences polies. On estime sur-tout les gousses longues, déliées et aromatiques. L'ibiripitanga donne un fruit qui ressemble aux cerises. Parmi les ronces et dans les champs abandonnés viennent les figuiers de Surinam. Dans les environs de Bahia, croît l'arbre manganba, qui supplée en quelque sorte à la vigne, puisqu'on tire de son fruit une espèce de vin. Le cacaoyer forme des forêts immenses le long du Chingu, du Tocantin, et de la Madera. Les lianes mêmes, ou plantes grimpantes, étalent en partie des fruits agréables et sains. Le Brésil produit aussi un grand nombre de plantes aromatiques d'espèces différentes. Ses productions botaniques sont innombrables. Il ne manque ni de fleurs d'ornemens, ni de plantes médicinales. L'arbrisseau si utile, connu sous le nom d'ipécacuanha, ne se trouve qu'au Brésil ; sa fleur est une sorte de violette : c'est dans sa racine que résident toutes ses propriétés. Le Brésil étant situé sous les deux zones les plus heureuses, la torride et la tempérée, ce qui manque sous l'une, l'autre le produit en abondance.

A très peu d'exceptions près, le continent brasilien n'avait point originairement d'arbres, de plantes ni de fruits qui ne différassent essentiellement des arbres, des plantes et des fruits d'Europe; mais tous ceux qu'on y a transportés s'y sont naturalisés avec succès, et cette observation générale peut s'étendre aux animaux.

Le tapir ou tapiroussou est le plus grand quadrupède qu'on ait trouvé au Brésil; sa forme est analogue à celle du porc, quoiqu'il approche de la grosseur d'une vache : les Brasiliens le tuent à coups de flèches ou le prennent dans des piéges; ils en mangent la chair, et font de sa peau des boucliers solides.

Les bois sont pleins d'animaux rapaces, tels que le chat-tigre, les loups-hyènes, le saratu, qui est à peu près de la taille d'un renard, mais plus sauvage et plus brave. On y rencontre et le jaguar, animal d'une férocité redoutable, la terreur des Brasiliens, et le porc-épic, ou hérisson de la grande espèce, qui, lorsqu'il est irrité, lance ses pointes avec tant de force, qu'elles peuvent blesser et même tuer un homme. Il ne faut pas le confondre avec l'armadilla, ou porc cuirassé, qui se roule comme le hérisson, et présente de toutes parts sa cotte-de-mailles impénétrable.

Il n'y a pas de contrée, même en Afrique et en Asie, où les singes habitans des bois soient en plus grand nombre et d'espèces plus variées qu'au Brésil; mais ils fuient les établissemens, et n'habitent que les lieux solitaires.

Quoique le Brésil corresponde en latitude avec le Pérou, et qu'il offre en général les mêmes productions, il ne possède cependant ni le lama, ni la vigogne, animaux si utiles aux Péruviens. Il est d'ailleurs désolé par un plus grand nombre d'animaux féroces, par d'énormes serpens, des crapauds, des lézards, par mille autres reptiles à larges pattes, et par des milliers d'insectes que multiplie la chaleur humide. C'est sur-tout dans les vastes forêts des provinces intérieures qu'on trouve par centaines de nouvelles sortes d'insectes inconnus en Europe.

On y entend les cris lointains de l'once,
espèce de panthère qui fait de grands ravages : c'est, avec les serpens, le principal
fléau des planteurs.

Outre le grand serpent à sonnettes, qui
rampe si vîte qu'il semble voler, le Brésil
en produit de plus terribles encore, tels que
l'ibiboca, également remarquable par le
danger de sa morsure et la beauté de ses
couleurs ; le bojobi, nommé *serpent de feu*,
à cause du vif éclat de ses écailles ; le liboïa,
reptile énorme, gros comme le corps d'un
homme, et quelquefois long de quarante
pieds, couvert d'écailles et de taches irrégu-
lières, ayant le dos d'un noir verdâtre et les
flancs d'un jaune brun. Sa tête est plate, et
sa large bouche renferme une double rangée
de dents aiguës. Il est armé sous le ventre
de deux fortes griffes pour saisir sa proie.
Les Portugais le nomment *serpent-chevreuil*,
parcequ'il dévore le chevreuil avec une in-
croyable facilité. Sa force et sa voracité
sont telles, que, poussé par la faim, il
attaque et mange des hommes, des san-
gliers, et même des tigres. Ses yeux ont-
ils aperçu sa proie, ils semblent lancer

de vives étincelles; sa langue fourchue s'agite dans sa large bouche. Il saisit sa victime avec ses griffes, s'y cramponne, s'entortille autour, la couvre d'une bave visqueuse pour l'avaler plus facilement, et passe grand nombre de jours à la digérer. Ce serpent colossal et amphibie se plaît dans la vase et dans l'eau. Il est l'effroi des Indiens et des Portugais. Les nègres plus hardis l'attaquent souvent avec avantage, soit à coup de fusil, soit avec l'arc et la flèche. Si le monstre n'est que blessé, il s'agite en tous sens, coupe les broussailles et les jeunes arbres, siffle, rugit, enfonce sa queue avec violence dans l'eau, couvre ceux qui le combattent d'une vase infecte, et de nuages de poussière mêlés de boue, comme dans un ouragan. Est-il blessé à mort, il continue à se tordre, à se replier sur lui-même, jusqu'à ce qu'un des nègres assaillans s'approche, et bravant le danger, lui jette au cou une corde avec un nœud coulant. Maître enfin de l'énorme reptile, et tenant à la main le bout de la corde, le nègre grimpe sur un arbre, hisse le monstre, qui demeure suspendu; il quitte ensuite l'arbre, tenant entre ses dents un couteau fort et acéré, s'attache au corps du reptile, qui tournoie et s'agite; et nu, ensanglanté, il serre des bras et des jambes la peau luisante du monstre encore vivant, la fend près du cou, et l'en dépouille. Il tire ensuite de sa proie une graisse clarifiée, qu'il convertit en huile, et se régale de la chair avec ses compagnons.

Mais le plus dangereux de tous les reptiles de cette contrée, c'est l'ibiracuca, dont la morsure donne inévitablement la mort. Telle est la violence de son venin, qu'à l'instant même le sang de la personne qui en est atteinte sort des yeux, des oreilles, des narines, et des parties inférieures du corps.

Par une sorte de compensation, les forêts du Brésil servent de retraite naturelle à une infinité de charmans oiseaux inconnus au reste du monde. Leur forme est élégante, et leur plumage éclatant. Les perroquets sont les plus beaux des deux Indes; et se distinguent autant par la variété que par la vivacité des couleurs dont la nature a revêtu leur plumage.

Le toucan, oiseau dont le bec est presque aussi grand que son corps, est sur-tout recherché à cause de l'éclat de ses plumes, qui sont en partie couleur de citron, en partie rouge incarnat, et noires par bandes transversales d'une aile à l'autre.

Le kamichi, grand oiseau noir que les Brasiliens appellent *anhima*, est remarquable par la force de son cri, et par une espèce de corne implantée au milieu de son front en forme de couronne. Ses ailes sont armées de puissans éperons, qui le rendraient formidable aux autres oiseaux, s'il dirigeait contre eux ses attaques ; mais le kamichi, à demi-aquatique, ne fait la guerre qu'aux reptiles.

Le guaranthé-engera, espèce de serin que les naturels nomment *teitei*, a le plumage moitié d'un bleu foncé, moitié d'un jaune doré éclatant; il égale le ramage des oiseaux les plus mélodieux.

Les forêts du Brésil servent aussi de retraite à l'oiseau-mouche, si élégant par sa forme, et dont le plumage brille comme l'émeraude et le rubis. Frappés de l'éclat de ce léger habitant de l'air, et de ses riches couleurs, les Brasiliens l'appellent *rayon du soleil*. On compte jusqu'à vingt-quatre espèces

ou variétés de l'oiseau-mouche. Le rubis-
topaze est ainsi nommé, parcequ'il a les couleurs et jette le feu de ces pierres précieuses.
L'oiseau - mouche de la petite espèce n'a
guère que quinze lignes de longueur. Comme
le papillon de nos contrées, il se laisse entraîner au vague de l'air, et voltige de fleur
en fleur pour en pomper le miel.

Aussi brillant, aussi léger que l'oiseau-
mouche, paré comme lui des plus vives couleurs, le colibri, qui n'en diffère que parcequ'il est un peu plus gros, cherche comme
lui sa subsistance dans le calice des fleurs.
Un même instinct les anime ; et telle est
leur ressemblance, que, non seulement des
voyageurs, mais d'habiles naturalistes, les
ont souvent confondus.

On trouve aussi dans l'intérieur du Brésil
beaucoup d'autruches, qui ne diffèrent point
de celles des autres régions ; mais les grands
oiseaux de proie, tels que les aigles et les
vautours, sont si voraces, qu'il n'a jamais
été possible d'en soumettre aucun à la main
de l'homme.

Les mers du Brésil abondent en poissons
de toute espèce ; les uns nagent à la surface

des eaux, les autres en habitent les profondeurs. Dans aucun parage, on n'en trouve une plus grande variété. Les baleines, les dauphins s'y montrent en grand nombre. Sur les fameux écueils d'*Abrolhos,* on pêche un poisson semblable au saumon, et qu'on appelle guarupa.

Les rivières donnent également aux Brasiliens une prodigieuse quantité de *poissons d'eau douce,* qui, pour la plupart, offrent une nourriture aussi saine que délicieuse.

Tel est le Brésil, auquel la nature semble avoir prodigué ses trésors. Nous décrirons plus particulièrement, dans le cours de cet ouvrage, chacune de ses provinces, les îles qui lui appartiennent, ses villes principales, et nous donnerons un tableau complet de ce vaste empire si peu connu.

Les mœurs et les coutumes de ses habitans naturels offrent sur-tout à l'œil observateur un vif intérêt.

Le Brésil, lors de sa découverte, était partagé entre plusieurs nations ou peuplades différentes, les unes cachées dans les forêts, d'autres établies dans les plaines, sur le bord des rivières, ou sur les côtes maritimes;

quelques-unes sédentaires, et plusieurs autres nomades ; celles-ci trouvant dans la
chasse et dans la pêche leur principale subsistance ; celles-là vivant sur-tout des productions de la terre plus ou moins cultivée ; la
plupart sans communications entre elles ou
divisées par des haines héréditaires, et toujours armées.

La civilisation européenne n'ayant point
encore pénétré dans les forêts et dans les
montagnes de l'intérieur, le caractère primitif des peuplades s'y est fidèlement conservé.

Tandis que des Indiens faibles et dociles
habitaient la plus grande partie de l'Amérique méridionale, des sauvages intrépides
et féroces erraient dans le pays que nous
décrivons. La force du corps et un courage
impassible sont même encore aujourd'hui
les premières, ou plutôt les seules qualités
dont se glorifient les naturels du Brésil.

A l'arrivée des envahisseurs européens,
plus de cent nations brasiliennes occupaient
ou se disputaient l'immense étendue comprise entre les deux fleuves de la Plata et de
l'Amazone ; mais plusieurs d'entre elles n'ont

jamais été bien connues : leurs transmigrations successives ayant mis quelque confusion dans le témoignage des historiens et des voyageurs, nous ne donnerons que les détails qu'ils ont le mieux éclaircis.

La grande race des Tapuyas, la plus ancienne du Brésil, avait possédé, à ce qu'il paraît, toute la côte depuis l'Amazone jusqu'à la Plata, ou seulement, selon d'autres, une ligne, dans l'intérieur, parallèle à la côte, depuis la rivière San-Francisco jusqu'au cap Frio. Elle en fut chassée par la race encore plus formidable des Tupis, à une époque peu éloignée, puisqu'à l'arrivée des Européens, les sauvages se souvenaient encore de cet événement. Ainsi les Tupis étaient les maîtres absolus des côtes maritimes, lorsqu'Alvarez Cabral découvrit le Brésil. Du mot *Tupan*, qui veut dire tonnerre et père universel, ils avaient fait, par une vanité barbare, le nom de leur propre nation. Ce mot renfermait toute leur théogonie, car ils n'adressaient aucune prière à ce créateur du monde, qui n'était pour eux un objet ni de haine, ni d'espoir, ni même de crainte. Cette grande race comprenait seize tribus différentes, qui, n'étant unies par aucun lien, et ayant des noms particuliers et des traits distinctifs, formaient autant de nations séparées. Parmi les Tupis avec qui les conquérans portugais furent le plus souvent en rapport ou en guerre, on remarquait les Carios, placés au sud de Saint-Vincent, et maîtres alors de l'île Sainte-Catherine. Les Tamoyos, qui habitaient les environs de Rio-Janeiro, s'étendaient au midi vers Saint-Vincent, et ne reconnaissaient pour alliés que les Tupinambas leurs voisins, auxquels ils ressemblaient dans plusieurs de leurs usages. Les Tupiniquins possédaient le pays de Porto-Seguro, et la côte d'Os Ilheos, depuis la rivière Camaum jusqu'à la rivière Circare, dans l'étendue d'environ cinq degrés : c'étaient, de tous les sauvages de la race tupique, les plus traitablés, les plus fidèles, et les plus braves ; les Tupinaes, qui les avoisinaient, avaient une sorte de conformité avec eux. Bahia, et toutes ses criques, venaient d'être conquis par les Tupinambas, la plus grande et la plus vaillante nation de la race des Tupis. Les Cahètes, tribu sauvage et féroce, tenaient en leur pouvoir presque toute la côte de Pernambuco, dont les Tabayares, de la même race que les Cahètes, mais moins farouches, occupaient aussi une partie; enfin, les Pitagoares, les plus cruels de la race tupique, possédaient la contrée du Paraïba du nord, entre ce fleuve et Rio-Grande : telles étaient les principales tribus de la race dominante au Brésil.

L'antropophagie régnait parmi tous ces sauvages, qui dévoraient en cérémonie, avec une horrible joie, leurs prisonniers de guerre; mais tous les Brasiliens n'étaient pas cannibales, et c'est la race des Tupis qui paraît avoir apporté de l'intérieur cet usage homicide que les Portugais trouvèrent établi dans *toutes les parties de la côte.*

Le langage tupis y était aussi le plus répandu, quoiqu'on parlât jusqu'à cent cinquante langues barbares au Brésil : c'est, dit-on, un dialecte du guaranis, regardé comme une mère langue, dont on retrouve les traces dans une étendue de soixante-dix degrés.

Avant de décrire la position géographique, et de donner le dénombrement des autres tribus brasiliennes les plus remarquables, nous allons présenter dans un tableau général les traits principaux qui peuvent faire connaître les usages et les habitudes guerrières de la race sauvage qui dominait au Brésil, à l'arrivée des conquérans portugais.

Plus rapprochés de la brute que de l'homme, les Tupis ne reconnaissaient aucune divinité, du moins leurs usages n'indiquaient-ils rien qui annonçât ce sentiment consolateur presqu'universellement inspiré à l'espèce humaine; ils ne semblaient pas avoir la moindre notion d'une vie future. Aucun mot, dans leur langue, n'exprime le nom de Dieu, ni l'idée qu'on attache au maître de l'univers. Les signes d'admiration et de respect qu'ils adressent au soleil, à la lune, au tonnerre, n'ont aucun caractère de culte; et occasionnés seulement par le ravissement ou la frayeur, ils ne paraissent pas s'élever au-delà des objets créés. Mais les songes, les ombres, le cauchemar et le délire avaient enfanté des superstitions que les devins ou *payes* accréditèrent parmi les Tupis. A la fois jongleurs et prêtres, les *payes* affirmaient l'existence d'un esprit malfaisant, dont ils se vantaient d'arrêter la dangereuse influence : aussi étaient-ils consultés dans les maladies, dans les occasions importantes, et sur-tout pour la guerre ou la paix. La grossière crédulité que ces imposteurs obtiennent par des mouvemens et des gesticulations extraordinaires, par des promesses et des prédictions, semblerait indiquer que ceux qui les interrogent les supposent en rapport avec des intelligences invisibles, et au-dessus de l'humanité. Les Tupis attribuent en effet à leurs devins non seulement le pouvoir de rendre les terres fertiles, mais encore celui d'inspirer aux guerriers la force et le courage, auxquels ils attachent tant de prix.

Chaque *paye* vit seul dans une hutte sombre, où nul sauvage n'ose entrer ; là on lui apporte tout ce qu'il demande ; et tel est son empire sur les esprits, que, s'il prédit la mort de celui qui ose l'offenser, le malheureux, devenu l'objet de cette fatale prédiction, se place immédiatement dans son hamac, et attend son sort avec tant de résignation, qu'il ne boit ni ne mange, et réalise ainsi l'anathème.

Tous ces peuples vont nus, se frottent la peau d'une couleur rougeâtre, excepté le visage, joignent à cette teinte générale quelques couches de couleurs diverses en plusieurs endroits du corps, et placent dans un trou qu'ils se font à la lèvre inférieure une sorte de jaspe verd qui les rend difformes. Les femmes ne se percent point la lèvre, mais de très grandes ouvertures qu'elles ont à chaque oreille soutiennent des espèces de chapelets composés de petits os blancs et de pierres de couleur qui leur pendent sur les épaules. Les hommes s'épilent soigneusement toutes les parties du corps : ils regardent comme le principal caractère de la beauté d'avoir le nez aplati : aussi le premier soin d'un père est-il de donner cette forme au nez de son enfant. Dans leurs guerres ou dans leurs fêtes, ils s'appliquent, au moyen d'un enduit de gomme ou de miel sauvage, des plumes vertes, rouges et jaunes sur le front, sur les joues et sur les bras. Les plumes sont tissues avec beaucoup d'art : ils en couvrent aussi leurs massues. Les chefs se font remarquer par un grand collier de coquillage.

Ces Brasiliens ont plusieurs femmes, qu'ils prennent et quittent avec la même facilité; la seule condition du mariage est, pour l'homme, d'avoir pris ou tué quelque ennemi; pour la femme, d'avoir eu les premiers signes de l'état nubile. Avant de se marier, les filles se livrent sans honte aux hommes libres; leurs parens même les offrent au premier venu : de sorte qu'il n'en est guère que la cérémonie du mariage, qui consiste en de simples promesses, trouve dans leur état de virginité; mais une fois engagées dans les nœuds de l'hymen, elles restent fidèles à leurs maris, et l'adultère est en horreur chez les Brasiliens. Les femmes deviennent esclaves, suivent leurs maris à la guerre, portent les fardeaux et les provisions.

Plus ou moins réunies, les habitations de ces Brasiliens varient de forme et de grandeur. Ce sont ordinairement des cases ou des cabanes distribuées en bourgades nommées *aldées* ou *aldejas*. Les peuplades plus avancées dans la civilisation construisent et élèvent des murs composés de solives, dont les intervalles sont remplis de terre.

La principale occupation des femmes est

de filer du coton, pour en faire des hamacs et des cordes. Elles font aussi des vases de terre, qui servent à différens usages, et surtout à contenir les liqueurs et les alimens.

La racine du manioc est la nourriture journalière de ces sauvages, à laquelle ils joignent d'autres racines, qu'ils pilent ou réduisent en poussière, pour en faire ou des breuvages ou des alimens, qui ont plus ou moins de consistance. La chasse et la pêche fournissent au reste de leurs besoins. Ils s'abstiennent en général de boire quand ils mangent, et de manger quand ils boivent, sorte d'habitude commune à presque toutes les peuplades d'Amérique.

Moins sujets aux infirmités et aux maladies que les nations épuisées par la civilisation et le luxe, ils ne prescrivent à leurs malades qu'une diète absolue, et quelques simples de leurs forêts ou de leurs montagnes. Si le malade devient incurable, ils lui cassent la tête; car ils ont cette maxime, qu'il vaut mieux mourir tout d'un coup que souffrir long-temps pour mourir ensuite.

Leurs funérailles se célèbrent par des pleurs et par des chants lugubres, qui con-

nennent ordinairement l'éloge du mort.
Lorsque c'est un chef de famille, on enfouit
avec lui ses armes, ses plumes, ses colliers,
et c'est là le signe unique auquel on pourrait soupçonner que l'idée d'une autre vie
ne leur est pas absolument étrangère. Ils enterrent leurs morts debout, élèvent quelquefois sur la fosse, comme marque d'une
distinction honorable, des pierres couvertes
d'une certaine plante qui se conserve long-
temps sèche, et ils ne s'approchent pas de
ces monumens funéraires sans pousser des
cris, et sans répandre des larmes.

En général, ils n'ont ni rois, ni princes;
la seule suprématie qu'ils reconnaissent est
celle de leurs anciens ou vieillards direc-
teurs, qui sont sur-tout chargés, quand on
se prépare à la guerre, d'exciter par leurs
discours les jeunes gens à prendre les armes.
Ils nomment leurs conseils *carbets* : rien
d'important ne s'y décide qu'à l'unanimité
des voix.

L'homicide est le seul crime qu'ils punis-
sent. Les parens du meurtrier le livrent à
ceux du mort, qui étranglent le coupable,
et l'enterrent. Une réconciliation prompte

et sincère entre les deux familles suit ordinairement cette sorte de réparation ou de
représailles ; bien différens en cela des nations civilisées de l'Europe, chez qui les
haines de familles sont quelquefois héréditaires.

Sans autres lois que leurs usages, et suivant presque toujours l'instinct de la nature,
ces Brasiliens possèdent cependant quelques
vertus sociales et domestiques. Ils exercent
et respectent l'hospitalité, vivent paisiblement entre eux, ne s'abandonnent point
dans leurs maladies comme le font plusieurs
peuplades de l'Amérique, et sont fidèles à
leurs alliés.

Ils montrent en général ce penchant à
l'indolence et à l'oisiveté qui caractérise tous
les sauvages méridionaux ; et, sous ce rapport, leur genre de vie, en temps de paix,
semblerait annoncer des inclinations douces
et apathiques. Tel est leur engourdissement,
qu'ils dorment souvent vingt-quatre heures
de suite ; mais passant d'un extrême à l'autre, ils aiment avec passion la danse et
tous les exercices violens.

C'est sur-tout dans les combats que se ma-

nifeste leur active et horrible férocité ; c'est
là que les raffinemens de la cruauté se trans-
forment en une sorte de vertu guerrière. Ils
excitent, ils entretiennent cette disposition,
soit dans leurs habitudes journalières, soit
même pendant leurs repas, où, soigneux
d'écarter toute autre idée, ils s'entretiennent
avec chaleur de leurs projets contre les ennemis, et sur-tout du plaisir qu'ils se promettent de les engraisser pour les assommer,
et les dévorer ensuite.

La guerre a rarement chez eux d'autres
motifs que la vengeance ; et par là-même, il
ne serait pas souvent facile de déterminer
la cause des premières agressions. L'arme
principale des Brasiliens est une massue
qu'ils nomment *tacapa*, faite du bois le plus
dur, fort pesante, ronde à l'extrémité, tran-
chante par les deux bords. Sa longueur est
de six pieds sur un de large à l'extrémité,
et son épaisseur d'un pouce. Ils ont des arcs
faits également d'un bois très dur qu'ils
nomment *visapariba*. Les cordes en sont
de coton filé, et les traits de roseau sauvage, armés de fortes épines ou de dents de
poisson. Ils s'en servent avec une adresse

singulière, et jamais ils ne manquent un oiseau au vol. Une espèce de cornet, qu'ils nomment *irubia*, et des flûtes formées ordinairement de l'os des jambes de leurs victimes, sont leurs instrumens de musique.

A peine le signal du départ est-il donné par les anciens, que tous les guerriers, au nombre de cinq ou six mille, se mettent en marche, en s'excitant par les expressions les plus énergiques de la vengeance et de la haine. Ils frappent des mains, se donnent de grands coups sur les épaules, et promettent de ne pas ménager leur vie. Si, dans certaines expéditions, ils s'embarquent, leurs canots, qui ne sont faits que d'écorce d'arbres, ne leur permettent guère de s'éloigner des côtes.

Arrivés dans le pays qu'ils veulent ravager, ils se cachent avec soin, car ils attaquent rarement à force ouverte; ils attendent ensuite la nuit pour pénétrer jusqu'aux habitations, qu'ils surprennent, et enveloppent pour y mettre le feu; puis, profitant de la première confusion, ils commettent toute sorte de cruautés. Leur principal but est cependant de faire des prisonniers, sans lesquels leur vengeance ne serait point satisfaite.

Sont-ils forcés de combattre en pleine campagne? ils se rallient, forment une sorte de bataillon, marchent vite et en cadence, et suspendent quelquefois leur course pour écouter des harangues très emportées, qui durent des heures entières. L'ardeur de combattre devient alors une fureur sans mesure. Les deux partis s'avancent en poussant des cris redoublés, des hurlemens épouvantables. Ils jouent de leurs cornets', étendent les bras, se menacent, et se bravent réciproquement, en se montrant les os des prisonniers qu'ils ont mangés. Parvenus à deux ou trois cents pas les uns des autres, ils s'attaquent d'abord à grands coups de flèches. Les plumes dont ils sont couverts, celles qui, attachées à leurs traits, s'élancent de leurs rangs, jettent aux rayons du soleil un tel éclat par la variété des couleurs, qu'il serait difficile de se faire l'idée d'un si étonnant spectacle. Les guerriers atteints de la flèche l'arrachent de leur chair, la rompent, la mordent avec rage, et tant qu'il leur reste quelques forces, continuent de combattre sans reculer et sans tourner le dos un seul moment. Ils se servent dans la mêlée de leurs massues, dont ils portent des coups terribles, et presque toujours mortels.

Le sort du combat une fois décidé, les vainqueurs garottent leurs prisonniers, en leur montrant les dents et agitant leurs massues, pour qu'ils ne doutent pas du sort qui leur est réservé ; ils les placent ensuite au milieu d'eux, s'en vont avec cette proie, et rentrent triomphans dans leurs bourgades. Ils les traitent d'abord avec une bonté apparente, bornant leur captivité aux seules précautions nécessaires pour qu'ils ne puissent s'évader : ils leur donnent même des femmes, et mettent sur - tout leurs soins à les bien engraisser. Quand ils les voient au degré d'embonpoint qu'ils désirent, ils déterminent le jour de leur mort. Les femmes préparent les vases de terre, font la liqueur pour la fête, et tressent la *mussurana*, ou longue corde de coton qui doit lier la victime. Les principaux chefs, le corps couvert de gomme, et orné de petites plumes arrangées avec art, selon leurs

couleurs, décorent aussi de touffes de plumes la *lywara-pemme*, ou la massue du massacre. Tous les Indiens de l'aldée invités à
la cérémonie passent deux jours entiers à
danser et à boire avec le captif même, qui
semble n'avoir d'autre rôle que celui de con-
vive; et quoique certain du sort qui l'attend,
il affecte de se distinguer par sa gaîté. Les
femmes sauvages apportent la *mussurana*,
la jettent à ses pieds, et la plus vieille d'entre
elles commence la chanson de mort, tandis
que les hommes mettent le nœud au cou du
prisonnier, et l'y fixent. La chanson fait al-
lusion à ces liens. « C'est nous, chantent
» les femmes sauvages, qui tenons l'oiseau
» *par le cou* »; et se moquant du captif,
qui ne peut leur échapper : « Si, ajoutent-
» elles, tu avais été un perroquet pillant nos
» campagnes, tu te serais envolé ». Alors
plusieurs sauvages prenant les bouts de la
mussurana, lient le captif au milieu du
corps, et dans cet état le promènent en
triomphe. Celui-ci, à qui l'on a laissé les
mains libres, ne donne pas le moindre signe
d'abattement ou de frayeur. Il regarde, au
contraire, avec fierté tous ceux qui accourent

sur son passage; il les apostrophe, rappelle
ses exploits contre eux, disant à l'un qu'il
a tué son père, à l'autre qu'il a mangé son
fils. On lui recommande alors de jeter les
yeux sur le soleil, parcequ'il ne doit plus le
revoir, et aussitôt on allume devant lui le
feu sur lequel ses membres doivent être
bientôt étendus. Quand l'heure est arrivée,
une femme apporte en chantant et en dansant la *lywara-pemme*, autour de laquelle on
a chanté et dansé depuis le point du jour.
L'exécuteur paraît alors avec quatorze ou
quinze de ses amis, ornés, pour la cérémonie, de gomme et de plumes. Celui qui tient
la massue l'offre au personnage principal de
la fête ; mais le chef de la tribu, après l'avoir
pris lui-même, la passe plusieurs fois entre
ses jambes, avec de grands gestes d'usage,
et la donne à l'exécuteur, qui, avançant
avec ses amis, déclare au captif qu'on lui
laisse, avant sa mort, le pouvoir de se venger lui-même. Le captif entre alors en fureur, prend des pierres, et les lance contre
tout ce qui l'environne ; mais bientôt s'a-
vance, la massue à la main et paré de ses
plus belles plumes, celui qui doit l'immoler.

Un étrange dialogue s'établit entre eux. Le sacrificateur, comme vengeur de ses compagnons, demande au captif s'il n'est pas vrai qu'il ait mis à mort et mangé plusieurs prisonniers de sa tribu. Celui-ci se fait gloire d'un prompt aveu, qu'il accompagne encore de menaces. « Rends-moi la liberté, dit-il, » et je te mangerai, toi et les tiens. — Eh » bien ! réplique l'autre, nous te prévien- » drons. Je vais t'assommer, parceque toi » et ton peuple vous avez tué et mangé plu- » sieurs de mes frères, et tu seras mangé au- » jourd'hui même ». Le captif répond : «C'est » le hasard de la vie ; mes amis sont nom- » breux, ils me vengeront ». La massue est levée aussitôt, et le cannibale brasilien, moins cruel que les cannibales du nord de l'Amérique, fracasse d'un seul coup la cervelle de sa victime. Des femmes se jettent ensuite sur le cadavre, le dépècent avec des pierres tranchantes, et frottent les enfans de son sang. Les femmes les plus âgées nettoient ses entrailles, qui sont sur-le-champ rôties et dévorées, ainsi que les différentes parties de sa chair. Pendant cet abominable festin, les vieillards exhortent les jeunes gens à s'en procurer souvent de semblables par leurs exploits guerriers; et l'on ne sait ce qui, dans toute cette horrible fête, doit étonner le plus, ou de l'ingénieuse barbarie des bourreaux, ou du courage exalté des victimes.

Ces Brasiliens, malgré l'épouvantable attrait qui les porte à se nourrir de chair humaine avec tant de délices, ne mangent que leurs prisonniers, et toujours suivant l'espèce de cérémonial que nous venons de décrire. On ne les voit point dévorer les morts sur le champ de bataille.

Leur usage commun est d'amonceler dans leurs villages les têtes des prisonniers qu'ils ont mangés, et de montrer avec orgueil aux étrangers ces monumens de leurs exploits et de leur vengeance. Ils recueillent avec le même soin les plus gros os des cuisses et des bras pour en faire des flûtes, comme nous l'avons déjà dit, et sur-tout les dents, qu'ils enfilent en forme de chapelets, et suspendent à leur cou.

En général, ces Brasiliens mesurent leur gloire sur le nombre de prisonniers qu'ils ont faits; et ils ont grand soin, le jour même qu'ils remportent un avantage à la guerre, d'en fixer la mémoire par des incisions de différentes formes dont ils se couvrent les bras, les cuisses, la poitrine, et d'autres parties du corps.

Tels sont les traits les plus généraux qui caractérisent la race brasilienne des Tupis. Les mœurs de ces peuplades ressemblent, sous plusieurs rapports, à celles des autres nations sauvages du Brésil, mais toutefois avec des différences assez remarquables.

Les Guaynazes et les Guayzacares, qui possédaient les plaines de Piratiningua et les environs de Saint-Vincent, différaient essentiellement des tribus tupiques, en ce qu'ils n'étaient point antropophages.

Environ à huit lieues de Bahia, dans l'intérieur des terres, habitaient les Maraques, qui vont nus, mais dont les femmes portent une espèce de tablier : ils pêchaient au filet, usage ignoré des peuplades tupiques; ils le formaient d'une longue écorce souple, dont une partie s'enfonçait dans l'eau, tandis que l'autre s'élevait au-dessus. Les Maraques connaissaient aussi l'usage de bêcher la terre, de faire bouillir les cendres, et d'en recueillir les sels crystallisés.

Vers les régions centrales, et sur les bords du Syputaba, qui se jette dans le Paraguay, on trouve la nation brasilienne des Barbados, ainsi nommée de sa grande barbe qui la distingue si particulièrement des autres peuplades indiennes.

Les côtes de Porto - Seguro et des capitaineries voisines avaient été possédées par les Papanazes, qui venaient d'être chassés par les Guaytacazes et les Tupiniquins, après de longues guerres. Toutefois le langage des Papanazes était à peine entendu de leurs ennemis naturels. Ils étaient chasseurs et pêcheurs, et dormaient à terre sur des feuilles.

Relégués au nord du Brésil, dont ils avaient été les dominateurs, les Tapuyas étaient distingués des autres indigènes par une haute taille, des cheveux noirs et longs, un teint brun foncé, une force prodigieuse. Leur nom signifie *les Ennemis ;* ils sont ainsi appelés de l'état de guerre perpétuel dans lequel ils étaient engagés contre tous les autres natifs, et même entre eux. De tous les Brasiliens, ce sont les moins cruels ; car ils ne mettent à mort aucun de leurs prisonniers. Ils sont cependant cannibales ;

mais au lieu de dévorer leurs ennemis, par un sentiment irrésistible de haine, comme les Tupis, ils mangent leurs propres morts, par une dernière preuve d'affection. Dès qu'un enfant meurt, il est mangé par ses parens; et si c'est un adulte, la famille entière prend part au festin. Ainsi que les Arabes, les Tapuyas mènent une vie vagabonde; mais avec cette différence, qu'ils se tiennent dans des limites particulières, et ne changent d'habitations que suivant les différentes saisons de l'année. Les cheveux coupés en forme de couronne, et la longueur excessive de l'ongle du pouce, sont les seules marques distinctives de leurs chefs ou caciques, qui portent aussi une espèce de manteau tissu de coton : il est travaillé comme un filet, orné de plumes de différentes sortes d'oiseaux, et l'on y adapte un capuchon pour couvrir la tête; mais cet habillement de parade ne sert que les jours de fêtes publiques.

A l'arrivée des Portugais, les Tapuyas avaient formé leurs principaux établissemens, ainsi que les Tabajaras, à la *Serra d'Ibiapaba*. On compte parmi cette race de

Brasiliens près de soixante-seize peuplades, toutes guerrières, toutes distinguées par des noms différens, et presque toutes répandues vers la Paraïba du nord, le Seara et le Rio-Grande. De ce nombre sont les Guayos, qui empoisonnent leurs flèches ; les Iaboros-Apuyarès, toujours errans, et qui n'ont pour armes que des bâtons brûlés aux deux bouts ; les Paliès, qui se revêtent d'une tunique de chanvre, sans manches, et parlent une langue particulière ; les Cuxaras, qui habitent de grandes plaines intérieures ; les Mandevès et les Naporas, qui exercent l'agriculture. Jusque sur les côtes maritimes, et près de la baie de Tous-les-Saints, se trouvaient ensuite les Guygvos, qui ont aussi leur langue propre, et les Aramitos, qui demeurent dans des cavernes ; les Cancaïarès. dont les femmes ont les mamelles pendantes jusqu'aux cuisses, et sont obligées de les lier dans leurs courses. Au milieu de tous ces antropophages, les Campehos sont presque les seuls qui ne mangent pas de chair humaine ; mais ils coupent la tête à leurs ennemis, et la portent suspendue à leur ceinture. On distingue

encore, dans la nation des Tapuyas, les
Aquigiros, qui, par une exception remarquable, sont de véritables pygmées; aussi
les Européens leur ont-ils donné ce nom :
ils n'en sont cependant ni moins courageux,
ni moins robustes. Les Mariquites, qui bor-
daient une partie de la côte entre Bahia et
Pernambuco, passaient leur vie dans les
forêts. Ils attaquent d'ordinaire leurs ennemis à force ouverte; mais ils emploient aussi
la ruse avec un succès que leur assurent l'a-
gilité et l'adresse dont ils sont doués. Leurs
femmes, d'une figure assez agréable, par-
tagent leurs dispositions guerrières. Les
Margajats, placés entre Espiritu-Santo et
Rio-Janeiro, aiment le grand air, fuient les
bois, *et* n'habitent leurs cabanes que pour
dormir. Maîtres de l'intérieur des terres
entre Bahia et le Rio-Dolce, les Aymures
sont, de tous les indigènes, les plus sauvages
et les plus féroces. Ils portent au loin la terreur, ainsi que leurs alliés les Ighigracuphos,
par le bruit étrange qu'ils répandent en frappant les uns contre les autres des bâtons
d'un bois sonore. Telles sont les principales
variétés de la grande nation des Tapuyas.

Les Ovaitagnasses habitaient les environs du cap Frio, entre Rio-Janeiro et le Paraïba du sud : ils sont de haute stature, laissent croître leurs cheveux, et n'ont point pour lits des hamacs de coton, comme les autres peuplades ; ils couchent à terre sur un peu de chanvre. Les plus grands ennemis des Ovaitagnasses étaient leurs voisins les Ouctacazes ou Guaytacazes, qui s'étendent depuis les plaines auxquelles ils ont donné leur nom, le long de la rive septentrionale du Paraïba du sud, jusqu'au bord méridional de la rivière de Xipoto, dans les environs de Villarica. Ils ne dévoraient point leurs prisonniers ; et, plus braves que les autres Brasiliens, ils combattaient l'ennemi en rase campagne. Cette nation, qui couvrait un pays d'environ deux cents lieues, était ennemie implacable des autres peuplades brasiliennes. Elle ne peut supporter l'idée de l'asservissement, n'a jamais été subjuguée, et conserve encore à présent son indépendance sur un territoire moins étendu. Quand les Ouctacazes ne se croient pas les plus forts, ils fuient avec la vitesse des cerfs. Tout ce qu'ils possèdent est en commun ;

ils vivent dans une sorte d'égalité ; se distinguent par la reconnaissance, la fidélité et
l'attachement qu'ils se vouent les uns aux
autres. Leur chevelure éparse, leur regard
farouche, leur saleté dégoûtante, en font la
plus hideuse nation de l'univers.

Les Onayanarès habitent l'Ile Grande, à
dix-huit lieues de l'embouchure du Rio-Janeiro. Ils ont le ventre gros et la taille
courte ; ils sont faibles et lâches, et par-là
même forment comme une nation à part
entre tous ces peuples sauvages et guerriers.
Leurs femmes ont le visage assez régulier,
et le reste du corps très difforme. Elles le
peignent cependant avec beaucoup de soin,
d'une couleur rouge. Les deux sexes laissent
également croître leur chevelure.

Les Poriès, qui sont éloignés de la mer,
montrent, ainsi que les Onayanarès, un
caractère pacifique. Ils n'ont point d'autres
habitations que leurs hamacs de coton ; ils
les suspendent aux arbres, et se préservent
des injures de l'air par de petites toitures
de branches et de feuilles entrelacées. C'est
aussi leur seul moyen de se garantir des attaques d'une multitude d'animaux féroces

qui se trouvent particulièrement dans leurs contrées, et auxquels les Européens ont donné le nom de léopards et de lions; quoique ce ne soient que des jaguars. Ces animaux sont loin d'égaler en force et en courage les lions et les léopards, qui, dans l'ancien continent, répandent la terreur parmi les vastes forêts de l'Afrique et de l'Asie.

Les Molopaques occupent une assez vaste contrée au-delà du fleuve Paraïba du sud. Ils se distinguent des autres Brasiliens par des mœurs plus douces, quoiqu'ils n'aient renoncé ni à la guerre, ni aux abominables festins qui la suivent. Ils ont de grandes bourgades, dans l'enceinte desquelles chaque famille habite une cabane séparée. Leurs terres contiennent des mines d'or, qu'ils n'ont jamais eu ni la volonté ni le pouvoir d'exploiter; mais ils recueillent après les pluies les parcelles d'or qu'ils trouvent dans les torrens et dans les ruisseaux, sur-tout au pied des montagnes. Les Molopaques laissent croître leur barbe. Ils se couvrent assez décemment le corps, pour que rien ne blesse la pudeur dans leurs usages. Ils ne sont pas même polygames, quoique leurs femmes soient belles. Leur chef, qu'ils nomment *Morothova*, est le seul qui jouisse, à l'exclusion de tous, du privilége de se donner plus d'une épouse. Ces sauvages ne prennent leurs repas qu'à des heures réglées, et semblent être moins éloignés des formes de la civilisation européenne que les autres peuplades du Brésil.

Plus loin on trouve les Lopis, montagnards qui se nourrissent de fruits. Cette nation est nombreuse, féroce, d'un accès difficile, et son pays abonde en métaux et en pierres précieuses.

Les Curumares habitent une île de l'Araguaya. Ils appellent l'Être-Suprême *Aunim*, et prononcent ce mot avec respect. Les Guègues, Timbiras, Ieicos et Aucapuras, habitent le vaste pays du Pianhy, vers le Maranham. Les Guanares, Arahis et Caicaizes avoisinent l'Amazone. A l'autre extrémité méridionale du Brésil, près de Matto-Grosso, habitent les Guacures, qui sont probablement de la même race que les Guaycures du Paraguay. Enfin, vers le vingt-quatrième degré de latitude australe, entre le Rio-grande de San-Pedro et Saint-Vincent, est le pays des Cariges, les plus doux de tous les sauvages du continent occidental, et ceux que la civilisation européenne trouva le plus accessibles. Convertis aisément à la foi chrétienne, ils devinrent des auxiliaires utiles aux Portugais, contre plusieurs autres nations indiennes que ces conquérans eurent à combattre et à soumettre.

Ici se termine ce que nous avons recueilli de plus avéré sur les différentes peuplades du Brésil. Dans le long cours de trois siècles, après tant de migrations et de guerres successives, ces peuplades indigènes, la plupart errantes, ont dû passer fréquemment d'un territoire à un autre, et changer de séjour : ainsi, ou leur déplacement, ou leur affaiblissement même, ou leur entière destruction, ne permettent plus aujourd'hui de les retrouver toutes dans leur position géographique primitive. Jamais cependant les Européens, malgré la supériorité de leurs armes et de leur discipline, n'auraient enlevé à tant de nations féroces leurs possessions et leur liberté, si ces hordes, confédérées entre elles pour la défense commune, eussent formé un seul et même peuple. Mais divisées sans cesse, ne se prêtant aucun appui, et attaquées séparément, elles furent soumises, dépossédées, expulsées, ou détruites ; peu d'entre elles échappèrent à la mort ou à l'esclavage. Quelques - unes cependant abandonnèrent volontiers leurs habitudes sauvages, pour se plier à la civilisation européenne. Les rapports successifs de ces différentes peuplades, soit avec les Portugais, soit avec les autres nations qui ont abordé au Brésil, se présenteront dans le cours de cet ouvrage, suivant l'ordre des faits, le progrès des établissemens, et celui des conquêtes ; ils amèneront d'autres détails qui complèteront le tableau des mœurs et des usages des principales tribus du Brésil.

LIVRE IV.

CAPITAINERIES *héréditaires établies au Bré-*
sil, sous le règne de Jean III. — Origine
des colonies de Saint-Vincent, Saint-
Amaro, Tamaraca, Paraïba, Espiritu-
Santo, Porto-Seguro, Os Ilheos, et Per-
nambuco. — Expéditions malheureuses
de Louis de Mello et d'Aires da Cunha,
au Maranham.

1521 — 1540.

ÉCLAIRÉ enfin sur l'importance du Brésil,
Jean III, que nous avons vu succéder à son
père Emmanuel, étendit à ses possessions
d'Amérique le système de colonisation ima-
giné d'abord pour l'île de Madère et pour les
Açores. Il divisa le continent brasilien en
capitaineries héréditaires, et les concéda, à

titre de domaines , aux seigneurs de son royaume qui s'offrirent pour aller y former des établissemens. Ces sortes de contrats entre les grands et le monarque se conclurent avec d'autant plus de facilité, qu'ils avaient pour garantie mutuelle, d'un côté, la cupidité et l'ambition des nobles portugais; de l'autre, l'ardent désir qui animait le roi à fonder un empire dans ce nouvel hémisphère. Tout en ménageant ses flottes, son armée et ses trésors, Jean III se flattait d'arriver à l'entière domination du Brésil, objet constant de ses vœux. Mais si des colons portugais avaient pu s'établir sans obstacle dans des îles voisines de la métropole, il n'en était pas de même à l'égard du Brésil, si éloigné du Portugal. De grandes tribus sauvages étaient en possession de tout ce continent, dont les établissemens coloniaux furent d'abord si éloignés les uns des autres que, non seulement il devint difficile, mais souvent impossible que les colons se prêtassent des secours entre eux, ou en reçussent de la métropole.

Les seigneurs concessionnaires devaient jouir d'une juridiction civile et criminelle

presque indéfinie. Le roi de Portugal ne se
montrant jaloux que d'une souveraineté titulaire, leur accorda, conformément au
plan tracé par Emmanuel, la liberté de conquérir un espace de quarante ou cinquante
lieues sur les côtes, avec une extension illi-
mitée dans l'intérieur des terres. Leur charte
les autorisait en outre à imposer aux peuples
assujettis les lois qui leur conviendraient le
mieux. Ils pouvaient même disposer, par
forme de sous-concession, des terrains qu'ils
auraient conquis, et charger du soin de les
mettre en valeur les Portugais qui voudraient les suivre dans le Nouveau-Monde.
La plupart des concessionnaires prirent ce
parti pour trois générations seulement, et
à la charge de quelques redevances. Ils devaient jouir aussi de tous les droits réga-
liens : le monarque en excepta cependant
le droit d'infliger la peine de mort, la fabri-
cation des monnaies, et la dîme territoriale,
dont il réserva les prérogatives à la couronne. De telles conditions ne pouvaient
que flatter à la fois l'orgueil et l'avidité des
feudataires du Brésil. Mais ils pouvaient
perdre ces fiefs, moins honorables que lu-

cratifs, s'ils négligeaient leur culture, ou le soin de leur défense, s'ils commettaient quelque crime capital, ou enfin s'ils étaient privés d'enfans mâles. Tant d'avantages firent disparaître aux yeux de la cupidité, non seulement les préventions qui s'étaient élevées contre la nouvelle colonie, mais encore une foule de dangers bien plus réels, que dès-lors on ne regarda plus comme insurmontables.

Les seigneurs portugais, qui ambitionnaient ces moyens d'élévation et de fortune, ne virent d'abord dans leurs vastes domaines que des terres dont une exploitation peu dispendieuse prouvait la fertilité, et des nations stupides qu'ils pourraient subjuguer sans périls, et soumettre sans efforts.

Ils ne se trompaient que sur ce dernier point. La résistance opiniâtre de la plupart des tribus sauvages, les combats sanglans qu'il fallut soutenir contre elles, leur haine implacable, leur vengeance féroce, renversèrent souvent les plus brillantes espérances. Mais rien ne pouvait rebuter des hommes dont les entreprises étaient fondées sur les motifs irrésistibles de la domination et de la soif des richesses.

La plupart des capitaineries furent concédées à des seigneurs puissans, qui, par la
voie des armes, en entreprirent ou en ache-
vèrent la conquête sur les naturels. On n'é-
leva d'abord que des bourgades, qui, en
s'agrandissant, prirent le nom de villes, et
devinrent comme les capitales d'autant de
districts ou provinces. Saint-Vincent, Saint-
Amaro, Tamaraca, Paraïba, Espiritu-Santo,
Porto-Seguro, Os Ilheos et Pernambuco,
furent les premières capitaineries que le roi
de Portugal concéda le long des côtes maritimes du Brésil.

Martin-Alphonse de Sousa, dont le nom
est cité honorablement dans l'histoire des
Indes portugaises, fut le premier possesseur
d'une capitainerie brasilienne. Jean III lui
accorda, ainsi qu'à son frère Lopez de Sousa, l'autorisation d'aller former dans le
nouveau continent un établissement colonial. Alphonse de Sousa partit en 1531, avec
un armement considérable, explora la côte
aux environs de *Rio-Janeiro*, ou Rivière de
Janvier, à laquelle il donna ce nom, parcequ'il la découvrit le premier de janvier; puis
s'avançant au sud jusqu'à la rivière de la

Plata, il désigna successivement les ports
ou les îles qu'il trouva sur sa route, selon
les jours du calendrier auxquels se rappor-
tait chacune de ses découvertes. Ainsi l'Ile-
Grande fut appelée l'Ile des Mages, parcequ'elle fut reconnue le 6 de janvier. Le 20 du
même mois, Sousa découvrit l'île à laquelle
il donna le nom de Saint-Sébastien; le 22, il
mouilla à Saint-Vincent, qui devint par la
suite sa capitainerie, et l'une des colonies les
plus florissantes du Brésil. Après avoir exa-
miné attentivement la côte, il s'arrêta au
quatorzième degré et demi de latitude sud,
et forma son premier établissement dans
une île qui, semblable à Goa ou à l'ancienne
Tyr, n'est séparée du continent que par
un bras de mer. Les naturels l'appelaient
Guaïbe, d'un arbre ainsi nommé, qui y
croît en abondance.

Les Indiens de la côte voyant des hommes
inconnus s'établir si près d'eux, rassemblent
leurs pirogues, se réunissent pour chasser
ces envahisseurs, et demandent du secours
à *Tabyreça*, le chef le plus puissant de la
tribu des Guaynazes, qui possédait les
plaines de Piratiningua. Ces Brasiliens diffé-

raient essentiellement des autres tribus, en
ce qu'ils n'étaient point antropophages. Ils
aimaient la paix, quoiqu'ils fussent souvent
aux prises avec les Carios et les Tamoyos,
leurs turbulens voisins ; ils vivaient presque
toujours dans des souterrains et des cavernes, où brûlait nuit et jour un feu qu'ils en-
tretenaient avec soin. Leur chef *Tabyreça*
se disposait cependant à chasser de Guaïbe
les étrangers qui venaient de s'y établir,
lorsqu'il en fut détourné par le nommé Jean
Ramalho, Portugais naufragé sur cette même
côte pendant l'expédition de Coelho. Cet
homme avait vécu depuis sous la protection
de *Tabyreça*, qui, étonné de son intelligence supérieure à celle des sauvages brasiliens, et satisfait de son zèle, lui avait
donné sa fille en mariage. Ramalho jugea
que les nouveaux venus qu'on voulait ex-
pulser étaient une troupe de ses compatriotes, qui, destinés d'abord pour l'Inde,
et poussés par le gros temps vers la côte du
Brésil, avaient cherché un abri dans cette
île, qui en était voisine. Il persuade à son
bienfaiteur de les favoriser, au lieu de les repousser ; il vient trouver lui-même Alphonse

de Sousa, et conclut entre lui et les Guaynazes une alliance perpétuelle. Le terrain
choisi d'abord par les Portugais n'ayant pas
été trouvé convenable, les colons se trans-
portèrent à l'île voisine de Saint-Vincent,
qui donna son nom à toute la capitainerie.
Ses progrès furent rapides. Sousa présidait
à tout avec intelligence et sagesse. Il fit
planter les premières cannes à sucre, qui
furent apportées de Madère; il fit élever le
premier bétail; et ce fut là que les autres
capitaineries s'approvisionnèrent ensuite.
Les Indiens de la côte étaient ichtyophages;
ils bâtissaient leurs huttes sur un terrain
rempli de mangliers, et abondant tellement
en coquillages, que leur accumulation a
produit sur le rivage des espèces de dunes
nommées *ostreyas* : elles ont fourni toute
la chaux dont on a fait usage dans cette capitainerie, depuis sa fondation jusqu'au
temps actuel. Sousa employa les dons et les
caresses pour s'attacher ces Brasiliens, et il
eut avec eux de fréquentes communications,
avantageuses à la colonie.

Son frère Lopez fut moins heureux dans
ses entreprises. Il choisit pour son domaine

cinquante lieues de côtes, qu'il divisa en deux grandes possessions très éloignées l'une de l'autre, voulant fonder deux établissemens distincts et séparés. Il plaça le premier dans une île près de Saint-Vincent, très rapprochée de la côte, et lui donna le nom de *Saint-Amaro*. Ces deux premières colonies du Brésil n'étaient éloignées que de trois lieues l'une de l'autre, ce qui aurait fait naître des querelles et des débats entre les colons, si les deux chefs, étroitement unis par les liens du sang, et d'accord dans leurs desseins, n'eussent constamment vécu en bonne intelligence. Aussi longtemps que cet état de choses dura, le voisinage des deux colonies fut profitable à l'une et à l'autre; mais quand, par la suite, elles eurent d'autres possesseurs, qui n'étaient pas attachés par des nœuds aussi intimes, la jalousie et l'intérêt désunirent les colons jusqu'à l'époque où les deux établissemens, réunis en un seul, rentrèrent enfin comme les autres, après bien des vicissitudes, dans le domaine de la couronne.

Ce fut dans l'île de Tamaraca ou de Tamarica, plus près de la ligne de quelques degrés, que Lopez de Sousa fonda son second établissement colonial. Pourvue d'un assez bon port, cette île n'a que trois lieues de long sur deux de large, et n'est séparée du continent que par un canal étroit. Lopez eut à y soutenir de fréquentes attaques de la part des Pitagoares, qui vinrent l'assiéger dans son île même. Il réussit d'abord à les repousser et à les chasser ensuite de la côte voisine; mais peu de temps après, il fit naufrage, et périt à l'embouchure de la Plata.

Un de ses compagnons, échappé à ce désastre, ne fut découragé ni par le sort de son malheureux ami, ni par le danger qu'il avait couru lui-même. C'était un fidalgo, ou noble portugais, nommé Pedro de Goès, qui, passionné pour les découvertes du Brésil, sollicita une capitainerie à une époque où le roi de Portugal en disposait avec prodigalité. Mais Goès n'avait que très peu de crédit à la cour de Lisbonne : aussi le domaine qu'on lui accorda fut-il restreint à trente lieues de côtes, entre la capitainerie de Saint-Vincent et celle d'Espiritu-Santo. Goès, aidé par Martin

Ferrère, qui, pour être de société dans des établissemens de sucrerie, lui avait avancé plusieurs milliers d'écus, mit à la voile pour la rivière de Paraïba du sud. Il y débarque, s'y fortifie, reste deux ans en paix avec les Guayatacazes, qui, de même que les Guaynazes, ne dévoraient point leurs prisonniers. Agiles et mieux faits que les autres sauvages, les Guayatacazes étaient aussi plus braves; et dédaignant de s'embusquer dans les bois, ils combattaient l'ennemi en rase campagne. On les voyait souvent nager, armés d'un bâton pointu des deux bouts, le jeter dans la gueule ouverte des requins, qu'ils n'hésitaient pas d'attaquer; et tirant ensuite à terre cet animal vorace, se nourrir de sa chair, et faire de ses dents aiguës les pointes de leurs flèches. Goès ne put éviter la guerre avec ces sauvages redoutables; elle dura cinq ans, et fut malheureuse pour la colonie naissante. Un court intervalle de paix ne donna pas le temps à Goès de faire prospérer son établissement. Les colons, faibles et découragés, demandèrent à grands cris de quitter le séjour malheureux de Paraïba. Goès, serré de près par les sauvages, céda aux clameurs de ses compatriotes, en évacuant la colonie sur des vaisseaux qu'il obtint de l'établissement voisin d'Espiritu-Santo.

Cette capitainerie avait été demandée et obtenue par le fidalgo Vasco Fernandez Coutinho, qui, après avoir passé sa jeunesse dans l'Inde, où il avait amassé de grandes richesses, aventura toute sa fortune, et la perdit dans ses projets de colonisation au Brésil. Coutinho mit en mer avec une expédition considérable, ayant avec lui soixante fidalgos, plusieurs ouvriers et artistes ; il était chargé en outre par la cour de Lisbonne de transporter au Brésil, comme *dégradés*, c'est-à-dire bannis, don Simon de Castello Branco, et don Georges de Ménesès. Ce dernier, qui était qualifié de Seigneur des Moluques, où il avait été gouverneur, devait avoir commis de bien grands crimes, pour mériter le bannissement au Brésil, au moment même où les premiers auteurs des cruautés exercées dans les Indes portugaises échappaient à l'animadversion du gouvernement. L'expédition parvint, après une heureuse traversée, jusqu'à sa destination, à soixante lieues au nord de Rio-Janeiro, et mouilla dans une baie de médiocre grandeur, dont l'entrée se fait reconnaître au loin par une montagne en pain de sucre qui sert comme de but aux pilotes. Les colons portugais commencèrent par y bâtir une ville qu'ils nommèrent *Notre-Dame-de-la-Victoire*, avant même d'avoir combattu; mais ce titre fut bientôt justifié. Les Guaynazes, leurs premiers ennemis, furent complètement défaits, comme tous les sauvages de l'Amérique, dans la première rencontre, par la supériorité des armes à feu. Les vainqueurs, une fois maîtres de la côte, commencèrent à bâtir des maisons et des édifices, à labourer les terres, à planter des cannes à sucre, à établir des sucreries. Lorsque Coutinho vit que tout prospérait rapidement, il revint à Lisbonne rassembler un grand nombre de colons et se procurer tout ce qui lui était nécessaire pour entreprendre une expédition, dans l'intérieur du Brésil, à la recherche des mines. Les limites de sa province devaient commencer où finissait au sud la capitainerie de Porto-Séguro.

Celle-ci avait été donnée à Pedro de Campo

Tourinho, né à Viana de Foz de Lima, d'une famille noble. Voué de bonne heure à l'art de la navigation, il aimait les voyages et les nouvelles entreprises; aussi s'empressa-t-il de vendre tout ce qu'il possédait en Portugal, pour venir fonder au Brésil une colonie dont il devait être le chef; et mettant à la voile avec sa femme, ses enfans et un grand nombre de colons, il aborda heureusement dans le havre même où Cabral avait pris possession du Brésil. Un des deux criminels que cet amiral y avait laissés vivait encore, et servit d'interprète à Tourinho et aux Portugais de l'expédition. Sur le sommet d'un rocher, à l'embouchure d'une rivière, ils bâtirent la ville de Porto-Seguro, aujourd'hui le chef-lieu de la province, qui a retenu ce nom donné par Cabral à la côte, à cause de la bonté de son port. Trois lieues séparent Porto-Seguro de Santa-Crux, où aborda Cabral lorsqu'il découvrit le Brésil. Les Tupiniquins, qui possédaient le pays, s'opposèrent d'abord aux entreprises des compagnons de Tourinho, non seulement dans cette province, mais encore dans les deux capitaineries voisines. Mais ils tentèrent vainement de défendre leur territoire contre les envahisseurs. Soit qu'ils reconnussent la supériorité des Européens, soit que ceux-ci les eussent gagnés par d'adroites négociations et des présens, ils firent la paix, l'observèrent fidèlement, tournèrent leurs armes contre les Tupinaes, tribu brasilienne de même race, et qui, finissant par s'allier et se confondre avec les Tupiniquins, ne fit plus qu'une seule et même peuplade. Tourinho eut assez d'influence sur ces naturels, pour les rassembler dans des villages, et pour les façonner à la discipline et aux habitudes de la civilisation. C'est une preuve qu'il agit sagement, et qu'il ne doit point partager l'accusation de tyrannie, que méritèrent souvent les premiers colons portugais. Tourinho établit à Porto-Seguro des sucreries, avec un tel succès, qu'en peu de temps l'exportation des sucres pour la métropole devint considérable et lucrative.

Vers le milieu du continent brasilien, s'éleva presqu'en même temps la capitainerie d'Os Ilhéos, qui doit son nom à la rivière des Isles, ainsi appelée parceque trois îlots sont à son embouchure. Georges Figueredo Corrêa, historiographe de Jean III, en fut le concessionnaire. Retenu à Lisbonne par ses fonctions et ses travaux, il envoya un chevalier castillan, nommé Francisco Romerra, pour prendre possession de sa province. Romerra jeta l'ancre dans le havre de Tinhare, et fonda une nouvelle ville sur la hauteur ou *Morro de San-Paulo* ; de là elle fut ensuite transférée à l'extrémité de la baie où elle est à présent. On la nomma d'abord Saint-Georges, en l'honneur du concessionnaire, mais le nom d'Os Ilheos prévalut et s'étendit ensuite, quoiqu'improprement, à toute la capitainerie. Les Tupiniquins, maîtres alors de la côte, étaient les plus traitables de toutes les peuplades du Brésil. Aussi vécurent-ils en paix avec les colons portugais, et dans une si étroite union, que la colonie s'éleva sans trouble, et prospéra bientôt. Le fils de Figueredo ayant hérité de cette capitainerie, la vendit à Lucas Giraldès, qui l'améliora par de fortes avances, et la rendit si florissante, qu'on y établit en peu de temps, huit ou neuf sucreries.

A la même époque, s'éleva au nord du

continent brasilien, la capitainerie de Pernambuco, faussement appelée Fernambouc par les Européens. Son nom veut dire *Bouche d'Enfer,* à cause d'un vaste récif qui, bordant la côte, cache des abîmes et des écueils à l'entrée du port où a été fondée la ville capitale. On y avait élevé provisoirement une factorerie. Un armateur de Marseille s'en rendit maître, et y laissa soixante-dix hommes pour s'en assurer la possession. Mais, son vaisseau ayant été capturé à son retour en France, la cour de Lisbonne prit des mesures immédiates pour recouvrer la colonie naissante. Edouard Coelho Pereira la demanda en propriété, comme une récompense de ses services dans l'Inde. On lui accorda l'étendue de côte située entre le Rio San-Francisco, et le Rio Juruza.

Coelho s'embarqua aussitôt, avec sa femme, ses enfans, et un grand nombre de parens et d'amis, pour aller fonder une colonie dans le nord du Brésil. Cinglant vers le rivage dont le roi de Portugal lui avait conféré la possession, il arrive enfin à la vue de cette entrée pratiquée dans l'immense récif qui borde la côte de Pernambuco, et s'écrie émerveillé : *O linda situaçam para se fundar huma Villa!* (O la belle situation pour fonder une ville!) et le nom d'Olinda, formé des premiers mots de son exclamation, fut donné à la ville dont il devint le fondateur.

Presque toute la côte de Pernambuco était alors au pouvoir des Cahètes, tribu barbare et sauvage, remarquable entre toutes les autres, parcequ'elle faisait usage de canots assez grands pour contenir dix à douze personnes. Coelho, dit l'historien Rocha-Pita, fut obligé de conquérir, toises par toises, sur cette tribu redoutable, ce qui lui avait été donné par lieues. Les Cahètes l'attaquèrent et l'assiégèrent dans sa nouvelle ville. Ils étaient nombreux et conduits par des Français qui venaient avec des vaisseaux armés pour trafiquer sur cette même côte. La colonie aurait été anéantie dès sa naissance, si Coelho avait eu moins d'expérience de la guerre. Il fut blessé pendant le siége. Un grand nombre de ses colons périrent sous ses yeux les armes à la main; il vit la place réduite aux dernières extrémités, mais sa fermeté et son courage l'emportèrent enfin ; il battit et repoussa l'ennemi ; fit alliance avec la tribu des Tobayares, et eut alors assez de forces pour se maintenir, et pour braver toutes les attaques.

Les Tobayares furent les premiers naturels du Brésil qui se liguèrent avec les Portugais. Un de leurs chefs, nommé *Tabyra*, possédait de grands talens pour la guerre. Il était la terreur des sauvages ennemis, il allait lui-même les épier dans leurs camps, pour découvrir leurs projets ; car sa tribu étant de la même race que celle des Cahètes, parlait le même langage. Tabyra leur dressait des embuscades, les attaquait la nuit, et les fatiguait par des alarmes continuelles. A la fin, les Cahètes rassemblèrent toutes leurs forces, marchèrent sur lui, et l'entourèrent. Une flèche lui perça l'œil ; Tabyra, sans s'émouvoir, l'arracha, ainsi que sa prunelle ; et, se tournant vers ceux qui le suivaient, il leur dit qu'avec un seul œil, Tabyra voyait assez pour battre ses ennemis ; et en effet, malgré leur nombre, il les mit en fuite.

Son lieutenant et son digne émule, *Ha-*

gyse (bras de fer), fut un des Tobayares qui se distinguèrent le plus alors dans le même parti; et *Piragybe* (bras de poisson), rendit tant de services aux Portugais, qu'il reçut en récompense l'ordre du Christ, et une pension du gouvernement.

Ce fut à l'aide de ces intrépides alliés, que Coelho jeta les fondemens de la ville d'Olinda et de la capitainerie de Pernambuco, située à cent lieues au nord de Bahia, et aujourd'hui l'une des plus riches provinces de l'Amérique portugaise. Quelques années de paix permirent à Coelho d'y établir des sucreries, et d'y exploiter ce bois précieux du Brésil, que bientôt elle fournit presque seule à l'Europe entière.

Mais ces différentes colonies ne pouvaient se soutenir et s'étendre que par l'arrivée successive de nouveaux colons. Une circonstance, peu honorable au règne de Jean III, et malheureuse même pour le Portugal, devint en peu de temps favorable à l'accroissement de la population européenne du Brésil. L'inquisition religieuse, établie en Espagne en 1482, venait d'être admise à Lisbonne par Jean III, qui ternit, en se livrant à un système persécuteur, les belles qualités par lesquelles il s'était montré digne de ses ancêtres. De nombreuses victimes de l'institution nouvelle ; des juifs sur-tout, que le tribunal de l'inquisition poursuivait sans relâche, furent exilés en foule au Brésil, où ils trouvèrent moyen d'établir quelque culture. La nouvelle colonie se peupla rapidement, tant par eux que par des sujets catholiques, et par d'autres Européens qu'attiraient les heureux travaux de leurs devanciers.

Bientôt le gouvernement portugais lui-même dédaigna moins l'immense possession que le hazard avait ajouté à ses conquêtes. La population européenne ne cessa point de s'accroître, et se partagea successivement le littoral brasilien, où elle pouvait espérer de se maintenir avec plus d'avantage.

C'est aux guerres continuelles suscitées aux nouveaux colons par les antropophages, qu'on doit sur-tout attribuer l'éloignement que les Portugais montrèrent dès l'origine pour les établissemens formés dans l'intérieur des terres. Aussi, la plupart furent-ils

situés le long du rivage, à des distances in-
égales, et souvent très considérables.

Au nord de Pernambuco, vers l'équateur,
les navigateurs portugais n'avaient point
encore reconnu le beau fleuve de *Maranham* ou de l'Amazone qui, pour la première fois, avait été aperçu en 1499, par
Janez Pirçon; il l'appela une mer d'eau
douce, croyant d'abord que le concours de
plusieurs rivières avait réellement rafraîchi
et adouci la mer sur cette côte. Le navigateur castillan avait découvert ensuite qu'il
était à l'embouchure de la grande rivière de
Maranham, et que les naturels appelaient
cette contrée *Mariatambal;* mais il avait re-
passé la ligne, sans pousser plus loin ses recherches. Quarante ans après la découverte
du continent brasilien, il restait encore
beaucoup d'incertitude à l'égard du Maranham, les Portugais n'ayant encore que des
notions vagues et confuses sur ce grand
fleuve, et sur les côtes voisines de son embouchure. Toutefois, la cour de Portugal
comprit le Maranham dans les limites de
l'Amérique portugaise; et Jean III donna,
en 1539, en propriété, cette province ou

capitainerie, à Jean de Barros, historien et homme d'état, à la charge d'y faire des établissemens.

Mais Barros n'était ni assez opulent pour supporter seul les frais d'un armement maritime, ni assez jeune pour aller s'aventurer lui-même dans une expédition hasardeuse et lointaine; il n'avait d'ailleurs aucune notion positive sur la contrée dont il venait d'être nommé seigneur suzerain. Tandis qu'il prenait des informations, arriva en Portugal Louis de Mello da Sylva, qui venait lui-même du Maranham solliciter l'autorisation d'y faire un établissement stable. Ce jeune Portugais, immédiatement après qu'Orellana, dans son étonnante expédition de l'Amazone, eut le premier descendu ce fleuve, jusqu'à son embouchure, avait mis à la voile de Pernambuco ; et, entraîné au nord le long de la côte, il s'était approché lui-même de cette mer d'eau douce. Saisi d'étonnement et d'admiration à l'aspect de ses bords magnifiques, il était arrivé à l'île de Sainte-Marguerite, où il avait vu les compagnons d'Orellana, de cet intrépide aventurier, qui, par passion pour les découvertes, avait abandonné les conquérans du Pérou. Peu découragés par leurs souffrances, ils conseillèrent à Sylva de renouveler leur tentative sur l'Amazone, qui avait été pour eux si malheureuse : tel était le projet qui l'amenait en Portugal. Jean de Barros lui abandonna ses droits à la capitainerie du Maranham; et le roi même l'aida, ses moyens personnels n'étant pas suffisans. Il mit à la voile, accompagné des deux fils de Barros, et ayant sous ses ordres trois vaisseaux et deux caravelles. Mais l'armement se perdit à la vue du Brésil, sur des bas-fonds, à cent lieues au-dessous du grand fleuve. Une seule caravelle échappa au naufrage, et sauva le commandant et les deux fils de Barros. Ils revinrent en Portugal. Sylva alla dans l'Inde, s'y enrichit, et se rembarqua pour Lisbonne, avec la résolution d'aventurer encore une fois sa fortune et sa personne, pour s'établir dans le Maranham; mais on n'entendit plus parler de son vaisseau, le San-Francisco, qui probablement périt corps et biens, dans une traversée orageuse.

Pendant cet intervalle, Jean de Barros,

qui était rentré dans ses droits, partagea la propriété de sa province du Maranham avec Fernandez, Alvarez de Andrada, et Aires da Cunha; et formant tous trois un plan de conquête et de colonisation, ils firent un armement plus considérable que tous les précédens. Da Cunha prit le commandement de l'expédition, ayant avec lui les deux fils de Barros, qui avaient échappé au premier naufrage. Arrivée au Brésil, toute la flotte périt sur les mêmes bas-fonds où s'était perdu l'armement de Mello da Sylva. Da Cunha fut un de ceux qui se noyèrent. Les malheureux naufragés, qui croyaient être à l'entrée du Maranham, quoiqu'ils fussent à cent lieues au sud environ, gagnèrent une île qu'ils nommèrent, d'après leur erreur, l'île de Maranham, nom qu'elle ne perdit qu'après un demi-siècle, pour prendre celui d'*Ilha das Vacas* (île des Vaches). Ils étaient parvenus à sauver quelques effets du naufrage, et trafiquèrent pour avoir des vivres avec les Tapuyas, qui alors habitaient l'île. Mais ils furent long-temps misérables avant de pouvoir faire connaître leur triste situation à l'établissement le plus voisin. Barros leur envoya des secours aussitôt qu'il eut appris leur infortune; mais le vaisseau parti de Lisbonne arriva trop tard. Ses deux fils venaient d'être tués dans le Rio-Pequeno, par les Pitagoares, et tous les naufragés avaient quitté l'île. Victime d'un double désastre, l'historien Barros montra une fermeté, une élévation d'ame dignes d'un meilleur sort. Il paya toutes les dettes de ceux de ses co-associés qui avaient péri, et demeura lui-même débiteur envers la couronne, d'environ six cent mille reis, pour l'artillerie et les autres objets de l'armement, somme dont le roi Sébastien lui fit la remise longtemps après, par une libéralité dont Barros eût sans doute retiré plus d'avantage, si elle eût été moins tardive.

Ces tentatives malheureuses, à l'embouchure de l'Amazone et sur les côtes voisines, découragèrent le gouvernement et les armateurs portugais. Ce ne fut que long-temps après que les colons du Brésil, éclairés enfin par l'expérience et par la fréquentation de ces parages, y fondèrent des établissemens durables et des villes florissantes.

Cependant, les efforts des premiers colons

n'avaient pas tous été infructueux; l'impru-
dence et l'infortune n'avaient pas renversé
entièrement les espérances de ces hommes
entreprenans, courageux, et qu'aucun obstacle ne pouvait rebuter. Aussi vit-on, dans
l'espace de dix années, la plupart des premiers établissemens s'élever, prospérer et
s'étendre, pour former, trois siècles plus
tard, un des plus beaux empires du monde.

LIVRE V.

NAUFRAGE *et Aventures de* Caramourou. —
*Caractère de la grande Peuplade brasi-
lienne des* Tupinambas *de Bahia.* — *Description du* Reconcave, *et Tableau de ses
Révolutions.* — *Première origine de San-
Salvador de Bahia.* — *Prise de possession de la Capitainerie de Bahia par
François Pereira Coutinho.* — *Premières
hostilités entre les Tupinambas et les
Portugais.* — *Expulsion et mort de Coutinho.*

1510 — 1540.

L'ORIGINE de San-Salvador de Bahia,
quoique romanesque, ne se perd pas dans
la nuit des temps, ni dans les traditions fa-
buleuses. Cette ville célèbre, successivement
détruite, relevée, prise et reprise, a été,
pendant près de deux siècles, la métropole

du Brésil. Aujourd'hui même que Rio-Janeiro lui enlève sa prééminence, elle est
encore, par son étendue, ses fortifications
et ses édifices ; par sa population, ses chan-
tiers, ses magasins et sa vaste baie, l'une
des villes les plus importantes du Nouveau-
Monde.

Lorsque le navigateur Christovao Jacques
eut visité cette baie magnifique et ses parages, comme on l'a vu dans le deuxième
livre, il en rendit compte à Jean III, ainsi
que de la beauté et de la fertilité du territoire adjacent.

Mais ce fut seulement quelques années
après le voyage de ce navigateur, que le
système des concessions fut définitivement
arrêté. Alors le roi de Portugal donna la
province maritime comprise depuis la grande
rivière de San-Francisco jusqu'à la Punta da
Padram de Bahia, au fidalgo Francesco Pereira Coutinho, sous la condition d'y fonder
une ville et des établissemens durables, soit
en subjuguant les naturels, soit en les civi-
lisant. La baie elle-même, avec toutes ses
criques, fut ensuite ajoutée à ce don vraiment royal. Coutinho, nouvellement revenu

de l'Inde, où il s'était distingué, familiarisé
d'ailleurs avec les découvertes et les expéditions, animé de plus par le désir d'être
conquérant et fondateur, équipa aussitôt
une petite escadre à Lisbonne, et rassembla
un assez grand nombre de soldats et d'aventuriers pour aller entreprendre la colonisation de Bahia.

Dans l'intervalle, un hasard singulier
avait déjà mis ces parages au pouvoir d'un
jeune compatriote de Coutinho, enflammé, comme lui, de la passion des voyages
et des découvertes. Ce Portugais, nommé
Diego Alvarès Correa de Viana, allait aux
Indes-Orientales. Battu par la tempête,
ainsi que l'avait été Cabral, il fut entraîné
de même à l'occident, vers le Brésil. Moins
heureux ou moins habile que ce navigateur célèbre, et ne pouvant plus gouverner
son vaisseau, Alvarez fit naufrage sur les
bas-fonds, au nord de la barre de Bahia.
Une partie de l'équipage périt; ceux qui
échappèrent aux vagues souffrirent une
mort plus effroyable. S'étant pressés de
gagner la côte, et de s'aventurer sans précaution, les naturels les prirent et les man-

gèrent à la vue même d'Alvarez, qui était
resté près du bâtiment échoué, non dans
l'espoir de le relever, mais pour recouvrer
différens objets propres à lui concilier la
bienveillance des sauvages. Il vit bien alors
qu'il ne lui restait d'autre parti, pour garantir sa vie, que de se rendre à la fois utile
et redoutable à ces cannibales, et il eut le
bonheur de sauver, parmi d'autres effets
naufragés, un mousquet qu'il mit en état,
et quelques barils de poudre. Les sauvages,
après leur abominable festin, entrèrent dans
leur aldée, ou habitation, et Alvarez, sous-
trait comme par miracle à leur voracité et
à la fureur des vagues, osa avancer tout seul
sur cette côte homicide pour reconnaître le
pays.

Des rochers dentelés, des côteaux ver-
doyans, des forêts épaisses, une baie profonde, mais tranquille, tels sont les objets
qui frappent ses regards. En pénétrant le
long de cet immense golfe que forme à
droite le continent, à gauche l'île oblongue
d'Itaporica, il le voit s'arrondir et s'étendre
vers le nord à perte de vue, ayant au sud
trois lieues de largeur sur douze de dia-

mètre, et trente-six de circonférence. Là,
aussi-bien qu'à Rio-Janeiro, sur la même
côte, la mer semble s'être enfoncée dans
les terres; on peut même conjecturer qu'un
grand lac, brisant sa barrière, s'y est tracé
un chemin jusqu'à l'Océan. Six grandes
rivières navigables s'écoulent dans ce golfe,
ou plutôt dans ce lac paisible et cristal-
lin, qui se divise en plusieurs anses, et pénètre ainsi dans les terres, sur toute espèce
de directions. Une centaine d'îles vivifient
cette petite Méditerranée du Brésil.

Alvarez, frappé de la beauté, de la magnificence de ce site, dont il ne soupçonnait
pas l'existence, lui donna le nom de *San-
Salvador*, Saint-Sauveur, parcequ'il y avait
trouvé son salut. Mais n'apercevant plus aucun être vivant, il redoutait de se voir dans
un lieu sauvage, exposé à tous les besoins,
et à la merci des bêtes féroces, lorsque parut
tout à coup une troupe de Brasiliens armés
de flèches et de massues, sans montrer toutefois aucun dessein hostile. Plusieurs d'entre
eux avaient vu comme sortir de la mer le
jeune Alvarez, et s'étaient tenus d'abord cachés; mais, s'avançant ensuite pleins d'éton-

nement, ils répondirent aux signes de bienveillance et de paix que leur fit Alvarez,
s'approchèrent pour recevoir ses présens,
et le traitèrent en ami. Conduit à la plus
prochaine aldée, il fut présenté au chef, ou
cacique, dont il devint le captif ; mais il
reçut de lui, ainsi que de toute la peuplade,
autant d'égards que de soins.

Ces Indiens étaient de la race des *Tupinambas*, dont le nom signifie *braves*, et
qui, de tous les naturels du Brésil, sont
les plus jaloux de leur indépendance. Ils
réunissent au plus haut degré les caractères
communs sous lesquels nous avons repré-
senté les nations tupiques. Leur taille, qui
ne s'élève pas au-dessus de la stature ordinaire, est en général bien proportionnée.
Ils sont du nombre des Brasiliens qui portent la chevelure longue. L'huile de rocou,
dont ils font un usage continuel, donne une
couleur olivâtre à leur peau, naturellement
aussi blanche que celle des Européens.

Les Tupinambas s'établissent ordinairement au milieu des bois les plus voisins de
la mer ou des rivières. Ils commencent par
y former, en brûlant les arbres, une place

proportionnée au nombre dans lequel ils y arrivent, et construisent sur cet espace de vastes et longues cases couvertes de feuilles de palmier, et qu'aucune cloison ou séparation ne divise dans l'intérieur. Ces grandes cabanes, de cent cinquante pieds de long, sur quatorze de large et douze de hauteur, contiennent une vingtaine de familles alliées les unes aux autres, et elles sont construites de manière à enclorre au centre une place dans laquelle on massacre les captifs. Chaque cabane a trois portes, toutes tournées vers la place du massacre. L'aldée, ou village, est composée d'un petit nombre de cases, et toujours palissadée avec des intervalles ménagés pour lancer les flèches : une première enceinte circulaire, formée de gros pieux, l'environne, sans être toutefois aussi serrée que la palissade intérieure. A l'entrée, les Tupinambas placent sur ces pieux quelques-unes des têtes des ennemis qu'ils ont dévorés.

Ils ne demeurent guère que cinq ou six ans dans la même aldée ; ils détruisent, après ce terme, leurs établissemens, et vont à peu de distance en former de nouveaux, auxquels ils ont soin cependant de donner le nom de ceux qu'ils viennent d'abandonner. Ce changement a pour objet de mettre à profit la vigueur d'un terrain que n'ait point encore fatigué la végétation des racines qui font la base de leur nourriture.

Leurs familles se distinguent par l'union la plus tendre. Nulle part l'amour paternel ne peut être porté plus loin : ce sentiment est payé, du côté des enfans, par un respect inviolable. L'amitié, la libéralité, l'hospitalité, resserrent sans cesse entre eux des liens indissolubles ; et leur férocité, qu'on ne peut méconnaître, se réserve toute entière pour la vengeance, dont ils se font, contre leurs ennemis, la plus vive des jouissances et le premier des devoirs.

Leur sens naturel est exquis, leur jugement droit, leur esprit juste. La raison, la persuasion trouvent un accès facile auprès d'eux, pourvu qu'on ne cherche pas à les subjuguer. Leurs organes fins et déliés, leur mémoire sûre et facile les rendent susceptibles de s'instruire. Ils se sont élevés par-là d'eux-mêmes à quelques connaissances pratiques dont l'usage n'est pas sans utilité. Non seulement ils ont donné des noms aux étoiles, mais encore ils en ont reconnu la position relative. Après avoir remarqué le cours annuel du soleil, ils ont divisé le temps, soit par la marche de cet astre, soit par la saison des pluies, des brises et des vents. Ils connaissent aussi quelques-unes des propriétés de leurs végétaux et de leurs productions minérales. Pour ce qui concerne la religion, ou plutôt le défaut de religion, la guerre, la police, et le petit nombre d'habitudes qui composent la seule législation qu'ils connaissent, on peut prendre l'idée de leurs usages, en se reportant au tableau général des mœurs primitives des indigènes du Brésil.

Ces sauvages passent dans une oisiveté presque absolue le temps où la guerre cesse de les occuper. La chasse et la pêche, dont ils joignent les produits au manioc et aux autres substances végétales, remplissent cependant une partie de leurs loisirs. Ils disent, d'après une de leurs traditions les plus accréditées, que deux personnages inconnus, dont l'un s'appelait Zome, leur ont appris à recueillir et à préparer le manioc; et ils ajoutent que leurs ancêtres, cherchant querelle à ces bienfaiteurs, leur lancèrent des flèches, mais que les traits, retournant en arrière, tuèrent ceux qui les avaient décochés. Les bois ouvrirent un chemin à Zome dans sa fuite, et les rivières s'ouvrirent également pour lui offrir un passage. Ils prétendent aussi que les deux personnages mystérieux ont promis de les visiter de nouveau, et ils montrent leurs pas miraculeux empreints sur le sable.

La récréation à peu près unique des Tupinambas est la danse; ils y sont fort adonnés, et se rassemblent très souvent dans leurs bourgades pour s'y livrer, au son de la voix et d'un instrument appelé *maraca*, sorte de hochet fait d'un fruit creux, dans lequel ils introduisent de petites graines ; l'agitent comme un tambour de basque, en suivant le rhythme de leurs chansons. Le *maraca* sert aussi de *sonnette de divination* à leurs devins.

Dans leurs fêtes, et sur-tout dans la cérémonie du massacre des captifs, les Tupinambas boivent en abondance du jus de fruit et de racines fermentées. Outre la li-

queur qu'ils tirent du manioc, et dont ils
font un usage immodéré, ils en préparent
une meilleure encore avec le fruit de l'a-
cayàba. Mais, quoique passionnés pour les
boissons fermentées, ces Brasiliens n'en
sont pas moins très difficiles dans le choix
de l'eau; ils préfèrent la plus douce, la
plus légère, celle qui ne dépose aucun sé-
diment, et ils la conservent constamment
fraîche par la transsudation dans des vases
de poterie poreuse. De l'eau pure, exposée
à la rosée du matin, était leur remède fa-
vori.

Tels étaient les Brasiliens qui accueillirent
Alvarez Correa. Ils eurent bientôt occasion
d'admirer son intelligence et son adresse. Un
jour, ayant tué, avec son fusil, un oiseau
devant ces sauvages, les femmes et les enfans s'écrièrent : *Caramourou, caramourou!* c'est-à-dire, *homme de feu,* et témoignèrent la crainte de périr ainsi de sa main.
Alvarez, se tournant alors vers les hommes,
dont l'étonnement était mêlé d'une moindre
frayeur, leur fit entendre qu'il irait avec eux
à la guerre, et qu'il tuerait leurs ennemis.
Ils marchèrent aussitôt contre les Tapuyas.

La renommée de l'arme terrible de l'*homme de feu* les précédait, et les Tapuyas s'enfuirent. *Caramourou* fut le nom sous lequel Alvarez Correa fut connu depuis parmi les Tupinambas, et même parmi les Portugais.

Frappés des effets surprenans des armes à feu et des autres inventions européennes que Caramourou avait soin d'étaler à leurs yeux, les Brasiliens de Bahia lui attribuèrent une puissance surnaturelle, qui lui attira bientôt leurs hommages, et même leurs adorations. Ainsi ce même Alvarez, qui s'était cru d'abord menacé d'être dévoré comme ceux de ses compatriotes tombés entre les mains de ces antropophages, se vit, peu de jours après, encore plus puissant que leurs propres chefs, heureux de lui obéir, et de lui faire accepter leurs filles pour épouses. Alors fut cimentée l'étroite alliance qui unit Caramourou avec les Tupinambas, dont il devint, pour ainsi dire, le souverain absolu. En signe de respect, ils le revêtirent d'une espèce de manteau ou tunique de coton; lui firent présent de leurs plus belles plumes, de leurs meilleures armes, et lui produiguèrent les produits de leur chasse, et les fruits les plus délicieux de leur contrée. Caramourou fixa son séjour dans le lieu où la *Villa-Velha* (Ville Vieille), fut ensuite fondée. Il devint le père d'une famille nombreuse; et, encore aujourd'hui, les maisons les plus distinguées de Bahia rapportent à lui leur origine. Il fit élever d'abord quelques cabanes sur le rivage de cette baie spacieuse et commode où il se mit à l'abri, trouvant dans une pêche abondante, et dans les provisions que lui apportaient les Indiens, une nourriture saine, qui suffisait au-delà même des besoins de sa colonie naissante.

Les premières cabanes, faites à la hâte, furent bientôt remplacées par des habitations plus convenables : une sorte de police ou de discipline fut introduite et maintenue par Caramourou, chef et régulateur du nouvel établissement. Des débris du navire naufragé, il fit construire de petites barques plus solides que les pirogues des Brasiliens; non qu'il espérât s'en servir pour une navigation de long cours, mais il se flattait de reconnaître bientôt tout le golfe, dont il n'avait eu aucune idée, la relation de Christovao

Jacques n'étant point parvenue jusqu'à lui. A la vérité, il avait soupçonné, dès l'instant de son naufrage, qu'il était au Brésil, où ses compatriotes commençaient à s'établir; mais désespérant de les joindre, il se croyait à jamais séparé d'eux et de l'Europe.

Familiarisé bientôt avec le langage Tupis, il se vit en état de questionner les naturels, sur leur origine et sur le pays qu'ils habitaient. Les vieillards conservaient le souvenir de trois révolutions arrivées à *Reconcave*, c'est ainsi qu'ils nomment la baie avec toutes ses criques. Aussi loin que la mémoire des hommes pouvait se reporter parmi ces sauvages, ils regardaient comme constant que les Tapuyas avaient possédé d'abord le *Reconcave;* mais comme cette partie du Brésil est, sous tous les rapports, un des lieux les plus favorisés de la terre, ceux-ci ne pouvaient espérer de jouir paisiblement d'une possession si désirable, sur-tout quand il n'y avait parmi eux d'autres lois que celle du plus fort. Ainsi, les Tupinaes chassèrent les Tapuyas, et gardèrent le *Reconcave* pendant plusieurs années, quoique toujours en guerre avec ceux qu'ils avaient dépossédés, et qu'ils voulaient rejeter encore plus loin dans l'intérieur. Les Tupinambas, passant ensuite le San-Francisco, envahirent à leur tour le *Reconcave*, d'où ils expulsèrent les Tupinaes, qui, rejetés sur les Tapuyas, chassèrent de nouveau ceux-ci devant eux. Les derniers conquérans étaient maîtres de la contrée, lorsque Caramourou vint parmi eux; mais ils s'étaient déjà divisés pour la possession de leur proie. La peuplade qui était restée entre le San-Francisco et le Rio Réal, faisait une guerre meurtrière aux tribus qui venaient de s'emparer du *Reconcave*, et celles-ci même, selon qu'elles habitaient l'un ou l'autre côté de la baie, se traitaient en ennemies; chaque parti exerçait les hostilités sur terre et sur mer, et dévorait ses prisonniers. Un nouveau sujet de discorde venait de s'élever parmi les Tupinambas qui habitaient le côté oriental, et il avait pour cause ce qui, dans ces âges à demi-barbares, que nous appelons héroïques, a tant fourni matière à la poésie et à l'histoire. La fille d'un chef avait été enlevée contre le consentement de son père, et le ravisseur avait refusé de la rendre. Le père n'étant pas assez puissant pour l'y forcer, s'était retiré avec sa tribu dans l'île d'Itaporica. Les hordes des bords de la Paraguazou (la grande rivière) s'étant ligués avec les fugitifs, il s'en était suivi une guerre opiniâtre entre les deux partis. L'île de Nodo, ou l'île de la Peine tire son nom des embuscades et des combats fréquens dont elle fut alors le théâtre. La horde émigrée s'accrut, s'étendit le long de la côte d'Os Ilheos, et la querelle fut prolongée avec beaucoup d'énergie.

Telle était la situation des Tupinambas à *Reconcave,* lorsque Caramourou, avec son redoutable mousquet, vint faire pencher la balance en faveur de la tribu hospitalière dont il était devenu le chef. Heureux et tranquille parmi ces sauvages, il s'efforçait de les civiliser; il faisait même des dispositions pour donner à son établissement plus de consistance et une forme plus régulière, se croyant à jamais confiné parmi les Tupinambas, lorsque parut tout à coup, à l'entrée de la baie, un navire normand, parti de Dieppe pour faire au Brésil un voyage de découvertes et de commerce. Après avoir pénétré dans la baie, il jeta l'ancre

à la vue de Caramourou et des Indiens
réunis; se mit aussitôt en relation avec eux,
et en reçut des vivres et un accueil amical.
De part et d'autre, on fit quelques échanges
d'une utilité réciproque. L'arrivée imprévue
du navire français fit naître à Caramourou l'idée de retourner en Europe, et d'aller
à Lisbonne rendre compte au roi de Portugal de son naufrage et de son heureux établissement à San-Salvador. Il espérait par-là
mériter la protection et les encouragemens
du monarque. Caramourou obtint facilement le passage pour lui et pour *Paraguazou*, sa femme favorite, dont il ne voulait
point se séparer. Il promit son prochain
retour à ses hôtes, et s'embarqua, empor-
tant avec lui des échantillons de la richesse
et des curiosités du Brésil; mais ses autres
femmes indiennes ne purent supporter cet
abandon, quoiqu'il ne dût avoir lieu que
pour un temps limité : elles suivirent le
vaisseau à la nage, dans l'espoir d'être prises
à bord. La plus courageuse ou la plus
passionnée s'avance si loin, qu'avant de
pouvoir revenir au rivage, ses forces l'a-
bandonnent. En vain réclame-t-elle des

secours, Caramourou n'entend plus sa voix ; en vain cherche-t-elle à se soutenir encore sur les vagues, épuisée, défaillante, au désespoir, elle succombe, et périt dans les flots, victime de son amour pour Caramourou.

Le vaisseau, après une heureuse navigation, aborda sur les côtes de Normandie. Henri II régnait alors sur la France. Fier, généreux et bienfaisant, il appelait les plaisirs et les arts à sa cour. Caramourou y parut sous les auspices du capitaine auquel il devait son retour en Europe. Il fut accueilli, ainsi que sa femme Paraguazou, et eut accès auprès du roi et de la reine. Henri et Catherine de Médicis reçurent ces voyageurs avec un plaisir secret, car l'Europe entière retentissait alors du bruit des découvertes merveilleuses faites dans les Deux-Indes par les Espagnols et par les Portugais. Les autres puissances maritimes ne voyaient pas, sans un sentiment d'envie, tant de contrées et de richesses exclusivement envahies et exploitées par deux seules nations, qui, jadis reléguées dans la péninsule espagnole, s'élançaient mainte-

nant sur les points les plus éloignés du
globe. Henri II n'avait pas oublié les paroles du roi son père, au sujet de l'Amérique. « Je voudrais bien, avait dit Fran-
» çois Ier, qu'on me montrât l'article du
» testament d'Adam, qui partage le Nou-
» veau-Monde entre mes frères l'empereur
» Charles-Quint et le roi de Portugal, en
» m'excluant de la succession ». Le monarque
français manifesta évidemment l'intention
de participer à la conquête du nouvel hémisphère, sollicité d'ailleurs par les navigateurs de Dieppe, qui épiaient les occasions
de s'ouvrir l'accès de l'Amérique. Henri
et Catherine témoignèrent le désir de favoriser leurs entreprises lointaines. Aussi pro-
diguèrent-ils aux étrangers venant du Brésil les marques du plus vif intérêt. La jeune
indienne attirait sur-tout la curieuse attention des courtisans français, étonnés de voir
la fille d'un chef de sauvages au milieu de
la cour la plus polie de l'Europe. On s'empressa de la conquérir à la religion, et
Paraguazou fut baptisée avec solennité. La
reine donnant son nom de Catherine à cette
nouvelle chrétienne, lui servit de marraine,

et le roi de parrain. On lui fit connaître,
non sans peine, mais non pas sans succès,
la religion qu'elle venait d'embrasser et les
usages de l'Europe. Son mari Caramourou, quoique flatté de l'accueil que lui faisait
la cour de France, ne perdait toutefois pas
de vue Lisbonne sa patrie, et se disposait à
s'y rendre; mais le gouvernement français
lui en refusa l'autorisation. Les honneurs
qu'on lui avait rendus n'étaient rien moins
que gratuits : on avait l'intention de se servir de lui dans le pays qu'il avait découvert.
Caramourou se laissa facilement persuader
de conduire une expédition marchande sur
la côte des Tupinambas de Bahia, et d'y
favoriser les relations d'échange et de commerce entre les Français et les naturels.
Cependant il parvint à envoyer à Jean III,
par l'intermédiaire de Pedro Fernandez Sardinha, jeune Portugais qui venait de finir
ses études à Paris, et qui fut ensuite le premier évêque du Brésil, les informations
qu'on ne lui permettait pas de porter lui-
même; il exhortait le roi de Portugal, par
ses lettres, à coloniser la contrée délicieuse
qui était tombée en son pouvoir d'une

manière si étrange. Il fit ensuite avec un riche commerçant français une convention, en vertu de laquelle deux vaisseaux chargés d'objets utiles pour le trafic avec les naturels brasiliens furent mis à sa disposition, de même que les munitions et l'artillerie de ces vaisseaux, dès qu'ils seraient arrivés à Bahia. Caramourou s'engagea de son côté à les charger, pour le retour, de bois du Brésil, et d'autres objets de commerce.

Il partit avec ces deux navires, emmenant avec lui sa femme Catherine; et, favorisé par une navigation rapide, il mouilla bientôt à San-Salvador, trouvant sa petite colonie dans le même état où il l'avait laissée. Les Tupinambas revirent avec des transports de joie celui qu'ils regardaient à la fois comme leur père et comme leur chef suprême. Sa première opération fut de fortifier son petit établissement. Sa femme Paraguazou, fière du nom de Catherine et des talens qu'elle avait acquis en Europe, fit tous ses efforts pour convertir et pour civiliser ses sauvages compatriotes. Déjà, au milieu des premières cabanes, une église venait d'être élevée; déjà

même Caramourou avait distribué plusieurs
plantations à sucre , commencé la culture
des terres , attiré , rassemblé , par des bienfaits , les naturels jusqu'alors errans et dis-
persés , lorsque parut dans la baie l'expédition préparée à Lisbonne , et commandée
par Pereira Coutinho , pour venir prendre
possession de la province entière ; appari-
tion sinistre , qui jeta la consternation dans
toute la colonie.

Armé de l'autorité royale , Coutinho fixa
son établissement dans la baie , au lieu appelé maintenant *Villa Velha,* qui était le
séjour de Caramourou. Il eut d'abord recours à lui pour le succès de son entreprise
coloniale. Deux de ses compagnons , qui
étaient d'extraction noble , épousèrent deux
des filles de Caramourou ; et les naturels ,
à cause de ce dernier , affectionnèrent ses
compatriotes : de sorte que tout fut paisible
pendant quelque temps. Mais Coutinho ne
vit bientôt dans Caramourou qu'un ennemi
secret de son pouvoir : il avait servi dans
les Grandes-Indes , et il s'en fallait beaucoup
que les Indes fussent alors pour les Portugais une école d'humanité et de politique.

Coutinho déploya l'appareil de la force, condamna tout ce qui s'était fait jusqu'alors, et blâma sur-tout les moyens de douceur employés pour capter la bienveillance et l'amitié des naturels. Ceux-ci ne virent dans ce nouveau chef qu'un maître bizarre, despotique, décidé à s'établir dans leur contrée par droit de conquête. Ses soldats, ou plutôt les aventuriers qu'il avait ramassés et traînés à sa suite, signalèrent leur arrivée par toutes sortes de violences et de rapines; l'un d'eux tua le fils d'un chef des naturels. Coutinho paya chèrement cette cruelle offense. Les fiers Tupinambas, les plus formidables de tous les sauvages brasiliens, ne respirèrent plus que vengeance. Alors commença une longue persécution contre toute cette horde, si peu accoutumée à se voir en butte à des actes de sévérité et de rigueur. En vain Caramourou essaya de garantir de l'oppression les Indiens hospitaliers, à la fois ses alliés, ses hôtes et ses amis. Devenu importun et suspect, il fut arrêté par ordre de Coutinho, enlevé à sa femme, et transféré à bord d'un navire. Le bruit de sa mort, faussement répandu, jeta le désespoir dans l'ame de Paraguazou, qui, pour le venger, arma non seulement les sauvages de sa nation, mais appela encore à son secours les Tamoyos, ses voisins.

Aux jours heureux et tranquilles qui avaient accompagné l'arrivée et l'établissement de Caramourou à Bahia, succédèrent des jours de deuil et de carnage. Malgré la supériorité que les armes à feu semblaient devoir assurer aux Portugais, les Brasiliens, furieux, et réunis en grand nombre, enflammés d'ailleurs par les cris de rage de Paraguazou, brûlèrent les sucreries, détruisirent les plantations, tuèrent un fils de Coutinho, et, après une guerre sanglante qui dura plusieurs années, ils emportèrent enfin les ouvrages élevés par les Portugais, et forcèrent leur chef à chercher son salut sur ses vaisseaux. Réduit à cette honteuse extrémité, Coutinho se retira, avec les débris de ses équipages, et avec ses deux navires, à la capitainerie voisine d'Os-Ilheos, que Georges Figueredo commençait à coloniser. Caramourou, toujours captif, fut emmené par les Portugais. Mais à peine se furent-ils éloignés, que les Tupinambas regrettèrent ces marchandises d'Europe,

qui, d'abord considérées par eux comme
des objets de luxe et d'agrément, étaient
devenues ensuite des besoins. Les différens
une fois aplanis, un arrangement fut bientôt conclu entre les envoyés de Coutinho
et quelques chefs des Tupinambas, qui
agirent toutefois sans la participation de
toutes les peuplades.

Coutinho, s'étant procuré quelques renforts, monta dans une caravelle, et remit
à la voile pour Bahia. Caramourou le suivit
dans une seconde caravelle. Mais à peine
étaient-ils à la vue du golfe, qu'une tempête, s'élevant tout à coup, assaillit leurs
vaisseaux, et les fit échoner, avant d'avoir
dépassé la barre, sur les bas-fonds de l'île
d'Itaporica. Témoins de ce naufrage, les
Tupinambas, qui avaient reconnu et signalé
leur oppresseur, s'arment de leurs massues
de guerre, malgré l'opposition de ceux de
leurs chefs qui avaient rappelé Coutinho,
et, se jetant en foule dans leurs pirogues,
ils joignent les insulaires qui étaient aux
prises avec l'équipage de Coutinho. Ce capitaine avait déjà gagné le rivage; mais il ne
venait d'échapper à la fureur des flots que

pour succomber sous la vengeance des Brasiliens. Attaqué, cerné par une foule d'ennemis furieux, il vit massacrer presque tout son équipage, et, percé déjà de plusieurs flèches, il périt frappé d'un grand coup de massue. Sa tête, détachée de son corps et parée de plumes, fut portée en triomphe par les vainqueurs, qui firent éclater une joie bruyante, dévorèrent leurs prisonniers, et s'applaudirent d'avoir enfin assouvi leur rage contre le plus cruel ennemi de leur peuplade. Les équipages de Caramourou furent épargnés à sa considération, et lui-même, rentrant dans son ancienne habitation, releva sa colonie avec les secours des Tupinambas, sur lesquels il reprit son ancien ascendant. La femme et les enfans de Coutinho ne périrent point avec lui dans cette lutte cruelle, car il est probable qu'ils avaient été laissés à Ilheos; mais ils perdirent leur domaine, et tout ce que Coutinho avait obtenu des Brasiliens. Ils ne traînèrent plus ensuite qu'une existence misérable, n'ayant d'autre ressource que la charité publique, et moururent victimes de l'imprudente tyrannie de Coutinho.

LIVRE VI.

~~~~~~~

Progrès *de la Capitainerie de Saint-Vincent.— Tentatives malheureuses d'Alexis Garcia et de Georges Sedenho pour arriver au Brésil par le Paraguay. — Premières hostilités entre les Espagnols du Paraguay et les Portugais du Brésil. — Renouvellement de la guerre à Pernambuco. — Siége de Garassou par les Cahètes. — Arrivée au Brésil de don Thomé de Sousa, premier Gouverneur-général. Fondation de la ville de San-Salvador.— Régularisation politique de la Colonie.*

1540 — 1550.

Tandis que les Tupinambas de Bahia sortaient vainqueurs de leur première lutte avec les Portugais, l'avidité et la jalousie soufflaient la discorde et la guerre entre les colons de Saint-Vincent et les Espagnols leurs voisins, déjà maîtres des rives du Paraguay et de la Plata.

Ces démêlés entre deux nations presque toujours rivales auraient ensanglanté les deux hémisphères, si les liens de la bienveillance et de la parenté n'avaient tenu étroitement unis Charles-Quint et le roi de Portugal.

Seize ans étaient à peine écoulés depuis la découverte du Brésil, et la colonie de Saint-Vincent, située dans un petit golfe, à quarante lieues au sud de Rio-Janeiro, florissait déjà.

Un climat tempéré, de hautes et riches montagnes, des rivières limpides et poissonneuses, des vallons fertiles habités par des naturels doux et sociables, plusieurs golfes profonds, et sur la côte un grand nombre d'îles pittoresques, tels étaient les nombreux avantages qu'offrait cette belle partie du Brésil à ses nouveaux possesseurs. Aussi l'établissement de Saint-Vincent fut-il un de ceux qu'on parvint le plus rapidement à coloniser.

Au sud et à l'ouest sont les frontières du Paraguay, ou pays de la Plata, qui reçoit ce double nom des deux rivières qui l'arrosent. Reconnu par Solis, le Paraguay fut soumis à la couronne de Castille presque en même temps que le Brésil entrait sous la domination portugaise; il devint plus particulièrement encore une conquête des missionnaires de la compagnie de Jésus, auxquels il dut en partie sa civilisation. Dès l'origine les provinces du Paraguay, limitrophes du Brésil, furent souvent l'objet et le théâtre de plus d'un débat politique entre les deux nations rivales. Les nouvelles possessions espagnoles pouvant servir de passage pour aller du Brésil au Pérou, c'était sur-tout sous ce rapport que la connaissance géographique et la fréquentation du Paraguay devenaient d'un grand intérêt pour les Portugais de Saint-Vincent. Le bruit commençait alors à se répandre que les Espagnols retiraient d'immenses richesses du Pérou, et bientôt les Portugais conçurent le désir de les partager avec leurs voisins d'Amérique. Alphonse de Sousa, capitaine-général de la colonie, croyant devoir céder aux

instances de ses compatriotes, permit à
Alexis Garcia, qui joignait l'activité à l'audace, de partir, accompagné de son fils et
de trois autres Portugais, pour aller à la recherche des mines d'or et pour frayer à la
colonie une route jusqu'au Pérou. Garcia se
dirigea vers l'occident, et trouva sur les bords
de la Parana la grande peuplade des Chanaises, Indiens hospitaliers auxquels il s'u-
nit par les liens de l'amitié et du mariage.
Mille environ se déterminèrent à le suivre
dans son étonnante expédition. Quelques
Indiens Tarupecocies et Chiriguanos gros-
sirent sa petite armée. Garcia traversa le
fleuve ; et, s'ouvrant la route, soit à force
ouverte, soit en s'alliant à de nouvelles peuplades, il ramassa de l'or, et pénétra jusqu'aux
frontières du Pérou. De retour au point intermédiaire de son départ, vers la Parana,
il conçut le projet d'y former un établissement stable, pour servir d'entrepôt à ceux
de ses compatriotes qui voudraient profiter
de ses découvertes. Dans cette vue, il renvoya
au Brésil deux Portugais de sa suite, pour
informer Alphonse de Sousa du succès de son
voyage, et pour lui donner communication

de ses plans ultérieurs ; il les chargea en outre de quelques lingots, pour convaincre ses compatriotes que son voyage avait réussi au gré de leurs désirs. A peine les deux émissaires de Garcia l'eurent-ils quitté, que les Indiens restés avec lui le massacrèrent, s'emparèrent de son trésor, et firent prisonnier son jeune fils. Voilà du moins ce que la tradition a conservé de plus vraisemblable, parmi les Indiens Chanaises, sur l'histoire de cet aventurier portugais : on doit regretter que tous les détails n'en aient pas été fidèlement recueillis. Garcia devait être doué de talens extraordinaires, lui qui, n'étant accompagné que de cinq Européens, avait su lever une armée parmi les sauvages, et se frayer, jusqu'à moitié chemin, dans le continent de l'Amérique méridionale, des routes jusqu'alors inconnues. Le respect que les Indiens de ces contrées ont pour sa mémoire prouve qu'il était aussi habile et aussi entreprenant qu'aucun des conquérans de l'Amérique, et il est probable qu'il les surpassait en humanité. Les vieillards indiens disaient encore, long-temps après sa mort, qu'ils étaient les amis des chrétiens depuis que Garcia était venu les visiter, et faire avec eux des échanges. Les Espagnols du Pérou assurent qu'il pénétra avec une armée de Chiriquanos jusqu'à la vallée de Tarija, et que les sauvages de sa suite le tuèrent; ils ne voulaient pas abandonner une contrée si délicieuse pour éprouver, sous sa conduite, les fatigues et les dangers d'un retour dont l'idée seule les avait effrayés. Quoi qu'il en soit, toutes les versions s'accordent en ce point, que Garcia fut massacré en trahison par les Indiens qui d'abord l'avaient suivi volontairement dans son expédition.

Cependant l'arrivée au Brésil des deux Portugais que Garcia avait envoyés, et les preuves qu'ils apportaient de l'existence d'un chemin praticable pour communiquer avec le Pérou, causèrent à Saint-Vincent une joie universelle. Entraînés par leur enthousiasme, soixante Portugais s'offrirent sur-le-champ, avec un certain nombre de Brasiliens amis et alliés, pour aller rejoindre Garcia. Sousa les réunit sous la conduite de Georges Sedenho.

Ces voyageurs intrépides n'étaient pas

encore arrivés à leur destination, que des
soupçons violens sur la conduite des Indiens
de la Parana vinrent troubler la confiance
qui jusqu'alors avait présidé à leur marche.
Ils n'avancèrent plus qu'avec de grandes
précautions; mais les sauvages n'étaient pas
moins sur leurs gardes. Ils cherchèrent, au
premier avis qu'ils reçurent de l'approche
des Portugais, à leur couper les vivres,
pour les contraindre à rétrograder vers le
Brésil.

Sedenho ne tarda pas à comprendre qu'on
ne pourrait obtenir que les armes à la main
les moyens de subsister dans ce pays inconnu. Il se prépara aussitôt à combattre;
mais, prévenu par les Indiens, qui, à la faveur des bois, tombèrent brusquement sur
sa troupe, il n'eut pas même le temps de
se mettre en défense, et périt avec la plus
grande partie de ses gens. Ceux qui échappèrent au massacre gagnèrent les bords de
la Parana. Il leur fallait traverser ce fleuve
pour éviter les sauvages, qui étaient à leur
poursuite. D'autres Indiens qu'ils trouvèrent
sur la rive leur offrirent des pirogues, dans
lesquelles les Portugais entrèrent avec em-

pressement; mais c'était un nouveau piége que leur tendaient les barbares. A peine les pirogues furent-elles au milieu du courant, que les sauvages, qui s'étaient chargés de les conduire, regagnèrent à la nage les bords d'où ils étaient partis. Etonnés de cette brusque désertion, les Portugais en cherchaient les motifs, lorsqu'ils s'aperçurent que l'eau s'introduisait dans les pirogues par des trous qu'avaient pratiqués les Indiens, et qu'ils venaient de déboucher. Un grand nombre de Portugais fut submergé, et très peu d'entre eux regagnèrent la colonie.

Ces tentatives malheureuses ne rebutèrent point les colons de Saint-Vincent. Instruits que le capitaine Sébastien Cabot, venu de Castille, s'était établi, après avoir dispersé quelques hordes indiennes, au confluent du Paraguay et de la Parana, ils envoyèrent le capitaine Diego Garcias pour prendre possession de la contrée au nom du roi de Portugal. Mais Garcias n'était point en mesure de disputer le terrain aux Espagnols, qui se trouvaient en assez grand nombre sur les bords du fleuve. D'un autre côté, Cabot, ayant jugé qu'il ne pourrait jamais empêcher les Portugais d'envahir le territoire en litige s'ils y revenaient avec des forces supérieures, prit le parti de temporiser. Il fit à Garcias quelques présens; alors ce dernier n'insista plus, et reprit la route du Brésil.

L'année suivante le castillan Moschera, successeur de Cabot, descendit le fleuve de la Plata, et, trouvant un port commode sur sa rive septentrionale, y éleva une petite forteresse. Mais à peine son établissement était-il achevé, que les Portugais lui déclarèrent que, s'il voulait occuper ce poste, il devait commencer par prêter serment au roi de Portugal, à qui tout le pays appartenait. Moschera, moins timide que son prédécesseur, répondit que le partage des Indes n'étant point encore réglé entre le roi de Portugal et son maître le roi de Castille, rien ne devait l'empêcher de se maintenir où il était. Il fit aussitôt ses dispositions de défense.

Animés du désir de s'assurer la communication du Brésil au Pérou, les Portugais de Saint-Vincent résolurent de commencer les hostilités, et envoyèrent par mer un corps assez considérable pour chasser les

Espagnols des rives de la Plata. Moschera est averti de leur arrivée ; il dresse sur-le-champ une batterie, élève de nouveaux retranchemens, et place une partie de ses soldats en embuscade dans un bois qui le couvrait du côté de la mer. Les Portugais n'étaient que quatre-vingts en tout ; ils avaient à leur suite un certain nombre de Brasiliens qui, partageant leur confiance, croyaient n'avoir à combattre qu'une poignée d'Espagnols, sans aucune connaissance du pays, et sans moyens d'y subsister. Leur sécurité augmente encore lorsqu'en arrivant vers la plage ils ne voient aucune troupe qui s'oppose au débarquement. Les Portugais passent même le bois sans obstacle ; mais à peine à la vue du fort, ils sont en même temps exposés au canon de la place, et pris en queue par les Espagnols de l'embuscade. La frayeur alors s'empare des Brasiliens, et se communique bientôt aux Portugais eux-mêmes ; tous se dispersent ; le désordre est général, et ceux qui échappent au feu de l'artillerie sont passés au fil de l'épée.

Moschera, ne bornant pas là sa victoire,

s'embarque avec une partie de ses gens, et un grand nombre d'Indiens auxiliaires, sur les bâtimens qui avaient apporté les Portugais, et va faire une descente sur la côte de Saint-Vincent., dont il pille le faubourg et les magasins. Les colons Portugais, ralliés sous leur capitaine-général, se hâtent de marcher aux Espagnols; mais Moschera évite une lutte inégale, se rembarque pour se retirer dans l'île Sainte-Catherine, à la vue des côtes du Brésil, où il établit provisoirement sa petite colonie. Alphonse de Sousa, dépourvu d'embarcations suffisantes pour le poursuivre, et tranquille d'ailleurs sur le sort de sa capitainerie, se contente de la mettre dans un meilleur état de défense.

Ces entreprises hostiles ne pouvaient manquer d'attirer l'attention des cours de Lisbonne et de Madrid. Loin de partager l'acharnement de leurs colons respectifs, elles regardaient l'Amérique comme assez vaste pour réaliser leurs projets d'agrandissement et de domination. Charles-Quint toutefois, pour mettre un terme à ces agressions imprévues, et voulant d'ailleurs régler toutes les découvertes voisines du Brésil, envoya au Paraguay, en qualité de capitaine-général, don Pedro de Mendoza, qui mit à la voile avec une flotte, et alla jeter, en 1535, les fondemens de la ville de Buenos-Ayres et de la colonie du Paraguay.

Jean III, dirigé par les mêmes vues, prit de son côté des mesures capables, non seulement de faire respecter son pavillon dans les mers du Brésil, mais encore de ramener dans cette immense colonie l'ordre et l'unité, si nécessaires pour étendre et consolider sa domination. Instruit déjà des progrès qu'avait faits Caramourou dans la baie de Tous-les-Saints, et de la superbe position qu'offrait ce golfe, le roi de Portugal conçut le projet d'y fonder la capitale de tout le Brésil, et se hâta, dès qu'il apprit la mort de Pereira Coutinho, de faire rentrer dans le domaine de la couronne la province qu'il lui avait concédée.

Ce prince rappela vers le même temps Alphonse de Sousa de sa capitainerie du Brésil, et le nomma vice-roi des Indes. De retour en Portugal, Sousa ne perdit pas de vue les intérêts de sa colonie de Saint-Vincent, où il envoya de nouveaux colons, et généralement tout ce qui pouvait accélérer les progrès de l'établissement auquel il avait présidé. Il le laissa dans un état florissant à son fils, auquel il en confia l'administration, et succéda, en 1540, à don Etienne de Gama dans la vice-royauté des Indes portugaises. Sousa amena avec lui à Goa saint François-Xavier, surnommé l'Apôtre des Indes; il ouvrit le commerce du Japon à ses compatriotes, sut retenir les Indiens dans l'obéissance du Portugal, fit pénétrer l'évangile au-delà des Moluques, et, laissant la vice-royauté à don Juan de Castro, il revint dans sa patrie, où il mourut estimé et honoré. Les Portugais lui doivent le premier établissement colonial fondé au Brésil.

La guerre venait de s'y rallumer par la conduite oppressive des colons de Pernambuco envers les Cahètes. Ces sauvages reprirent les armes et vinrent mettre le siége devant l'établissement de Garassou, peu éloigné d'Olinda, et bâti en bois sur une crique, à deux milles dans les terres. Quatre-vingt-dix Européens et trente esclaves nègres, ou naturels, composaient la garnison. Les assaillans étaient au nombre de douze mille. Carassou n'avait d'autres fortifications que des palissades, faites à l'imitation des ouvrages brasiliens. Les Cahètes établirent, d'une manière informe, deux retranchemens d'arbres : ils s'y retiraient la nuit pour se garantir des sorties imprévues, et de jour ils se mettaient à l'abri des coups de fusils dans des fossés profonds qu'ils avaient creusés, et d'où souvent ils s'élançaient pour surprendre la place. Se voyaient-ils couchés en joue, ils se jetaient à terre, se relevaient, et couraient lancer leurs javelines dans les palissades, ou bien des flèches garnies de coton enflammé pour incendier les ouvrages et les maisons. Les uns croient cette manière de combattre naturelle aux Cahètes, d'autres la regardent comme une grossière imitation du ravage que faisaient parmi eux les armes à feu des Européens. Dans leurs attaques, ces sauvages cherchaient toujours à épouvanter leurs ennemis en les menaçant de les dévorer. La garnison manqua bientôt de vivres. Les Portugais étant dans l'usage de recueillir, au moins tous les deux jours, le manioc dont leur pain était fait, ils s'en virent privés tout à coup par le blocus des Cahètes. Deux chaloupes furent alors expédiées à Itamarica, vers l'entrée de la crique, pour aller chercher des vivres. Le passage des eaux était si étroit que les Cahètes conçurent l'idée d'en intercepter la navigation en y jetant de grands arbres; mais les Portugais forcèrent tous les obstacles. Le siége dura plus d'un mois, et les sauvages, perdant l'espoir de s'emparer de l'établissement par famine, firent la paix, et se retirèrent. Après ces hostilités la capitainerie de Pernambuco, et sur-tout la ville d'Olinda, continuèrent de prospérer jusqu'à la mort de Coelho.

Les autres capitaineries n'étaient pas dans une situation aussi florissante. Quoique la découverte du Brésil remontât à près d'un demi-siècle, ce n'était que depuis peu d'années seulement qu'on y avait vu s'élever avec rapidité autant de capitales que d'établissemens coloniaux. Chaque gouverneur ou capitaine-général exerçait une autorité séparée et sans bornes, par conséquent abusive. La propriété, l'honneur et la vie des colons étaient à la merci de ces grands seigneurs suzerains, et les peuples gémissaient sous leur tyrannie. Les plaintes des colons allèrent jusqu'au monarque ; il jugea dès-lors nécessaire d'établir un centre commun, et une autorité supérieure capable d'arrêter les désordres et l'anarchie qui menaçaient d'étouffer ce nouvel empire dès sa naissance. Jean III ne pouvait d'ailleurs méconnaître les avantages que promettait au Brésil la riche culture du sucre, et combien il fallait sur-tout éviter que les Français parvinssent à s'établir dans cette contrée nouvellement connue, comme ils en avaient le projet, en attirant dans leur parti les naturels de la côte. Tous les rapports qui venaient du Brésil faisaient sentir de plus en plus la nécessité d'y ériger un pouvoir protecteur, autour duquel les colons Portugais pussent réunir leurs efforts, soit pour combattre avec succès les nations sauvages qui s'opposaient à leur domination, soit pour faire échouer les entreprises hostiles que méditaient les Français.

De si puissantes considérations n'échappèrent point à un monarque éclairé, déjà sur le déclin de l'âge, adoré de ses sujets, en paix avec ses voisins, et dont les colonies et les relations commerciales augmen-

taient chaque jour la prospérité de la nation. Ce fut comme souverain et comme
père de cette partie de son peuple qui
était allée habiter un autre univers, que
Jean III voulut régulariser enfin la colonie
naissante qu'il avait à soutenir et à défendre.
L'inconvénient que pouvait avoir pour la
couronne les concessions qu'elle avait d'a-
bord prodiguées avec trop peu de mesure,
ne devait pas non plus échapper à un
prince pour qui l'expérience était une utile
leçon; il résolut en conséquence de révoquer les pouvoirs des capitaines concessionnaires, et de nommer un gouverneur-général avec pleine autorité civile
et criminelle. Thomé de Sousa fut revêtu
de cette charge importante. Il n'était, il
est vrai, que fils naturel d'un seigneur
de la famille des Sousa, mais c'était un
fidalgo dont le courage avait été éprouvé
dans les guerres d'Afrique et de l'Inde. Il
fut chargé d'établir au Brésil une administration nouvelle, et de fonder dans la
baie de Tous-les-Saints une ville capable
non seulement de braver les attaques des
sauvages et les agressions des Européens,

mais encore d'être le siége du gouvernement et la métropole de l'Amérique portugaise. Les armoiries données à la nouvelle ville furent une colombe avec trois branches dans son bec, sur un champ vert. Le gouverneur - général partit d'Europe au mois d'avril 1549, et cingla vers le Brésil. L'expédition, composée de trois vaisseaux, deux caravelles et un brigantin, avait à bord trois cent vingt personnes au service du roi, quatre cents dégradés ou bannis, et près de trois cents colons; ce qui portait à mille le nombre total des Portugais, parmi lesquels on comptait des officiers d'artillerie et du génie, et quelques troupes régulières. Pedro de Goès, le concessionnaire malheureux de Paraïba, commandait la flotte : il eut au moins la consolation de voir fonder une capitale dans un pays où, en sacrifiant toute sa fortune, il n'avait pu fonder lui-même un établissement.

Les intérêts de la religion n'avaient pas été oubliés dans cette expédition lointaine. Le gouverneur général amenait avec lui six missionnaires jésuites; ils furent les premiers de cette société de Jésus si célèbre, et si puissamment protégée par Jean III, qui abordèrent au Nouveau-Monde. Impatient de faire prêcher l'évangile aux sauvages du Brésil, le roi de Portugal avait nommé chef de la mission d'Amérique don Manuel de Nobrega, l'un des pères les plus éclairés et les plus sages de son ordre. Nobrega était Portugais, et d'une famille noble. Le refus d'un poste honorable qu'il sollicitait l'avait fait renoncer aux pompes du monde. Sans doute il ne prévoyait point alors qu'il n'abandonnait la poursuite des honneurs que pour être placé bientôt sur un plus grand théâtre, exposé aux regards des hommes dans une contrée nouvelle dont il deviendrait en quelque sorte l'apôtre. Le père Jean d'Aspicuelta, le père Antoine Pireo, le père Léonard Nunès, et les frères laïcs Vincent Rodriguès et Diego Jacomo, dignes compagnons de Nobrega, venaient, ainsi que lui, porter aux sauvages les lumières de la foi, et entretenir dans toute sa pureté la morale évangélique parmi les Portugais du Brésil.

Après deux mois de navigation, la flotte prit terre dans la baie de Tous-les-Saints, à

la vue même du premier établissement portugais. Le vieux Caramourou était alors
tranquillement établi à peu de distance de
la ville déserte de Coutinho. Il vint au-de-
vant du gouverneur-général, s'empressa de
lui obéir et de lui concilier l'esprit des
sauvages. Ceux-ci s'assemblèrent en grand
nombre pour voir le débarquement; et, à
l'approche du gouverneur et de sa suite, ils
posèrent à terre leurs arcs, en signe de paix
et d'amitié.

Les nouveaux colons s'établirent, comme
dans un camp retranché, sur l'ancien em-
placement de la ville de Coutinho; mais le
gouverneur-général, ne trouvant point cette
situation assez avantageuse, examina soigneusement le terrain, pour mettre la colonie à l'abri de toute insulte. Après avoir
fait célébrer une messe du Saint - Esprit,
Sousa jeta les fondemens de la ville nouvelle, à une demi-lieue environ de l'ancien
établissement, du côté droit du golfe, sur
une hauteur escarpée, abondante en eaux
vives, et qui s'élève à peu de distance du
rivage. Il donna le nom de *San-Salvador*,
ou Saint - Sauveur, à cette métropole du

Brésil, située vers le 13ᵉ degré de latitude
australe, près d'un port commode et vaste
qui s'ouvre dans la baie de Tous-les-Saints.
La ville devait occuper un grand espace, à
cause de l'inégalité du terrain et des jardins
nombreux qu'on y avait ménagés. Deux bat-
teries furent élevées vers la mer, et quatre
vers la terre. Les Tupinambas, séduits par
l'influence de Caramourou, par la conduite
mesurée du gouverneur, et par les objets
d'échange que les colons offraient sans cesse
à leurs besoins et à leur curiosité, travail-
lèrent eux-mêmes avec empressement à l'é-
dification de la cité naissante. Une cathédrale, la résidence du gouverneur, et la
douane, furent les premiers édifices tracés,
et commencés aussitôt. En quatre mois on
bâtit cent maisons avec des enclos et des
plantations au profit de l'agriculture. On
n'épargna aucune dépense pour la prompte
construction des églises. Elles furent tracées
sur une échelle spacieuse, comme pouvant
au besoin servir de retranchemens et de ci-
tadelles. Leur position, bien choisie, commandait la baie et toute la campagne
environnante. Les missionnaires jésuites

obtinrent la possession d'un terrain immense, où bientôt ils bâtirent une église et
un collége magnifiques, pour lesquels la
couronne leur assigna depuis des revenus.

La plus grande activité régnait dans
les constructions de la nouvelle capitale. Le
gouverneur-général présidait lui-même aux
travaux; il songeait tout à la fois à régler
l'administration coloniale, à se concilier
les Brasiliens, et à les civiliser. Malheureusement, vers cette même époque, un des
colons fut tué par un Tupinambas, à huit
lieues environ de San - Salvador; circonstance qui rendait encore plus dangereux
un établissement dont la défense n'était point
encore assurée. Le gouverneur-général ne
pouvait se dispenser de réclamer le meurtrier; son silence eût encouragé les naturels,
et leur eût appris à mépriser son pouvoir.
Les sauvages livrèrent le criminel, parcequ'il était évident, même à leurs yeux, qu'il
avait été l'agresseur. Par les ordres de Sousa, il fut attaché à la bouche d'un canon, et
mis en pièces. Il n'y avait point de genre
d'exécution moins douloureux pour le coupable, ni de plus effrayant pour les specta-

teurs. Il répandit la terreur chez les Tupi-
pambas; et les colons, qui venaient de recevoir aussi une leçon terrible, s'abstinrent
d'aller imprudemment au milieu des sauvages.

En peu de temps un mur de terre fut
élevé autour de la ville, comme une
fortification temporaire d'une force suffisante contre les hordes indiennes. Les colons, paisibles possesseurs du territoire de
la côte, virent la capitale du Brésil s'élever,
dominer un port spacieux et commode,
ayant d'un côté la vaste mer, de l'autre un lac
en forme de croissant, lequel aboutissait au
rivage, environnait et défendait la ville vers
le nord. Une si heureuse situation la rendait
naturellement très forte. Des fossés, des palissades, et plusieurs pièces de canon, la
mirent bientôt à l'abri de toute suprise. Elle
devint le centre du gouvernement, de la
colonie, et on y établit un tribunal royal.
Thomé de Sousa tourna aussi son attention
vers les différentes capitaineries qui s'étaient
successivement élevées sur toutes les parties
du littoral brasilien. Il les visita, examina
leurs fortifications, régla l'administration

de la justice, et enjoignit aux différens commandans, ou seigneurs concessionnaires,
de n'entreprendre aucune nouvelle découverte, aucune expédition hostile, sans un
ordre spécial émané de lui, parcequ'il ne
voulait, disait-il, opposer qu'une défense
légitime aux agressions des peuplades sauvages. Resserrés ainsi dans de justes limites,
les priviléges des grands concessionnaires
n'entravèrent point l'action du gouvernement général, qui dès-lors put donner au
système de défense commune, et à l'administration coloniale, une impulsion uni-
forme.

L'année suivante la cour de Lisbonne
envoya des secours de toute espèce à la capitale de ses nouvelles possessions. La dépense entière des deux armemens fut évaluée
à trois cent mille cruzades.

Une autre flotte arriva également de Lisbonne à Bahia la troisième année. La reine
de Portugal y avait fait embarquer plusieurs orphelines de familles nobles, qui devaient être mariées à des officiers ou employés du gouvernement. On leur donna en
dot, sur les propriétés royales, des nègres,

des vaches et des cavales : c'étaient là les objets qui constituaient la principale richesse dans la colonie naissante. Des enfans orphelins furent envoyés aussi de Lisbonne, pour être élevés par les missionnaires jésuites; et chaque année des vaisseaux arrivèrent à Bahia, portant les mêmes secours, les mêmes additions de moyens et de forces.

De telles mesures firent prospérer rapidement et la capitale du Brésil, et les autres villes de la côte, qui participaient à son accroissement successif.

Mais ce n'était là, pour ainsi dire, qu'une prospérité matérielle et politique, car la morale et la religion sont les seuls fondemens réels des sociétés. Sous ce dernier rapport, tout était encore à créer au Brésil; tous les désordres, les excès en tout genre, étaient portés au comble parmi les colons. Pour arrêter le cours de ce débordement, il ne fallait rien moins que rétablir l'empire des mœurs. Ce triomphe était réservé à la religion et aux missionnaires jésuites. Nous allons les voir répandre partout les lumières de la civilisation, et, véritables apôtres, multiplier leurs efforts pour réprimer la cupide férocité des envahisseurs portugais, et la vengeance peut-être trop juste des hordes sauvages.

LIVRE VII.

~~~~~~~~~

HEUREUSE *influence de la Religion au Brésil. — Etat du Clergé de la Colonie. — Départ du premier Gouverneur-général. — Don Edouard da Costa lui succède. — Fondation de Piratiningua. — Caractère et travaux apostoliques d'Anchieta, surnommé l'Apôtre du Nouveau-Monde. — Troubles dans la Colonie. — Départ, naufrage et mort funeste de l'Evéque de Bahia. — Destruction presque entière de la tribu des Cahètes. — Mort de Jean III. — Arrivée au Brésil de Mem de Sa, troisième Gouverneur-général. — Règlemens en faveur des Brasiliens. — Administration du nouveau Gouverneur.*

1550 — 1560.

SI, dans les graves leçons qu'offre l'histoire à la méditation des hommes, les crimes l'emportent trop souvent sur les vertus, c'est pour l'historien une obligation plus grande encore de signaler, avec une sorte de respect, les actions généreuses, mais trop rares, qui honorent et consolent l'humanité.

C'est ainsi que, retraçant la vie apostolique de ces missionnaires célèbres auxquels l'empire du Brésil doit en grande partie sa civilisation et sa prospérité, nous les suivrons pas à pas dans les forêts de l'Amérique, où nous les verrons, dépouillés de toutes les vanités du monde, et mus par une impulsion divine, affronter des hordes sauvages et cruelles pour les humaniser, les instruire, et leur annoncer qu'il est un autre monde où les vertus trouvent leur récompense. Nous les verrons surmonter, à force de persévérance, les obstacles apportés à leurs nobles desseins par leurs propres compatriotes ; nous les verrons réunir les forces morales aux ressorts politiques pour établir enfin des sociétés nouvelles sur les fondemens de la religion, et pour mériter ainsi les palmes évangéliques et la reconnaissance éternelle des tribus indiennes.

Dès leur arrivée au Brésil ces vrais pasteurs des peuples exercèrent envers les sauvages ce système de prosélytisme et de bienfaisance dont tous les missionnaires jésuites, à leur exemple, ne s'écartèrent plus jusqu'à l'extinction de leur ordre.

Les obstacles étaient grands et nombreux, car il ne suffisait pas seulement de préparer les sauvages à la civilisation, il fallait encore triompher de l'inhumanité et de l'avarice des colons portugais. Accueillis d'abord comme des amis par les naturels, ces envahisseurs s'étaient bientôt érigés en maîtres durs et avares. Mais quand les possesseurs originaires du territoire s'étaient aperçu que leurs hôtes devenaient leurs tyrans, ils s'étaient armés de nouveau, avaient suspendu leurs querelles intestines, et commencé, dans l'espoir de s'affranchir, leurs longues et inutiles tentatives. Les armes à feu les avaient repoussés, et leur avaient ainsi fait connaître leur infériorité sans diminuer leur courage. La politique européenne ayant ensuite rompu les liens qui les unissaient, donna lieu à des traités captieux, à des alliances perfides, qui assurèrent

aux conquérans la possession entière de la
côte. Cependant l'état de paix n'apportait
aucune sécurité aux Brasiliens, car les amis
mêmes ne sont plus en sûreté quand les ennemis peuvent être-réduits en esclavage. Ce
fut en vain que la cour de Lisbonne rendit
des édits pleins d'humanité et de sagesse en
faveur des peuplades du Brésil. Lorsque les
missionnaires jésuites y abordèrent, plusieurs d'entre elles étaient armées contre
l'oppression; mais, apprenant bientôt que
ces religieux étaient les protecteurs des
Indiens, ces mêmes hordes envoyèrent des
députés porter leurs arcs au gouverneur-
général, et le solliciter de recevoir les naturels dans son alliance. Personne n'était
plus capable que les missionnaires de con-
sommer un si heureux rapprochement ;
aucun danger ne pouvait ni les effrayer, ni
les arrêter.

Voués aux travaux de l'apostolat, et dé-
gagés de tous les nœuds qui attachent à la
vie humaine, non seulement ils ne crai-
gnaient pas le martyre, mais ils le désiraient même, tant leur dévouement dérivait
d'une foi vive et pure !

Nobrega, et les dignes compagnons de ses travaux, commencèrent leurs prédications évangéliques parmi les hordes qui séjournaient aux environs de San-Salvador. Ils leur persuadèrent de vivre en paix, réconcilièrent d'anciens ennemis, parvinrent à mettre un frein à leur penchant pour l'ivresse, et même à leur faire promettre qu'ils se contenteraient désormais d'une seule femme. Mais l'antropophagie de ces hordes sauvages parut d'abord invincible; manger la chair d'un ennemi mort était, pour les Brasiliens en général, une jouissance si délectable, que tous les efforts des missionnaires furent vains pour l'abolition d'une si effroyable coutume. Le seul culte, les seules solennités, la seule espèce de gloire de ces sauvages, consistaient dans le sanglant appareil de leurs festins homicides. Il devenait d'autant plus difficile d'en prohiber l'usage féroce, que même les premiers Européens arrivés successivement au Brésil n'avaient rien tenté pour faire partager aux naturels devenus leurs amis toute l'horreur que devaient leur inspirer ces repas cannibales. Les premiers colons avaient

même permis aux Brasiliens alliés de
considérer ceux de leurs ennemis communs qui tombaient en leur pouvoir,
non seulement comme des captifs dévoués
à la mort, mais comme étant de la race
des animaux que l'homme doit détruire et
dévorer. Ainsi, méprisant à la fois le cri
de l'humanité et de la religion, les colons
portugais encourageaient, par politique,
ces festins odieux, qui, en exaltant les haines, rendaient les guerres implacables. Les
vieillards, les guerriers, les femmes mêmes,
et jusqu'aux enfans brasiliens, ne songeaient
à l'antropophagie qu'avec des transports de
joie. C'était le triomphe du capteur, le sacrifice expiatoire fait aux manes des guerriers morts en combattant, ou pris et dévorés; c'était enfin la fête publique et solennelle où éclatait l'alégresse de la peuplade
victorieuse.

Tels étaient les sauvages que les jésuites
ambitionnaient d'humaniser et de convertir
à la foi chrétienne. Ces intrépides missionnaires, établis dans une chaumière à deux
ou trois lieues de la ville, près d'une horde
qu'ils cherchaient à civiliser, signalaient leur

carrière apostolique par de continuels efforts
de courage et de zèle. Un jour ils entendent
dans la horde voisine les bruyans éclats
d'une de ces réjouissances homicides ; ils
courent aussitôt vers le lieu du sacrifice, et
arrivent au moment même où le captif,
frappé du coup mortel, venait d'être livré
aux vieilles femmes sauvages pour être
apprêté à un grand feu. Saisis d'une sainte
indignation, les jésuites, ayant à leur
tête Nobrega, enlèvent le corps de la victime en présence de toute la horde, étonnée
de leur audace, et l'emportent aussitôt pour
l'enterrer en secret. Revenues les premières
de leur surprise, les femmes sauvages pous-
sent des hurlemens de rage, et exhortent les
guerriers à venger une insulte dont on n'a-
vait pas encore eu d'idée dans leur pays.
Aussitôt les barbares, ressaisissant leurs
arcs, leurs massues et leurs flèches, courent
à la recherche des missionnaires et de la
victime.

Averti à temps, le gouverneur-général
envoie rappeler les pères, qui évitent le
danger en rentrant dans la ville, et s'établissent au lieu même où leur magnifique col-

lége fut peu après élevé. Les sauvages, les ayant cherchés en vain, marchèrent contre la ville de San-Salvador, dans l'intention de l'attaquer. Mais le gouverneur-général rassembla immédiatement toutes ses forces pour se mettre en défense, et, soit par la seule démonstration des armes à feu, soit par des paroles amicales, il parvint à décider les sauvages à effectuer paisiblement leur retraite.

Ce danger passé, les colons s'élevèrent contre ce qu'ils appelaient le zèle outré des jésuites; ils avaient mis, disaient-ils, toute la ville en péril en voulant établir un système de civilisation qui ferait de tous les naturels des ennemis irréconciliables. Mais, guidé par une politique plus humaine et plus sage, le gouverneur-général ne se laissa point dissuader d'encourager Nobrega et ses pieux compagnons dans leur mission évangélique. Peu de temps après la même horde, se rappelant et la douceur et la bienveillance des jésuites, les proclama les bienfaiteurs, les amis des Tupinambas; elle revint supplier, avec des signes de paix, le gouverneur-général de commander aux pères de lui pardonner, de la visiter comme auparavant, et promit de ne plus manger les captifs.

Mais cette horrible coutume était trop enracinée parmi ces sauvages pour être abandonnée tout à coup sans retour; ils dérobèrent seulement avec plus de soin aux jésuites la connaissance de leurs fêtes sanguinaires. Lorsque ces derniers eurent obtenu assez d'autorité sur les Brasiliens pour s'en faire craindre, ils se servirent de leurs enfans comme d'espions, pour la dénonciation des coupables. Poussé par un zèle encore plus ardent, le père Léonard Nunès parvint à abolir l'antropophagie dans quelques hordes voisines, en se frappant, sous les yeux mêmes des sauvages, à grands coups de verges et de discipline, jusqu'à ce qu'il fût couvert de sang. « Je me tourmente- » rai ainsi, leur disait-il, pour détourner la » punition que Dieu ne manquerait pas d'in- » fliger encore à ceux d'entre vous qui com- » mettraient l'effroyable péché de manger de » la chair humaine ». Les sauvages, ne pouvant plus supporter le spectacle d'une si douloureuse pénitence, rougirent enfin de la barbarie de leur coutume, et arrêtèrent entre eux qu'à l'avenir quiconque se rendrait coupable d'antropophagie serait puni sévèrement.

Dans d'autres hordes moins préparées à la civilisation les missionnaires s'estimèrent heureux d'obtenir des sauvages la permission de visiter les prisonniers, et de les convertir à la foi catholique avant qu'on les mît à mort; mais les Brasiliens, s'imaginant bientôt que l'eau du baptême ôtait à la chair humaine sa saveur, ne voulurent plus souffrir qu'on fît aucune aspersion aux captifs. Les jésuites n'en persistèrent pas moins dans leurs visités charitables, persuadés qu'ils remplissaient un devoir sacré. Ils se contentaient toutefois de tremper leur mouchoir, ou bien un pan de leur robe, dans l'eau régénératrice, et la versaient ensuite en secret, par la simple pression, sur la tête de la victime, pour lui imprimer le sceau du christianisme.

Ce n'était qu'en surmontant des difficultés sans cesse renaissantes que les missionnaires parvenaient à convertir une peuplade ; et encore cette espèce de conversion était-elle

si peu l'effet de la raison et du sentiment,
que la moindre circonstance rappelait les
Brasiliens à leurs habitudes sauvages. Une
maladie épidémique affligea les Tupinambas
de Bahia, qui n'hésitèrent point à l'attribuer
à l'eau du baptême. Tous les nouveaux
convertis, que Nobrega et ses compagnons
avaient eu tant de peine à rassembler, auraient fui dans les bois, si les zélés missionnaires ne leur eussent annoncé la fin prochaine de l'épidémie : elle cessa en effet au
moyen de la saignée, remède inconnu aux
sauvages brasiliens, et auquel ils se soumirent
pour la première fois. Mais une épidémie
nouvelle vint exercer, peu de temps après,
de plus grands ravages ; et les Brasiliens
l'imputèrent encore au baptême. Plusieurs
tribus regardaient cette aspersion comme
fatale, sur-tout aux enfans, parceque les
missionnaires s'empressaient de baptiser
les nouveaux-nés, parmi lesquels la mortalité était plus grande, ainsi qu'il arrive
toujours.

Alors presque toutes les hordes commencèrent à voir les jésuites avec une sorte
d'horreur, comme des hommes qui ame-

naient avec eux la contagion et la mort. A
leur aspect la peuplade se rassemblait à la
hâte, et brûlait sur leurs pas du sel et du
poivre, sorte de fumigation qu'ils croyaient
capable d'éloigner d'eux tous les maux, les
mauvais esprits, et la mort même. Telle fut
alors l'appréhension de ces sauvages, qu'à
la vue d'un missionnaire la plupart d'entre
eux emportaient tout ce qu'ils possédaient,
et abandonnaient leurs habitations; d'autres
en sortaient tremblans comme les feuilles
d'un arbre que les vents agitent : éperdus,
épouvantés, ils suppliaient le missionnaire,
en lui montrant la route, de s'éloigner sans
leur faire aucun mal.

C'étaient particulièrement les *payes*, ou
devins, qui s'efforçaient d'inspirer aux sauvages ces sentimens de terreur à l'égard des
missionnaires; ils ne leur pardonnaient pas
de venir les dépouiller, en quelque sorte,
des profits que leur assurait la crédulité
des Brasiliens, et de mettre ainsi un terme
à l'influence qu'ils ne devaient qu'à leurs
fourberies grossières. Plus les missionnaires pénétraient dans l'intérieur du Brésil,
plus ils trouvaient cette impression de ter-

reur profondément gravée dans l'ame des
sauvages. Mais tous ces obstacles cédèrent
enfin à la persévérance et à la charité de ces
apôtres de Jésus-Christ.

La superstition, toute-puissante sur les
peuples ignorans, reprit tout-à-fait son empire, et jeta les naturels du Brésil dans l'extrémité opposée. Bientôt les missionnaires
ne furent plus à leurs yeux que des êtres
surnaturels, qui forçaient les hommes, par
l'ascendant de leurs vertus, à embrasser
leur doctrine. Les sauvages apportaient
leurs provisions, leurs armes, leurs ornemens, pour les faire consacrer au Dieu
inconnu que ces prêtres chrétiens leur an-
nonçaient, et ils accouraient en foule sur
leur passage pour recevoir d'eux la béné-
diction.

Les jésuites signalèrent ces premiers succès en faisant élever, par leurs néophytes,
dans chaque habitation successivement con-
vertie, une église, grossièrement bâtie il est
vrai, mais qui fixait dans le lieu même ces
hordes errantes. On y établissait aussitôt
une école pour les enfans sauvages, à qui
les missionnaires enseignaient à lire et à

écrire. Parmi ces premiers apôtres du Brésil se faisait remarquer le père Jean d'Aspicuelta, le plus savant d'entre eux ; il fut le premier qui composa, en langage *tupi*, un catéchisme, et qui traduisit des prières dans cet idiome sauvage. A peine fut-il en état de le parler correctement lui-même, qu'il adopta la méthode des *payes* ; il chanta les mystères de la foi, courant autour de ses auditeurs, frappant des pieds et des mains, et imitant toutes les gesticulations de ces devins du Brésil. Le chef même de la mission, le zélé Nobrega, établit une école près de San-Salvador, et s'y dévoua sans réserve à l'enseignement des enfans natifs, des orphelins portugais et métis, appelés *mamalucos*. Ces jeunes néophytes assistaient à la messe, allaient fréquemment en procession autour de la ville et dans les campagnes voisines, précédés d'une croix ; et chantant des cantiques. Ce moyen faisait un grand effet parmi des sauvages naturellement sensibles à la musique, et qui étaient frappés de l'appareil des solennités religieuses. On les voyait sortir en foule de leurs forêts, ou descendre de leurs montagnes, et venir se presser autour des missionnaires et des néophytes, pour mieux entendre les hymnes sacrées. La vue de l'auguste cérémonie, les airs touchans des cantiques, le recueillement des missionnaires, les faisaient tressaillir d'une joie inconnue ; l'arc et les flèches s'échappaient de leurs mains, et les premiers germes des vertus sociales pénétraient dans leur ame troublée ; leurs femmes et leurs enfans pleuraient de tendresse, et, subjugués par un attrait irrésistible, on les voyait tomber au pied de la croix, en regardant le ciel, que leur montrait l'apôtre. C'est ainsi que, selon l'expression de l'historien du Paraguay, la religion chrétienne réalisait dans les forêts de l'Amérique ce que la fable raconte des Orphée et des Amphion.

Entraînés par l'exemple, les enfans des sauvages venaient se ranger d'eux-mêmes sous la direction des jésuites. Ces infatigables apôtres trouvèrent de plus grands obstacles à vaincre de la part de leurs compatriotes. Pendant cinquante années la colonisation du Brésil avait été abandonnée au hasard, et les colons étaient restés presque

sans religion et sans lois ; les rites de l'église
avaient été négligés, faute de ministres pour
leur célébration, et l'on ne s'était pas plus
souvenu des préceptes moraux que des cérémonies religieuses ; des crimes, d'abord
aisés à prévenir, étaient devenus habituels.
Si, parmi les colons, il s'en trouvait encore
dont le cœur ne fût pas entièrement cor-
rompu, la plupart, ayant perdu tout à fait
le sentiment moral, n'étaient plus retenus
que par la crainte des lois pénales. Ils pra-
tiquaient un système de concubinage pire
que la polygamie des Brasiliens ; car ceux-
ci ne retenaient pour femmes que celles qui
consentaient à le devenir, au lieu que les
colons considéraient comme telles toutes les
Brasiliennes qu'ils pouvaient réduire en esclavage ; seulement quelques-uns d'entre eux
croyaient, en les faisant baptiser, atténuer
leur désordre. Presque toujours on trouve,
dans les rapports des dominateurs européens avec les peuples qu'ils traitent comme
des races inférieures, une sorte d'opposition
entre leurs plaisirs illicites et leur avarice.
Le planteur portugais qui prenait une es-
clave brasilienne pour sa concubine, la

vendait le lendemain comme un être de la plus vile espèce.

Indignés de ces dérèglemens, Nobrega et ses compagnons refusèrent d'administrer les sacremens de l'église aux colons qui retenaient les femmes brasiliennes comme concubines, et les hommes comme esclaves. Cette conduite ferme et chrétienne en ramena plusieurs aux principes de la morale; d'autres y revinrent d'eux-mêmes, le cri de leur conscience n'étant point encore étouffé; d'autres enfin ne cédèrent que par une crainte temporelle, croyant les jésuites armés de l'autorité séculière comme du pouvoir divin. Mais toute puissante qu'est la religion catholique, elle l'est encore moins que l'avarice; et, malgré les efforts des plus habiles et des plus vertueux missionnaires dont l'ordre des jésuites, si fertile en grands hommes, ait pu se glorifier; malgré les édits pleins d'humanité et de justice du gouvernement portugais, la coutume de rendre les naturels esclaves continua encore long-temps au Brésil.

Cependant le nombre des jésuites augmenta bientôt par l'arrivée de quatre nou-

veaux missionnaires du même ordre. Nobrega, investi alors du titre de vice-provin-
cial du Brésil, admit à l'exercice des fonctions
apostoliques un petit nombre de coadjuteurs
laïcs, pleins de zèle, et connaissant les
mœurs et les usages des Indiens. En 1552
arriva don Pedro Fernandez Sardinha, premier évêque du Brésil, amenant avec lui des
prêtres, des dignitaires, et des ornemens
d'église pour la cathédrale. Comme on l'a
vu dans le récit des aventures de Caramourou, Sardinha avait fait ses études à Paris. Il
obtint rapidement ses degrés, et la dignité de
vicaire-général de l'Inde. Malheureusement
pour lui, la cour de Lisbonne le choisit
bientôt pour occuper le siége de Bahia, et
pour gouverner le clergé d'une colonie où son
zèle devait lui faire trouver le martyre. A
cette époque, le roi de Portugal ne pouvait
envoyer au Brésil de meilleurs colons que
des prêtres d'Europe, qui, la plupart, étaient
choisis d'après leur aptitude particulière, et
d'après leur entier dévouement à la propagation de la foi.

Nobrega lui-même avait attendu impa-
tiemment l'arrivée de l'évêque; il en espé-

rait les plus heureux effets pour la religion et pour la morale. Persécuté avec acharnement, lui et ses compagnons, par des prêtres portugais qu'il avait trouvés dans la colonie, il désirait, pour son propre intérêt, l'établissement d'une discipline ecclésiastique vigoureuse. Ses indignes adversaires partageaient l'avarice et toutes les passions des colons; ils les encourageaient même dans leurs excès, et maintenaient ouvertement qu'il était légal de rendre esclaves les naturels, qu'ils assimilaient à des bêtes brutes, et de considérer leurs femmes comme des concubines, parcequ'elles étaient esclaves. Telle était la doctrine que professaient au Brésil les prêtres portugais avant l'arrivée de l'évêque Sardinha. Ils s'opposèrent aux jésuites avec une extrême violence, en haine de ces missionnaires désintéressés, qui se dévouaient gratuitement à l'exercice du culte et à la noble et pénible carrière de l'apostolat.

L'évêque mit un terme à ces déplorables désordres, et l'érection du siége de Bahia fut, pour toute la colonie, un nouveau bienfait, que le sage gouvernement

de Thomé de Sousa rendit encore plus efficace.

En peu de temps la prudence du gouverneur-général, unie aux efforts des jésuites
et de l'évêque, parvint à diminuer la puissance de cette ligue dangereuse de la plupart
des tribus brasiliennes contre les Portugais.
Quelques peuplades, plus ou moins voisines des établissemens, se soumirent; d'autres recherchèrent l'alliance des conquérans.
La langue brasilienne devint chaque jour plus
familière aux colons, et les sauvages eux-
mêmes apprirent à leur tour le portugais.
Des bourgades s'élevèrent près des villes de
la côte; on y réunit les naturels, soit pour
les assujettir à une sorte de discipline civile,
soit pour les convertir plus aisément au
christianisme.

- Mais un incident vint répandre la défiance
et le trouble dans la nouvelle capitale du
Brésil, et retarder encore les heureux effets
de l'administration prévoyante du gouverneur-général.

. Excités par un intérêt sordide, quatre
colons allèrent, sans autorisation du gouverneur, trafiquer dans une des îles de la

baie, où ils avaient des liaisons avec quelques femmes sauvages. Les insulaires, précédemment en guerre avec les envahisseurs, étaient alors en pleine paix ; mais, soit qu'ils eussent conservé des idées de vengeance, soit qu'ils fussent provoqués, ils tuèrent les quatre portugais, et les mangèrent. A cette nouvelle, Thomé de Sousa fit attaquer l'île. Deux sauvages, qui étaient parens des principaux agresseurs, étant tombés en son pouvoir, il les fit mettre à mort. Les insulaires, effrayés, abandonnèrent l'île, et n'y revinrent qu'avec leurs alliés des montagnes voisines, espérant de pouvoir se défendre et se maintenir. Le gouverneur-général envoya contre eux toutes les forces qu'il put rassembler, ne retenant avec lui qu'une garde suffisante pour la sûreté de la ville. L'infatigable et zélé Nobrega n'hésita point à suivre l'expédition, portant lui-même la croix, comme un signe certain de la victoire ; ce qui anima les Portugais, et découragea les sauvages. Ceux-ci s'enfuirent sans opposer aucune résistance, et deux de leurs habitations furent livrées aux flammes. La terreur se répandit alors dans toute la horde ennemie, qui aima mieux prendre la fuite que de se rendre à discrétion.

Pendant le gouvernement de Thomé de Sousa, les Portugais du Brésil firent les premières recherches pour la découverte des mines d'or et de diamans vers l'intérieur des capitaineries de Porto-Seguro et d'Espiritu-Santo. Mais les aventuriers qui s'engagèrent, sans aucun indice certain, dans ces perquisitions hasardeuses, rencontrèrent de si grandes difficultés, qu'ils revinrent dans leurs établissemens sans avoir obtenu aucun résultat, et sans même conserver aucun espoir.

Ce ne fut qu'après avoir, sinon soumis toutes les côtes, au moins assuré davantage leur tranquillité, que Thomé de Sousa demanda son rappel. Quatre années de soins et de travaux lui ont mérité, dans l'histoire de sa nation, une place honorable, non seulement comme sage administrateur, mais comme l'un des fondateurs de la puissance portugaise au Brésil. En quittant San-Salvador pour retourner en Portugal, Sousa remit l'autorité à don Edouard da Costa, récemment arrivé d'Europe pour lui succéder. Sept jésuites accompagnaient le nouveau gouverneur, parmi lesquels se faisaient remarquer Louis de Grans et Joseph de Anchieta, alors seulement coadjuteur temporel, mais destiné à devenir célèbre comme l'*Apôtre du Nouveau-Monde*, surnom que lui confirma depuis la postérité. Anchieta, né en 1533, dans l'île de Ténériffe, de parens nobles et riches, avait reçu une éducation distinguée, et à dix-sept ans était entré dans l'ordre des jésuites. Doué d'une imagination ardente et d'une ame forte, il vint au Brésil signaler son zèle pour la propagation de la foi. Le célèbre fondateur de son ordre, saint Ignace de Loyola, avait reconnu lui-même toute l'importance de cette mission; aussi venait-il d'ériger le Brésil en province indépendante, en délégant de nouveaux pouvoirs à Nobrega, nommé provincial, conjointement avec Louis de Grans.

Quoique don Edouard ne se montrât pas aussi disposé que son prédécesseur à seconder les projets bienfaisans du clergé et des missionnaires, il ne s'opposa point toutefois à leurs travaux apostoliques. Nobrega, pre-

mier provincial du Brésil, commença par
établir un collége dans les plaines de Piratiningua. Cette mesure était devenue nécessaire, non seulement parceque les pères de
la société étaient alors plus nombreux, mais
encore parcequ'il leur venait de toutes parts
des élèves et des néophytes. Les charités et
les aumônes dont subsistaient ces nouveaux
convertis ne suffisaient déjà plus pour les
maintenir tous dans un même collége. L'em-
placement que choisit Nobrega était à dix
lieues de la mer, et à treize environ de Saint-
Vincent, vers la chaîne des Cordelières, qui
s'étend le long de la côte. On y arrivait par un
chemin escarpé, difficile, interrompu par des
rocs et des mamelons, et qui se prolongeait
ainsi pendant plus de huit lieues. On parvenait ensuite à une région tempérée, offrant
un site pittoresque, animé par des lacs, des
rivières et des sources d'eau vive. L'aspect
de nouvelles montagnes s'élevant en amphithéâtre, de rochers ombragés, et de bois
remplis de gibier, complétait le tableau de
ce pays délicieux. Le sol en était si fertile,
et le climat si favorable, que les meilleurs
fruits d'Europe s'y naturalisaient aisément.

Telle était la plaine de Piratiningua, choisie par les missionnaires pour devenir le siége de leurs travaux apostoliques. La nature en avait fait une sorte de paradis terrestre, quoiqu'elle eût été abandonnée jusqu'alors à elle-même, sans l'assistance de l'art, et qu'elle n'eût pas encore été améliorée par la culture européenne.

Douze frères de la compagnie de Jésus y arrivèrent, sous la surveillance de Manuel de Paiva, pour établir sans délai une colonie au lieu même où Nobrega avait envoyé provisoirement plusieurs nouveaux convertis, sous la direction du missionnaire Anchieta. Leur première messe fut célébrée le jour de la fête de la Conversion de saint Paul; ce qui fit donner à leur collége le nom de ce saint, nom qui s'étendit ensuite à la ville qui y fut construite, et qui devint fameuse dans les annales de l'Amérique portugaise.

Les commencemens de Piratiningua offrent des particularités qui attestent la pureté du zèle dont Anchieta était dès-lors animé. « Ici, dit-il dans une de ses lettres à saint » Ignace, nous sommes quelquefois plus de » vingt dans une hutte grossièrement cons-

» truite en terre, couverte de paille, n'ayant
» que quatorze pas de long et dix de large;
» c'est l'école, l'infirmerie, le dortoir, le
» réfectoire et la cuisine ». Les enfans des
sauvages et des créoles portugais vinrent en
foule des établissemens voisins se mettre
sous la direction d'Anchieta, qui leur enseignait la langue latine, et apprenait d'eux le
tupinambas, langue universellement répandue le long de la côte. Le premier, il en
composa une grammaire et un vocabulaire.
Faute de livres, il écrivait pour chaque
élève une leçon séparée, composait des
hymnes en latin, en portugais, en castillan
et en tupinambas, et des dialogues pour les
catéchumènes, où était exposée la doctrine
chrétienne. Anchieta était tout pour ces
nouveaux fidèles. « Je sers à la fois, man-
» dait-il à saint Ignace, de barbier et de
» médecin; je traite et je saigne moi-même
» les Indiens malades. »

Ces heureux commencemens furent trou-
blés tout à coup par les entreprises d'une
race perverse, qui, s'élevant au sein du Brésil, y répandit plus d'une fois la terreur et
la désolation.

A trois lieues environ de Piratiningua s'était formé l'établissement de Saint-André, principalement habité par des métis ou *mamalucos* (c'est ainsi qu'on nomme au Brésil ceux qui naissent d'un Portugais et d'une Brasilienne). Ces hommes, qui ont été depuis comparés, quant au nom et aux habitudes, aux dominateurs ou brigands de l'Egypte, haïssaient les jésuites, parcequ'ils s'opposaient, disaient-ils, aux usages de la colonie, et leur ôtaient la liberté de faire des esclaves. Ainsi la conversion et la civilisation des Indiens étaient deux mesures nuisibles à leurs intérêts, parcequ'elles tendaient à détruire l'esclavage. Ils imaginèrent d'abord un moyen ingénieux pour décrier le christianisme parmi les sauvages. « C'est » sans doute votre lâcheté, leur disaient-ils, » qui vous porte à vous faire baptiser, et » c'est par la crainte de vous mesurer avec » l'ennemi sur le champ de bataille que » vous cherchez à vous mettre à l'abri sous » la protection de l'église ». De tous les reproches, c'était le plus sanglant qu'on pût adresser à un Brasilien. Ils ajoutèrent que les jésuites étaient des vagabonds chassés d'Europe, et que le plus grand malheur qui pût arriver à un homme libre était de vivre sous leurs lois. Excitées par ces discours, quelques-unes des tribus voisines vinrent pour attaquer et détruire Piratiningua ; mais Anchieta fit prendre les armes aux nouveaux convertis, et repoussa les assaillans. L'évêque de Bahia, indigné, procéda aussitôt contre les agresseurs avec une sévérité que le gouverneur-général se serait empressé d'approuver s'il eût écouté les vrais intérêts de la colonie ; mais il ne vit, au contraire, dans la sévérité du clergé, qu'une entreprise sur l'autorité royale. Cette querelle s'envenima. L'évêque était à la tête d'un parti, le gouverneur et son fils à la tête d'un autre, ce qui fit naître beaucoup d'animosité et de dissentions. Le père Antoine Pireo réconcilia le gouverneur et l'évêque, et persuada même au fils de don Edouard de venir demander pardon au prélat, démarche à laquelle se prêta difficilement ce jeune fidalgo, très sensible au point d'honneur.

Cette réconciliation, plus apparente que réelle, procura si peu d'avantage à la colonie, que, l'année suivante, l'évêque s'embarqua pour Lisbonne, dans le dessein d'aller soumettre lui-même à la décision du roi de Portugal les démêlés du clergé avec le gouverneur. Mais une tempête l'ayant poussé violemment vers les *Baixos de don Francisco*, il fit naufrage sur les bas-fonds qui touchent à la côte, dans une baie entre les rivières de San-Francisco et de Caruppe. L'équipage entier gagna le rivage, croyant, ainsi que l'évêque, y trouver son salut; mais il n'y trouva qu'une mort affreuse : tombés au pouvoir des Cahètes, hommes, femmes, enfans et vieillards, au nombre de cent Portugais, furent massacrés et dévorés, ainsi que leurs esclaves, par ces impitoyables cannibales. Un seul homme de l'équipage, qui entendait leur langue, et deux Indiens de Bahia, s'échappèrent des mains de ces antropophages, et portèrent au gouverneur-général la triste nouvelle de ce naufrage désastreux dont l'évêque avait été la première et la plus déplorable victime. La vengeance exercée sur les Cahètes fut terrible. Eux et leurs descendans furent condamnés à l'esclavage à perpétuité; impla-

cable sentence qui confondit l'innocent avec
le coupable, et dont l'extension fut une ini-
quité plus grande encore, car, dans la
suite, il suffit d'assurer qu'un Indien appartenait à la race des Cahètes, pour le réduire à la captivité la plus dure, l'accusa-
teur se trouvant ainsi juge dans sa propre
cause.

Les cruelles conséquences de cette proscription inhumaine parurent enfin évidentes
au gouvernement de la colonie. On la mi-
tigea, et tous les convertis en furent excep-
tés; on finit même par la révoquer : mais
avant cet acte de justice tardive, la tribu
des Cahètes avait été presque entièrement
anéantie.

Cependant l'immense colonie du Brésil,
malgré les luttes inévitables qui s'y étaient
établies, s'affermissait chaque jour à l'a-
vantage du Portugal, lorsque la mort de
Jean III plaça sur le trône Sébastien, son
petit-fils, qui n'avait alors que trois ans. Ce
nouveau règne, commencé en 1557, d'abord
confié à une régence, et illustré ensuite par
les brillantes qualités du monarque, n'en
prépara pas moins la révolution qui devait

ranger le Portugal au nombre des provinces d'Espagne. Fils posthume de Jean, prince de Portugal, Sébastien eut pour mère Jeanne d'Autriche, fille de l'empereur Charles-Quint; mais, avant de mourir, Jean III, son aïeul, avait nommé lui-même Catherine d'Autriche, sa femme, tutrice du jeune souverain, et désigné les gouverneurs à qui devait être confié le soin de son éducation.

Le règne précédent avait été sur-tout remarquable par la colonisation du Brésil, et par l'attention qu'avait apportée le monarque à y établir une forme régulière de gouvernement. La reine régente ne perdit pas de vue les maximes de son époux, et poursuivit les mêmes plans pour la prospérité de la colonie.

L'année suivante, Mem de Sa, troisième gouverneur-général, vint succéder à don Edouard da Costa. Sa commission portait qu'il serait gouverneur, non trois ans, selon l'usage, mais pour tout le temps que le roi le jugerait convenable. Aussi son administration fut-elle une des plus longues et des plus célèbres qu'offre l'histoire du Brésil.

Dès l'arrivée du nouveau gouverneur, il fut aisé de prévoir qu'il exercerait son autorité sous l'influence des missionnaires jésuites. Il s'enferma d'abord avec eux pendant plusieurs jours, comme pour se livrer, sous la direction de Nobrega, aux exercices spirituels prescrits par saint Ignace; mais sans doute il employa ce temps d'une manière plus utile, et voulut obtenir des meilleurs esprits de la colonie des informations positives sur son état politique.

Le premier acte émané de lui fut une ordonnance qui défendit expressément aux naturels alliés de manger de la chair humaine, et d'entreprendre aucune guerre sans l'autorisation spéciale du gouvernement de la colonie. Une autre ordonnance prescrivit la réunion de toutes les peuplades alliées ou amies dans des habitations fixes, où les Brasiliens qu'on avait déjà convertis seraient tenus d'avoir des églises et des colléges pour les missionnaires leurs instituteurs.

Un cri général s'éleva contre ces mesures nouvelles, non de la part des naturels alliés, disposés généralement à se soumettre, mais

de celle des colons, qui frémirent de ce qu'on prétendait considérer les sauvages comme des êtres raisonnables. Leur mécontentement s'exhala même en propos séditieux. « Le nouveau gouverneur, disaient
» les colons, tout en proclamant la liberté
» des Indiens, se réserve pour lui-même le
» droit de la violer selon sa volonté et son
» caprice. Qu'ont-ils donc, ces effroyables
» sauvages, de plus que les singes ou hom-
» mes des bois, si ce n'est la férocité? N'est-
» il pas absurde d'imaginer qu'on parvienne
» jamais à empêcher ces tigres de manger
» de la chair humaine? et, d'un autre côté,
» n'est-il pas souverainement impolitique
» de vouloir s'opposer à ce qu'ils s'entre-
» détruisent? Plus leur nombre diminuera,
» plutôt nous serons les maîtres absolus
» de la contrée. Les réunir dans de grands
» établissemens n'est-ce pas leur apprendre
» à connaître leurs forces, à mépriser notre
» petit nombre? C'est d'ailleurs leur don-
» ner les moyens de former des armées à
» l'instar de celles d'Europe, et contre les-
» quelles la supériorité de nos armes finirait
» par devenir impuissante ». Tels étaient les

argumens que faisaient valoir les colons portugais. Il était facile de les réfuter, parcequ'ils étaient dictés bien plus par l'intérêt personnel que par des motifs d'intérêt public. Quant aux dangers dont les colons ne se croyaient point à l'abri, les missionnaires, destinés par état à vivre parmi les naturels, n'y étaient-ils pas plus exposés encore? Cependant aucune crainte ne les arrêtait, et, d'eux-mêmes, ils se rendaient responsables de toutes les mesures qui tendaient à la civilisation des sauvages.

Mais ces sages ordonnances excitèrent, de la part d'un des principaux chefs de la horde près de Bahia, une opposition qui ne se borna point à de vains murmures. Ce chef, nommé *Courouroupebe* (ou crapaud enflé), résista seul au décret bienfaisant de Mem de Sa, et déclara fièrement que, malgré le gouverneur, il continuerait à manger ses ennemis, et les Portugais eux-mêmes, s'ils tentaient de s'y opposer. Il était à craindre qu'un tel exemple n'eût des imitateurs parmi les autres chefs de horde; aussi Mem de Sa envoya-t-il aussitôt une petite armée contre Courouroupebe. Les Portugais attaquèrent sa peuplade pendant la nuit, la mirent en déroute, et, l'ayant fait lui-même prisonnier, l'amenèrent à San-Salvador, où il fut étroitement gardé jusqu'à son entière conversion.

Mais si, d'un côté, le gouverneur-général faisait exécuter à la rigueur ses règlemens sur la police des peuplades soumises, de l'autre ses ordres étaient tout aussi formels pour la remise en liberté de tous les Brasiliens faits esclaves au mépris des lois rendues par le gouvernement de la métropole. Un riche colon ayant refusé d'obéir, Mem de Sa fit cerner sa maison, avec ordre de la raser s'il persistait dans sa désobéissance. Le colon se vit contraint de céder; et ce nouveau trait de fermeté de la part du gouverneur convainquit les Indiens de ses intentions bienveillantes à leur égard. Ils en eurent bientôt une preuve plus certaine encore. Trois Indiens alliés pêchaient dans un canot; ils furent surpris par d'autres Indiens d'une horde ennemie, qui les firent prisonniers, et les mangèrent. Le gouverneur-général demanda aussitôt les criminels pour les mettre à mort. Les chefs de la horde y

auraient consenti ; mais les coupables étaient
puissans ; ils exerçaient d'ailleurs une sorte
d'influence sur les tribus voisines, qui firent
cause commune avec eux. Les hordes qui
habitaient les bords du Paraguazou s'unirent
pour défendre leur coutume favorite, et
firent aux envoyés de Mem de Sa une réponse insultante : « Si le gouverneur, dirent
» ces sauvages, veut absolument ceux de nos
» compagnons qu'il qualifie de coupables,
» et que nous considérons comme des braves,
» il n'a qu'à venir les chercher lui-même ».
C'est ce que résolut de faire Mem de Sa,
malgré l'opposition des colons de San-Salvador. Les naturels alliés marchèrent avec
lui, ayant à leur tête un jésuite qui portait
une croix pour étendard. Ils trouvèrent les
ennemis bien postés, et très nombreux ; mais
ils les mirent en fuite, et, le lendemain,
leur firent éprouver une seconde défaite
plus décisive. S'avouant alors vaincus, les
sauvages livrèrent les coupables, et demandèrent en grâce d'être reçus comme alliés,
aux mêmes conditions que les autres tribus.

C'est ainsi que, par une conduite à la fois
équitable et ferme, Mem de Sa exécutait les

plans de prospérité générale inspirés à l'aïeul de Sébastien en faveur de ses sujets d'Amérique, lorsque ce nouveau gouverneur du Brésil se vit forcé de tourner son attention et ses armes contre des ennemis du dehors, plus redoutables que des hordes sauvages : c'étaient des Français. Déjà, vers la fin du gouvernement de Thomé de Sousa, des aventuriers de cette nation avaient paru dans les parages du Brésil méridional; ils ne tardèrent point à jeter l'alarme parmi les colons portugais ; et, guidés par un chef audacieux, ils entreprirent d'y former un établissement stable.

Les circonstances de cette tentative singulière, qui fera le sujet du livre suivant, offrent d'autant plus d'intérêt, qu'elles ont été conservées par des témoins oculaires de l'une et de l'autre nation, et que la vérité a dû résulter nécessairement de leurs relations diverses pour les opinions, mais semblables pour le matériel des faits.

LIVRE VIII.

EXPÉDITION *au Brésil de Nicolas Durand de Villegagnon, Vice-Amiral de Bretagne. — Aspect primitif de la Rade de Rio-Janeiro. — Erection du fort Coligny et de la France Antarctique. — Arrivée de Bois-le-Comte, neveu de Villegagnon, avec une Colonie de Protestans français. — Conduite de Villegagnon. — Il persécute et trahit les Colons protestans. — Conjuration des Interprètes normands contre son autorité et sa vie. — Il expulse les Protestans, et revient en France avec de vastes projets. — Sa mort et son caractère.*

1555 — 1560.

L'IMPORTANCE que le gouvernement portugais attachait enfin au Brésil, les routes nouvelles que se frayaient ses flottes vers

cette vaste contrée, les productions naturelles d'un pays dont on exagérait les richesses, tout semblait avertir les peuples
navigateurs de l'Europe que leurs pavillons
pouvaient aussi voguer sur l'Océan qui bai-
gne les côtes orientales de l'Amérique du
sud. Déjà quelques armateurs français avaient
rendu célèbre dans leur pays la baie de Tous-
les-Saints, et le port du cap Frio, vers le Brésil méridional. Leurs descriptions pompeu-
ses, et les preuves qu'ils apportaient de leurs
relations amicales avec les naturels de la
côte, firent naître l'idée à quelques navigateurs de former un établissement durable
dans un pays encore si peu connu, et dont
l'occupation ne semblait pas devoir être
le partage exclusif d'une des moindres nations de l'Europe, pour la population, et
pour l'étendue du territoire.

Ce projet frappa sur-tout Nicolas Durand
de Villegagnon, chevalier de Malte, et vice-
amiral de Bretagne. Après s'être signalé, en
1541, dans l'entreprise d'Alger, Villegagnon ne s'était pas moins distingué à la défense de Malte contre les Turcs. Plus récemment encore, lorsque les Ecossais avaient

pris la résolution d'envoyer en France leur jeune reine Marie Stuart, il s'était fait remarquer par une action hardie et heureuse. Tout faisait craindre alors que les Anglais n'enlevassent la reine d'Ecosse. Villegagnon commandait à Leith une escadre française de galères ; il feignit de mettre à la voile pour rentrer dans les ports de France ; mais, tournant tout à coup autour de l'Ecosse, navigation regardée comme impraticable pour des bâtimens à rames, il prit la reine à bord, sur la côte occidentale, et, évitant ainsi les croisières anglaises, il rentra en Bretagne avec cette princesse.

Brave, et plus éclairé qu'on ne pouvait l'attendre d'un marin et d'un homme de guerre, Villegagnon était né pour les entreprises audacieuses ; il avait été séduit lui-même par les étonnans succès des conquérans de l'Amérique, et recueillait avec avidité les relations des armateurs normands qui fréquentaient le Brésil. Bientôt il conçut le projet de s'y constituer une sorte de souveraineté indépendante qui pût servir d'asile aux sectateurs de Calvin, dont il avait adopté les dogmes et embrassé le parti ;

ses liaisons avec l'amiral Coligny favorisaient d'ailleurs ses desseins.

Henri II régnait alors en France, et déjà les factions, qui partageaient le trône et l'état, laissaient échapper des indices sinistres. Le calvinisme, dès sa naissance, s'était étendu dans plusieurs parties de l'Europe; il faisait craindre, par ses tentatives hardies, que la France elle-même ne fût déchirée bientôt par des guerres civiles et religieuses.

Sous le prétexte de former, à l'exemple de l'Espagne et du Portugal, des établissemens dans le Nouveau-Monde, Villegagnon sut déguiser à la cour de France le principal objet de son ambition. Pour exciter Coligny à l'appuyer de tout son pouvoir, il lui donna l'assurance secrète de fonder au Brésil une colonie de sectateurs de Calvin, et d'y répandre ensuite la doctrine des novateurs. Coligny, persuadé sans peine, représenta au roi Henri II qu'il était de l'intérêt et de l'honneur de sa couronne d'entreprendre une expédition en Amérique; il la représenta comme aussi politique qu'honorable, puisqu'elle devait avoir

au moins pour résultat de distraire l'attention et d'affaiblir les forces de l'Espagne
et du Portugal, qui tiraient de ce nouvel
hémisphère la plus grande partie de leurs
richesses. « Il est temps, ajouta Coligny,
» que les Portugais, que les Espagnols ne
» soient pas les seuls dominateurs de l'Amé-
» rique. L'arrivée d'une expédition française
» y sera le signal de l'affranchissement des
» malheureux Indiens qui gémissent sous
» un joug insupportable. Il suffira de leur
» montrer le retour de leur indépendance
» comme le but principal de nos efforts,
» pour nous en faire des amis et des alliés
» fidèles. Personne d'ailleurs n'est plus ca-
» pable que le vice-amiral Villegagnon
» d'aller former des liaisons politiques et
» durables avec ces naturels; il a déjà fait
» un voyage vers les côtes du Brésil, et a
» même choisi une des plus belles rades de
» cette contrée pour y former un établisse-
» ment solide. Le vice-amiral ne demande,
» pour cette expédition importante, que
» deux vaisseaux, et l'autorisation de votre
» majesté. »

Persuadé par Coligny, Henri II accorda

aussitôt à Villegagnon deux vaisseaux bien équipés, avec la permission d'aller fonder une colonie en Amérique. Villegagnon, après s'être concerté avec l'amiral, partit du Havre de Grâce au mois de mai 1555, accompagné d'environ quatre-vingts partisans déclarés ou secrets du calvinisme. Une longue et pénible navigation le retint long-temps dans la haute mer, et il ne doubla que dans le courant de novembre cette pointe saillante de l'Amérique méridionale, qu'on appelle le cap Frio. Une ouverture dans la chaîne verdoyante de montagnes qui borde la côte, fut le premier objet qui fixa l'attention des équipages ; vue de loin, elle ressemble à un étroit portail entre deux piliers de pierre, qui, entièrement nus, contrastent avec le reste de ces hautes montagnes revêtues d'une végétation riche et variée. En approchant de ce détroit, la seule entrée du havre magnifique de Rio-Janeiro, le pilier sur la gauche ne parut plus aux Français qu'une seule masse solide de pierres, de forme cônique, un peu inclinée, détachée du reste de la côte, et s'élevant près de sept cents pieds au-dessus de la plage. Le pilier

opposé, vers l'est, est une montagne aride,
presque aussi élevée que le cône, et d'une
dégradation régulière depuis son sommet
jusqu'au niveau de la mer. Une petite île
placée au milieu du détroit réduit le passage à un quart de lieue de largeur. Là,
sur ce grand rocher, débarqua Villegagnon. S'il eût pu se maintenir dans ce
poste, en quelque sorte la clef de la rade,
les Français auraient probablement conservé
leur établissement au Brésil; mais le rocher
n'étant pas assez élevé au-dessus de l'eau, ils
en furent bientôt chassés par la violence de
la marée. Alors Villegagnon se rembarque,
s'avance vers le havre même, passe le canal étroit qui doit l'y conduire, et la perspective la plus magnifique vient frappper
ses regards : il voit une immense nappe
d'eau qui s'élargit graduellement, et reflue
à douze lieues dans l'intérieur d'une campagne riante, bornée par des montagnes
toujours majestueuses, soit que leurs som-
mets sourcilleux se cachent dans les nues,
soit qu'ils se colorent de pourpre et d'azur
par le reflet du soleil brillant des tropiques. Ce golfe tranquille est couvert çà et

là de petites îles de formes diverses, qui étalent les teintes variées d'une végétation sans cesse renaissante. Leurs bords sont garnis de buissons odorans, qui semblent leur former une ceinture de fleurs. Des deux côtés de cet immense réservoir des collines, surmontées de bouquets d'arbres superbes, s'élèvent en amphithéâtre; leurs bases dentelées laissent apercevoir au loin de petites anses qui s'étendent au milieu des vallées délicieuses qu'arrosent de nombreux ruisseaux qui viennent se jeter et se confondre dans le réservoir commun.

Tel fut l'aspect merveilleux qu'offrit à l'expédition française l'intérieur de cette rade, formée par l'embouchure du fleuve que les naturels du pays nommaient *Gana-bara*, et à qui le Portugais Alphonse de Sousa avait donné, en 1531, le nom de Rio-Janeiro.

Les tribus sauvages, alors en possession de cette belle partie du continent brasilien, étaient de la race des Tupinambas de Bahia, et avaient trafiqué long-temps avec des armateurs de Dieppe; elles étaient ennemies des Portugais. A l'approche de l'expédition

française ces sauvages firent éclater une
vive allégresse, allumèrent des feux de joie,
et offrirent tout ce qu'ils possédaient à ces
nouveaux alliés, qui venaient, disaient-ils,
les préserver de l'oppression dont ils étaient
menacés, et que subissaient déjà les peuplades voisines.

A une lieue dans l'intérieur de la rade, le
vice-amiral français trouva une île déserte
plus longue que large, ceinte de rochers
à fleur d'eau qui ne permettaient aux navires d'en approcher qu'à la portée du canon. Les petites barques n'y pouvaient même
aborder que par une ouverture d'accès difficile, servant de port et d'abri. Là s'opéra
le véritable débarquement des Français.
Des redoutes furent élevées sur des éminences aux deux extrémités de l'île, et au
centre fut établie la résidence du gouverneur, sur un roc d'environ cinquante pieds
de haut, dans lequel on creusa des magasins et un temple. A l'exception de la maison principale, dans laquelle on fit entrer
un peu de charpente, et qu'environnait une
enceinte revêtue de maçonnerie, le reste de
l'expédition n'eut d'autre asile que de simples

loges, dont quelques sauvages, attirés par des présens et des caresses, furent les seuls architectes, et auxquelles ils ne mirent pas plus d'art qu'ils ne l'auraient fait pour leur propre usage.

Tel fut le fort auquel Villegagnon donna le nom de Coligny. Dès ce moment même, regardant le Brésil comme une propriété française, il lui donna le nom de *France antarctique;* et tandis qu'il prenait ainsi possession de tout le continent, son seul territoire se réduisait à une île d'un quart de lieue de circonférence, et toutes ses forces s'élevaient à quatre-vingts hommes.

Cette belle partie du Brésil, devenue depuis le siége de la plus puissante colonie de l'Amérique, était alors, ainsi que ses habitans indigènes, dans l'état de simple nature, telle enfin qu'on pourrait la supposer avant qu'une culture combinée avec les travaux de la civilisation eût changé l'aspect des terres, et avant que les usages de l'Europe s'y fussent plus ou moins introduits.

Des matelots normands qu'un naufrage avait jetés sur la côte, et qui s'étaient mêlés depuis avec les naturels , établirent des communications amicales entre les nouveaux débarqués et les sauvages, dont ils connaissaient le langage.

Après avoir présidé aux premières dispositions et aux premiers travaux, Villegagnon renvoya ses vaisseaux avec des dépêches pour la cour et pour l'amiral Coligny; il donnait connaissance de son arrivée, de la beauté du pays, de ses richesses, et des dispositions pacifiques des naturels. Malgré des commencemens si flatteurs, Villegagnon sollicitait toutefois les renforts nécessaires , pour donner à la colonie naissante plus d'extension et de consistance.

Quelque favorable que fût, sous une infinité de rapports, l'île où les Français venaient de s'établir, elle avait un grand désavantage, celui du manque absolu d'eau potable. Il fallait ou s'en procurer sur le continent, où se contenter d'une eau saumâtre de citerne. L'expédition avait d'ailleurs peu d'effets et de vivres. Aussitôt après le débarquement, Villegagnon supprima les distributions de liquide, resserra les rations de biscuit, et nourrit ses équipages uniquement avec les provisions de la contrée, sans qu'ils fussent préparés à un changement si subit. Dès-lors le découragement et le dégoût se joignirent à l'impatience que faisait éprouver déjà aux Français de l'expédition une discipline trop sévère, rendue encore plus insupportable par la dureté du gouverneur.

Dans ses relations avec les Brasiliens, Villegagnon s'efforça vainement de les détourner de la cruelle habitude de manger leurs captifs ; il se vit même contrarié dans ses tentatives par ses propres équipages, qui ne se faisaient aucun scrupule de donner en secret aux naturels des chaînes de fer pour empêcher leurs victimes de s'enfuir.

Parmi les objets de trafic et d'échange apportés de France, il y avait des draps de différentes couleurs dont les sauvages, naturellement vains, se vêtirent d'abord avec une sorte d'ostentation ; mais ils se dégoûtèrent bientôt de ces habits incommodes, et les rejetèrent, pour ne plus être gênés dans leurs mouvemens. Les femmes mêmes, quoiqu'on eût compté sur leur excessive vanité , ne purent se décider à garder aucun vêtement de leur sexe ; presque toujours dans l'eau , et se baignant, fréquemment la tête, elles ne pouvaient supporter ce qui contrariait leurs habitudes. Même les esclaves brasiliennes que Villegagnon avait achetées , se refusaient à toute espèce de contrainte , et dès le coucher du soleil elles se débarrassaient de leurs habillemens pour mieux jouir de la fraîcheur de l'air.

En général, les relations des Français avec les sauvages tendaient à resserrer les liens d'amitié et de bienveillance qui les unissaient déjà. Cependant Villegagnon avait réclamé non seulement des renforts; mais, par d'autres dépêches adressées séparément à l'amiral Coligny et aux magistrats de Genève, il avait encore demandé quelques docteurs ou ministres de la religion de Calvin.

L'Eglise de Genève saisit avec empressement l'occasion de s'étendre dans un pays où toutes les apparences promettaient à ses partisans une liberté que leur refusait l'Europe. Coligny, leur protecteur déclaré, se montrait infatigable pour les intérêts de la colonie naissante. Il connaissait le zèle et la prudence d'un vieux gentilhomme nommé Philippe de Corquilleray, mais plus connu sous le nom de Dupont, et qui s'était retiré à Genève pour y pratiquer paisiblement la religion qu'il avait embrassée. L'amiral le fit solliciter de se mettre à la tête des calvinistes qui voudraient passer au Brésil, et, secondé par les exhortations de Calvin lui-même, dont la réputation et l'autorité prenaient tous les jours un nouvel ascendant, il détermina facilement le vieillard à sacrifier au service de sa secte le repos de ses derniers jours.

Un chef aussi considéré trouva d'abord sans peine des hommes disposés à le suivre. L'abandon de leur patrie ne parut rien coûter, non seulement à de simples particuliers, mais encore à des ministres du nouveau dogme. Des artisans de toute espèce se joignirent à eux, et tous les secours nécessaires à la fondation d'une petite république se trouvèrent réunis dans les préparatifs de l'expédition. Parmi un grand nombre de professeurs et d'étudians en théologie

qui affluaient à Genève, deux ministres connus se jugèrent très honorés du choix qui
les désigna : l'un se nommait Pierre Richer;
l'autre Guillaume Chartier. Ils furent en-
tendus sur certains passages de l'Ecriture
sainte; et les esprits, plus exaltés de moment en moment, n'en paraissaient que
mieux disposés à l'exécution du projet commun. Mais, dans une assemblée où tout
devait être réglé pour le départ, Corquilleray, qui ne voulait en imposer à personne,
et que sa candeur naturelle rendait, malgré
le zèle dont il était animé, incapable de
tout genre de charlatanisme, crut devoir
exposer les difficultés qu'il y aurait à vaincre, et sur-tout les privations auxquelles il
serait nécessaire de se dévouer. On avait,
disait-il, cent cinquante lieues à faire par
terre, et plus de deux mille par mer. En
arrivant au terme, il faudrait probablement
se résoudre à vivre de fruits et de racines,
renoncer au vin, faire en un mot le sacrifice de la plupart des habitudes de l'Europe,
sacrifice dont il était possible qu'on ne cal-
culât pas toute l'étendue. Ces considérations,
présentées avec autant d'éloquence que de

bonne foi, refroidirent le zèle des assistans; la plupart craignirent de ne pas retrouver dans la pratique la chaleur qu'ils
apportaient dans la théorie. Le changement
de climat, les périls de la navigation, les
ardeurs de la zone torride, s'offrirent en
même temps à leur imagination effrayée.
Parmi ceux qu'un dévouement sans bornes semblait avoir déterminés, il ne s'en
trouva plus que quatorze qu'aucune crainte
ne put arrêter, et qui persistèrent dans
leur pieuse résolution. Ils partirent de
Genève, avec leur chef, le 10 septem-
bre 1556.

Dupont les fit passer par Châtillon-sur-
Loing, où l'amiral Coligny tenait un état
digne de son rang, dans un des plus beaux
châteaux de France. L'amiral les encouragea
par ses exhortations et ses promesses. Ils se
rendirent ensuite à Paris. Là, quelques gen-
tilshommes protestans, et d'autres habitans
de la capitale attachés aux mêmes principes,
se déterminèrent à grossir leur troupe. L'embarquement devant se faire à Honfleur, ils
prirent leur route par Rouen, d'où ils tirèrent aussi quelques recrues; et tandis

qu'on achevait d'équiper leurs vaisseaux par les ordres de l'amiral, ils ne négligèrent aucun des soins qui pouvaient assurer leur succès.

Ils s'embarquèrent enfin sur trois vaisseaux armés en guerre aux dépens du roi. Bois-le-Comte, neveu de Villegagnon, commandait l'expédition, avec la qualité de vice-amiral. Le vaisseau qu'il montait portait environ quatre-vingts hommes; les deux autres en contenaient deux cent dix, en y comprenant six jeunes garçons que leur âge rendait plus susceptibles d'apprendre la langue des Brasiliens, et qu'on destinait à faciliter par-là les communications ultérieures avec ces peuples. Une femme, que devait épouser le gouverneur, et cinq jeunes filles qu'on se réservait de marier quand l'occasion s'en présenterait, faisaient aussi partie de l'expédition.

Elle ne sortit point du port sans avoir reçu les honneurs établis pour les vaisseaux de guerre. Les salves de tous les canons du fort, un bruit de trompettes, de tambours et de fifres, donnèrent à son départ l'air d'un véritable triomphe. Mais cette pompe, et la joie qu'elle avait répandue dans la petite flotte, furent bientôt suivies des plus mortelles alarmes. Une tempête de douze jours fit éprouver à ceux qui ne connaissaient pas la mer toutes les agitations, toutes les terreurs attachées à leur inexpérience. Ils s'en crurent délivrés le treizième jour, en voyant le calme renaître autour d'eux ; mais bientôt les vagues redevinrent furieuses, et remplirent d'une nouvelle épouvante les novices navigateurs. Tout le monde frémissait d'une situation dont on ne pouvait prévoir le terme. La consternation où étaient plongés les équipages ne les empêcha pourtant pas de se rendre maîtres de quelques caravelles espagnoles et portugaises.

Le vent, redevenu favorable, ne cessa plus de l'être jusqu'au 26 février 1557, jour auquel les trois vaisseaux arrivèrent à la vue des côtes du Brésil. On crut reconnaître dans une terre fort haute, qui fut aperçue d'abord, le pays des Margajats, que le vice-amiral savait être alliés des Portugais. Il envoie aussitôt la chaloupe à terre, après avoir tiré plusieurs coups de canon. A ce

signal, quelques Indiens s'avancent sur le
rivage. On leur montre de loin des cou-
teaux, des miroirs, et différens autres objets
auxquels ils attachaient un grand prix, dans
l'espérance d'en obtenir des vivres en échange. Les sauvages comprirent parfaitement ce
qu'on leur demandait, et s'empressèrent
d'apporter diverses sortes de rafraîchissemens; six d'entre eux, et une femme, ne
firent même aucune difficulté d'entrer dans
la chaloupe, pour se laisser conduire aux
vaisseaux.

Dès le lendemain, Bois-le-Comte, crai-
gnant de trop se livrer à la confiance que
semblait devoir inspirer celle des sauvages,
fit lever les ancres, et longea la côte. A
peine eut-il fait neuf ou dix lieues au sud,
qu'on se trouva devant le fort portugais
d'*Espiritu-Santo*, dans un courant que les
Indiens nomment *Moab*. Les Portugais de
la garnison, reconnaissant une caravelle que
les Français avaient enlevée dans leur route,
ne doutèrent point qu'elle n'eût été prise
sur leur nation. Ils tirèrent quelques coups
de canon, auxquels on répondit; mais la
distance empêcha que, de part et d'autre,

on pût se nuire. La flotte continua d'avancer vers un point nommé Tapeuciry, où l'on ne donna aucun signe de haine aux Français. Plus loin, au-delà du vingt-unième degré, on passa devant les *Paraïbas*, sauvages qui habitaient les bords de la Paraïba du sud, et dont les terres offrent de petites montagnes en pointe qui ressemblent assez à nos cheminées d'Europe. Le premier jour de mars, les Français se trouvèrent à la hauteur de plusieurs barres qui s'avancent dans la mer, entremêlées de rochers, et qui sont l'effroi des navigateurs. Vis-à-vis on découvrit une terre unie, d'environ quinze lieues de longueur, possédée par ces farouches Ouctacazes dont nous avons déjà décrit le caractère particulier.

Au-delà s'offrirent aux navigateurs français les terres de *Maghé*, dont le rivage présente un rocher de la forme d'une tour, et qui, lorsqu'il est frappé des rayons du soleil, brille d'un tel éclat, qu'on le prendrait pour une masse d'émeraudes; aussi les Français et les Portugais s'accordent-ils à le nommer l'*Emeraude* de Maghé. Les pointes de roc qui l'environnent, et qui s'étendent à plus de deux lieues en mer, en interdisent l'accès aux vaisseaux. Non loin de trois petites îles qui se trouvent à peu de distance, et qui portent le même nom, l'impétuosité des flots, redoublée par un vent furieux élevé tout à coup, menaça l'expédition d'une manière plus terrible encore que ne l'avaient fait les précédentes tempêtes. Après trois heures d'un pressant danger, le plus gros vaisseau fut sur le point de se perdre, et ne dut son salut qu'à l'habileté de quelques matelots, qui jetèrent l'ancre assez adroitement pour l'affermir au moment même où, porté sur des pointes de rocher, il allait s'y briser en mille pièces.

La journée suivante fut plus heureuse. Un vent favorable poussa l'escadre au cap Frio, vers les quatre heures du soir. C'était là le point qu'elle cherchait. Au signal de ses canons, le rivage fut bientôt bordé d'un grand nombre d'Indiens de la nation des Tupinambas, dont Villegagnon avait obtenu l'alliance. Les sauvages, en reconnaissant le pavillon français, firent éclater de grands témoignages de joie, qui ne pouvaient laisser aucun doute sur leurs dispositions amicales. Bois-le-Comte ne balança pas à faire jeter l'ancre.

Outre les rafraîchissemens apportés par les naturels, on fit une pêche très abondante. Il ne restait plus que vingt-cinq ou trente lieues à faire pour arriver enfin au terme du voyage ; on mit aussitôt à la voile. Pendant le reste de la navigation l'on n'éprouva aucune contrariété, et le lendemain, 7 mars, on entra dans l'embouchure du Rio-Janeiro.

Retirée dans le fort Coligny, la petite colonie de Villegagnon vit enfin ses espérances justifiées, et se hâta de répondre, par le bruit de son artillerie, au bruit du canon qui signalait l'arrivée des vaisseaux. La joie de cette réunion fut la même des deux côtés ; les plus vives acclamations accueillirent l'escadre, qui s'était avancée jusqu'aux bords de l'île. Les protestans français oublièrent en un moment, les uns plus d'une année d'isolement et d'ennui, les autres les dangers qu'ils avaient essuyés dans leur pénible navigation ; tous les sentimens s'absorbèrent dans un seul, et, inspirés par le bonheur commun, les nouveaux venus s'unirent aux anciens colons pour offrir au ciel d'éclatantes actions de grâces.

Villegagnon accueillit toute l'expédition avec bienveillance; il embrassa cordialement Corquilleray-Dupont, et les deux ministres Richer et Chartier : ceux-ci déclarèrent en peu de mots que le principal objet de leur voyage était d'établir au Brésil une église réformée. « Vos vues, leur répondit Ville-
» gagnon, ne pouvaient mieux répondre
» aux miennes. Mes enfans, ajouta-t-il en
» s'adressant à toute la troupe; mes enfans
» (car je veux être votre père), maintenant
» que nous sommes réunis, il faut par des
» travaux communs nous fortifier dans cette
» contrée. J'ai dessein d'y assurer aux pau-
» vres fidèles persécutés en France, en Es-
» pagne, et ailleurs, une retraite tranquille,
» où, sans craindre aucune puissance hu-
» maine, ils puissent servir Dieu selon sa
» volonté. »

Il ordonne aussitôt que les anciens et les nouveaux colons s'assemblent dans la grande

salle construite au milieu de l'île. Tout le
monde s'y rend. Le ministre Richer invo-
que Dieu ; les assistans réunis entonnent
un cantique, et ce chant est suivi d'une
prédication de Richer, qui avait pris pour
texte le psaume XXVII. Après que l'exercice eut été terminé dans toutes les règles
du formulaire des protestans de France,
l'assemblée fut congédiée, à l'exception
des nouveaux venus, qui prirent leur repas
dans la même salle. Ce repas dut leur faire
pressentir à quelle frugalité il leur faudrait
se soumettre, et justifia déjà les prédictions
de Corquilleray ; ils n'eurent pour alimens
que des racines pulvérisées et du poisson
boucané, c'est-à-dire rôti à la manière
des sauvages ; l'eau sale et verdâtre d'une
citerne fut leur unique boisson. Ils ne se
virent pas mieux partagés du côté du lo-
gement ; on les plaça sur le bord de la mer,
dans une vaste cabane couverte d'herbes,
et ils y couchèrent suspendus dans des hamacs.

Dès le lendemain, sans égard pour les
fatigues de leur long voyage et les incom-
modités qu'y ajoutait l'excessive chaleur du

climat, on leur fit porter au fort des pierres et de la terre ; ce rude travail les occupa depuis le point du jour jusqu'à l'entrée de la nuit. Un tel noviciat semblait fait pour rebuter leur zèle ; mais ce zèle, soutenu par les exhortations de Richer, le plus ancien des deux ministres, doublait leurs forces, et les leur faisait employer avec joie au pénible exercice que les circonstances leur paraissaient exiger d'eux.

Toutefois le soutien et la propagation du calvinisme n'étaient déjà plus le principal but que se proposait Villegagnon ; la soif de commander s'était emparée de son ame, et les intérêts temporels l'avaient emporté chez lui sur toute autre considération. Quelqu'imparfait que fût encore l'établissement qu'il venait de fonder, il avait goûté le bonheur de s'y faire obéir ; ses alliances avec les sauvages les plus voisins l'y laissaient jouir d'une sorte de tranquillité qui lui avait inspiré trop de confiance : il ne vit plus, dans ceux de ses compatriotes qui venaient unir leur sort au sien, que des sujets, ou tout au moins des vassaux qu'il projetait de soumettre d'abord à son pouvoir, pour les rendre bientôt les instrumens aveugles d'une puissance plus étendue et mieux affermie.

Pendant quelque temps encore il continua d'affecter le zèle le plus ardent pour la religion réformée. D'après ses ordres, les ministres prêchaient deux fois le dimanche, et une fois chacun des autres jours de la semaine. Bientôt les fidèles se préparèrent à la célébration de la Cène, et cette cérémonie eut d'abord lieu au fortColigny même, le dimanche 21 mars. Villegagnon déclara publiquement en entrant dans l'assemblée que son intention était de dédier son fort à Dieu, et de faire, en présence de tous, une nouvelle profession de foi. Il se mit à genoux sur un carreau de velours, qu'il faisait ordinairement porter à sa suite par un page; tira un papier sur lequel étaient écrites deux prières de sa composition, qu'il prononça d'une voix très élevée; et après cette singulière ostentation, qui s'accordait mal, aux yeux des assistans, avec l'humilité chrétienne, il s'avança le premier pour recevoir le pain et le vin des mains du ministre.

Les protestans s'aperçurent bientôt qu'un

tel prosélyte n'était pas sincère. Son faste
et son orgueil avaient éveillé déjà des soupçons, et l'esprit de dispute et de subtilité
qu'il ne tarda pas à montrer sur plusieurs
points de doctrine acheva de le démasquer.
Il ne cessait pourtant d'affirmer qu'il était
invariablement attaché à l'église de Genève, et qu'il ne cherchait qu'à s'instruire;
il renvoya même en France le ministre
Chartier, en le chargeant de consulter, sur
les doutes qu'il se plaisait à faire naître,
les docteurs du parti, et sur-tout Calvin,
qu'il proclamait comme le plus savant personnage qui eût existé depuis les apôtres.
Villegagnon lui écrivit dans tous les termes de la confiance, du respect, et d'une
aveugle soumission. Il avait déjà profité
du départ d'un de ses vaisseaux, renvoyé
en Europe dans le mois d'avril, pour rendre
au fameux réformateur un hommage éclatant; il lui donna même l'assurance que
les directions qu'il voudrait bien ne pas
refuser à la colonie du Nouveau-Monde
y seraient gravées sur des tables d'airain.
Ceux qu'il avait chargés de cette mission
avaient ordre aussi d'amener au Brésil de

nouveaux colons des deux sexes. Villegagnon promettait de subvenir aux frais de leur voyage, et s'engageait également à subvenir aux dépenses qui regardaient le culte ; enfin il remit au ministre Chartier six jeunes sauvages, que celui-ci devait conduire à la cour de Henri II. Ces Brasiliens furent en effet présentés dans la suite au roi de France, qui en fit don à différens seigneurs.

Mais un changement total dans la conduite et dans les opinions de Villegagnon prouva bientôt aux colons protestans que ce chef avait trompé l'attente de Coligny. Le zèle qu'il lui avait manifesté pour la religion réformée était feint ; il n'avait eu d'autre but que d'obtenir de lui de l'argent, des hommes, et le pouvoir nécessaire pour commencer un établissement colonial en Amérique. Dès qu'il trouva son intérêt à changer de parti, Villegagnon jeta le masque.

Les premiers sujets de plainte qu'il donna aux colons portèrent sur l'administration des sacremens de l'église protestante. Villegagnon fit voir alors un esprit de contradiction et de controverse qui ne tarda pas à compromettre la tranquillité des consciences et l'union des cœurs. Son humeur exaltée ne connut bientôt plus les bornes de la modération, et donna lieu aux dissensions les plus vives ; il lutta même à peu près seul contre tous les autres religionnaires, et les aliéna de jour en jour par ses discussions opiniâtres, auxquelles le sentiment et l'abus de son autorité civile ajoutaient un caractère qu'aucune tentative de conciliation ne pouvait fléchir. Le mal parvint à son comble ; et, sans attendre les décisions de Genève, Villegagnon, se dépouillant du respect qu'il avait professé pour Calvin, déclara ouvertement qu'il ne le regardait plus que comme un *hérétique*, et se montra dès-lors l'ennemi le plus acharné du protestantisme.

On attribua ce changement subit à des lettres du cardinal de Lorraine, reçues de France par un vaisseau arrivé au cap Frio, et dans lesquelles le cardinal reprochait à Villegagnon d'avoir abandonné la foi catholique. Soit que la crainte fît renoncer dès-lors le gouverneur à ses opinions

nouvelles, soit qu'il n'espérât plus se soutenir dans son établissement qu'en se rap-
prochant du parti de la cour, rien ne put
le ramener au nouveau dogme qu'il avait
d'abord embrassé. Depuis cette seconde
abjuration il parut toujours plus chagrin
et plus sombre. Son administration civile
se ressentait déjà de ces funestes dispositions. Il devint encore plus ombrageux à
la suite d'un complot tramé contre sa vie, et
dont voici la cause :

Au milieu des soins qu'il regardait comme
très utiles à ses desseins ultérieurs, Villegagnon n'avait pas négligé, dès son arrivée
au Brésil, d'établir une sorte de police et
de discipline civile. La conduite de quelques
Français, qui, après avoir fait naufrage sur
la côte, s'étaient retirés parmi les Brasiliens, et vivaient dans une extrême licence,
lui fit craindre que la contagion de l'exemple
ne pénétrât dans sa colonie, qu'il était jaloux de conserver dans une extrême pureté
de mœurs. Un règlement émané de lui défendit aux Français, sous peine de mort,
tout commerce avec les femmes ou les filles
des sauvages, et leur permit en même temps

d'épouser celles qui se seraient converties à la foi chrétienne. On ne pouvait reprocher à Villegagnon de ne pas appuyer de son propre exemple ses maximes et ses ordonnances. Ses ennemis mêmes étaient forcés de lui rendre ce témoignage, qu'il joignait à cette austérité de principes et de conduite une inébranlable fermeté pour le respect et le maintien de ses règlemens. Ce fut leur sévérité seule qui fit naître la conjuration dont il faillit être la victime. Un interprète normand, qui faisait alors partie de l'expédition, avait vécu pendant plusieurs années parmi les sauvages, et, en apprenant leur langue, il avait aussi contracté leur férocité. Il s'était attaché à une Brasilienne; mais les lois de la nouvelle colonie ne permettant point ce commerce illicite, il eut ordre d'épouser sa maîtresse, ou de s'en séparer. Il refusa de prendre l'un ou l'autre parti; et, plein d'animosité contre le gouverneur, il résolut de s'en venger d'une manière éclatante. Il mit dans ses intérêts les artilleurs de l'expédition, au nombre de trente, et forma, de concert avec eux, le complot d'assassiner Villegagnon, et de massacrer pendant la nuit le reste de sa troupe; il essaya même de séduire trois Ecossais chargés par ce gouverneur de veiller particulièrement à la garde de sa personne. Mais ceux-ci révélèrent le complot; quatre des principaux conjurés furent aussitôt saisis, et mis aux fers. L'un se noya dans la rade; trois autres furent pendus, et leurs complices condamnés à de rudes travaux.

Cependant l'interprète, auteur de la conjuration, s'était évadé, emmenant avec lui d'autres aventuriers normands que Villegagnon avait trouvés dans le pays même; ils se liguèrent au nombre de vingt, et, se mêlant aux naturels, cherchèrent à les prévenir contre les Français, dans l'espoir de forcer Villegagnon d'abandonner son gouvernement. Ils persuadèrent aux sauvages qu'une fièvre épidémique, dont ceux-ci étaient alors atteints, leur avait été apportée d'Europe, et communiquée par Villegagnon, qui, disaient-ils, venait de remercier publiquement le ciel de ce que le mal ne l'atteignait, ni lui, ni ses gens, et ne faisait de ravage que parmi les Brasiliens, dont il diminuait heureusement le

nombre. Ces perfides insinuations des interprètes réussirent d'abord, et les Français
ne durent leur salut qu'à la prévoyance de
Villegagnon, qui avoit formé son premier
établissement dans une île.

C'est ainsi qu'après s'être aliéné les colons
protestans, Villegagnon se vit encore en
butte aux intrigues de quelques aventuriers
de son propre parti, qui s'efforçaient de dé-
tacher les sauvages de son alliance. Mais
rien ne put le faire fléchir, et il se montra
toujours aussi ferme dans les principes de
son administration qu'il avait paru versatile
dans ses opinions religieuses.

Devenu odieux aux colons protestans,
qui étaient en assez grand nombre pour se
rendre redoutables, il les fit surveiller par
ceux de ses partisans que son pouvoir lui
avait conservés, et sut bientôt qu'ils tenaient
des assemblées nocturnes pour leurs prin-
pciales cérémonies et pour la célébration
de la cène. Il craignit alors que, sous prétexte de religion, ils ne se réunissent pour
se liguer contre son autorité, ou même
contre ses jours, et résolut de déployer
contre eux toute la sévérité qu'il pouvait

exercer au nom du roi. En conséquence,
il déclara, par une proclamation, qu'il ne
voulait plus souffrir de protestans dans le
fort. Frappés de cette proscription subite,
ceux-ci, à qui l'on ne permit pas même d'attendre dans l'île le départ d'un vaisseau du
Havre qui était venu pour charger du bois
de teinture, furent forcés de chercher une
retraite provisoire sur le rivage du continent.
Tel fut pour eux le fruit des travaux par
lesquels ils avaient contribué à consolider
l'établissement dont on les chassait, et de
huit mois d'une existence tellement pénible,
que l'espérance seule avait pu la leur faire
supporter. Ils campèrent à gauche de l'embouchure du fleuve, dans un lieu que leurs
compatriotes avaient nommé la *Briqueterie*,
et qui n'était qu'à une demi-lieue du fort,
et s'établirent dans quelques mauvaises cabanes qu'on y avait construites pour mettre
à couvert les Français que la pêche ou d'autres motifs appelaient sur cette rive. Mais
les secours les plus nécessaires à leur subsistance leur furent inhumainement refusés
par Villegagnon. Les sauvages, moins barbares que lui, leur apportèrent des vivres,

et pendant deux mois entiers les protestans n'eurent de secours et de consolations que l'hospitalité de ces Indiens. Les localités n'étaient pas cependant tellement défavorables, que la troupe fugitive ne pût former le dessein de s'y établir ; mais elle n'avait aucune espérance de se soustraire à l'autorité de Villegagnon : investi des pouvoirs de la couronne, il ne devait pas cesser d'être à craindre, et son influence funeste fit évanouir toute idée d'établissement stable et de colonie.

Quelques-uns de ses partisans, entre lesquels on nomme Boissy et Lachapelle, fatigués probablement de sa tyrannie, le quittèrent pour se joindre aux protestans. Cette désertion lui fit craindre une défection générale, et il crut ne pouvoir trop hâter le départ des habitans de la *Briqueterie*. Des ordres pressans leur furent bientôt intimés, et ils s'embarquèrent sur le vaisseau le *Jacques*, qui avait complété son chargement en productions du pays. Prêt à mettre au large, le 4 janvier 1558, le vaisseau leva l'ancre le même jour, et, après une longue et pénible navigation, il entra, le 26 mai, dans le port de Blavet, en Bretagne.

Villegagnon ne resta pas long-temps en possession de l'autorité dont il venait de faire un si révoltant abus. Réduit aux plus faibles moyens de défense, il résolut de s'embarquer pour la métropole, afin d'y réclamer lui-même des secours, et d'y faire prévaloir les projets gigantesques enfantés par son imagination ardente. Il laissa l'île et le fort Coligny à la garde d'une centaine de Français dont la fidélité ne lui était point suspecte, et mit à la voile, après avoir signalé sa haine contre les religionnaires, en faisant jeter à la mer le ministre protestant qui était resté auprès de lui. De cinq Français de la même communion, qui ne s'étaient point embarqués sur le navire le *Jacques*, deux furent mis à mort par ordre de Villegagnon, et les trois autres s'enfuirent vers les Portugais, qui les persécutèrent à cause de leur religion. Après un voyage périlleux, Villegagnon aborda enfin sur les côtes de Bretagne, presque dans le même temps où les victimes de son oppression touchaient au terme de leur navigation forcée. Il était parti de l'Amérique avec l'intention avouée de solliciter à la cour le commandement d'une escadre de sept vaisseaux, soit pour intercepter la flotte des Indes, soit pour s'emparer ou détruire les établissemens portugais au Brésil. Mais les troubles qui suivirent en France la mort de Henri II contrarièrent de si vastes desseins. Villegagnon avait trahi les huguenots, qui l'eussent mis en état de réaliser ses projets, et les catholiques étaient alors trop occupés de leur propre intérêt pour adopter ses plans. Lorsqu'enfin sa colonie naissante tomba au pouvoir des Portugais, il renonça tout à fait au Brésil, ainsi qu'aux brillantes espérances dont il avait flatté long-temps son ambition; le même zèle qu'il avait montré pour la foi protestante, il le professa tout le reste de sa vie, pour la religion catholique, et il mourut, au bout de quelques années, dans sa commanderie de Beauvais en Gâtinais, laissant après lui d'assez grands souvenirs, mais non pas une mémoire recommandable.

La destinée singulière de Villegagnon ne devait pas être oubliée dans l'histoire de l'Amérique portugaise. Il n'y occupe pas long-temps la scène ; mais ce mélange de grandeur et de bizarrerie, d'irrésolution et de fermeté ; cette hardiesse de conception, sur laquelle les passions du moment exercent souvent leur empire, offrent dans son caractère plus d'une observation utile sous le rapport de la morale et de la politique. L'ambition, d'une part, de l'autre le zèle religieux, se partagèrent l'époque la plus remarquable de sa vie. Chacun de ces sentimens fut à son tour chez lui le masque de l'autre ; et lorsqu'après avoir joué ce double rôle, il finit par se prononcer contre le calvinisme, il reçut des protestans de France le surnom de *Caïn de l'Amérique.*

LIVRE IX.

EXPÉDITION *du Gouverneur Mem de Sa contre les Français de Rio-Janeiro. — Sa rentrée triomphante à San-Salvador. — Guerre contre les Aymures. — Portrait de ces Sauvages féroces. — Confédération des Peuplades brasiliennes du sud contre les Portugais. — Guerre dans la Capitainerie d'Espiritu-Santo. — Dévouement des Jésuites Nobrega et Anchieta. — Particularités sur leur ambassade chez les Tamoyos. — Conclusion de la paix avec ces Sauvages.*

1560 — 1565.

LA cour de Lisbonne, jalouse des avantages de son commerce, faisait traiter comme des pirates tous les navires interlopes rencon-

trés par ses flottes dans les parages du Brésil ; et cependant, par une de ces contra-
dictions dont les gouvernemens donnent
souvent l'exemple, elle laissa s'écouler quatre
années entières sans paraître même s'inquiet-
ter de l'entreprise de Villegagnon à Rio-
Janeiro. Telle fut même sa négligence, qu'on
aurait vu s'y élever sans obstacle la capitale
d'une colonie française, si Villegagnon
n'eût pas impolitiquement opprimé les colons protestans qui s'étaient dévoués à sa fortune. Déjà un capitaine du Havre était venu
jeter l'ancre à l'embouchure du fleuve, pour
examiner l'état du nouvel établissement, et
en rendre compte à un grand nombre de
Flamands et de Français qui avaient dessein
de s'y rendre ; déjà même sept à huit cents
émigrés flamands se disposaient à y passer
sur de grandes hourques de Flandre, dans
l'intention de fonder une ville à la *Briqueterie*, position qui avait été reconnue et
jugée favorable. En peu de temps dix mille
français s'y seraient rassemblés, si Coligny
n'eût pas vu son attente trompée par Villegagnon. Alors, en méritant son nom de
France antarctique, la colonie toujours

croissante de Rio-Janeiro eût enrichi la mère-patrie, dans une des plus belles parties du Nouveau-Monde, d'une possession qu'elle n'a jamais bien connue. Parmi les Portugais du Brésil, les missionnaires jésuites furent les seuls qui surent prévoir tous les dangers d'une pareille invasion. Leur chef Nobrega était enfin parvenu à éveiller l'attention du cabinet de Lisbonne, et l'ordre avait même été donné à don Edouard da Costa de faire reconnaître les fortifications des Français, et leurs moyens de défense. D'après le rapport de ce gouverneur du Brésil, une partie des instructions de son successeur fut d'attaquer et de chasser les Français du fort Coligny. Mais quand Mem de Sa voulut mettre cet ordre à exécution, il trouva dans son conseil même des hommes assez faibles ou assez lâches pour s'y opposer. Ils alléguèrent des motifs plus spécieux que solides, soutenant qu'il serait plus sage de souffrir l'agression que de risquer la honte d'une défaite. Tout devait le faire craindre; non seulement le nombre des Brasiliens alliés des Français, et l'état respectable du fort Coligny, mais encore les secours que ne

manqueraient pas d'amener à ceux-ci les
vaisseaux de leur propre nation. Quels qu'ils
fussent, ces secours seraient toujours immenses, comparativement au peu de moyens
des Portugais en hommes et en vaisseaux.
Pour l'honneur du Portugal, Nobrega sut
rejeter ces timides conseils. Ses exhortations
nobles et courageuses prévalurent, et l'expédition fut décidée. On y destina deux
vaisseaux de guerre, et huit ou neuf bâtimens de transport, dont Mem de Sa prit
lui-même le commandement, quoiqu'il fût
sollicité de ne pas exposer sa personne. Le
gouverneur se fit accompagner de Nobrega,
et donna la meilleure preuve de la rectitude
de son jugement par sa déférence pour l'habileté de ce missionnaire.

L'armement mit à la voile, et parut, au
commencement de janvier 1560, à la hauteur de Rio-Janeiro. L'intention du gouverneur était de pénétrer dans la rade à la faveur de la nuit, et de surprendre l'île et le
fort; mais la flotte, découverte et signalée
par les vedettes ennemies, fut obligée d'an-
crer au-dehors de la barre. Les Français,
abandonnant leurs vaisseaux, s'étaient re-

tirés dans le fort, renforcés par huit cents archers brasiliens. Le gouverneur, au moment
de l'attaque, s'aperçut qu'il n'avait ni canots,
ni embarcations suffisantes pour opérer le débarquement, ni même de pilotes qui eussent
une connaissance parfaite de la baie. Il envoya
aussitôt Nobrega à Saint-Vincent, pour réclamer des secours; commission que le jésuite remplit avec son zèle et son intelligence
ordinaires. Il dépêcha bientôt un brigantin
et des barques chargées de munitions, et
montées par des Portugais, des Mamalucos
et des Brasiliens, qui non seulement connaissaient la côte, mais encore avaient appris à
se battre contre les Tupinambas et les Tamoyos, alliés des Français. Deux missionnaires conduisirent le renfort. Mem de Sa,
entrant aussitôt dans la rade, s'approcha du
lieu du débarquement, et battit en vain deux
jours et deux nuits la forteresse, dont les
boulevarts étaient d'un roc solide qui résis-
tait au canon. Plusieurs des assaillans furent
emportés par le feu de l'ennemi, et un plus
grand nombre mis hors de combat. Le
gouverneur, découragé, fut au moment de
rembarquer son artillerie et d'ordonner la

retraite; mais quoiqu'il eût déployé peu de
talens dans l'attaque, il n'était pas dépourvu
de courage; et, honteux d'abandonner l'entreprise sans avoir réussi, il se porta à une
tentative désespérée. Il assaillit la partie des
fortifications qui commandait la terre, et
prit d'assaut le roc où était situé le maga-
sin; il intimida tellement les Français par
la possession de ce poste important, que,
la nuit suivante, eux et leurs alliés les Tamoyos abandonnèrent les autres ouvrages,
gagnèrent leurs chaloupes, et s'enfuirent les
uns sur les vaisseaux, les autres vers le continent.

Un Brasilien converti, nommé Martin
Affonso, se signala dans cette vive attaque
par des traits d'une bravoure éclatante, et
il en fut récompensé par une pension et
l'ordre du Christ.

Villegagnon était en France lorsque le
fort qu'il avait érigé tomba au pouvoir des
Portugais, et pourtant il s'était vanté que,
ni les forces de l'Espagne et du Portugal,
ni même, ajoutait-il en rappelant la défense
de Malte, toute la puissance du Grand-Turc,
ne pourraient lui enlever sa forteresse. Mem

de Sa, dans une lettre à sa cour, exprima
la crainte du prochain retour de Villegagnon : « Ce commandant, ajoutait le gou-
» verneur portugais, n'agit point comme
» nous envers les sauvages ; il est libéral à
» l'excès, et observe une stricte justice. Pour
» peu qu'un de ses gens commette une faute,
» il le fait pendre sans rémission ; de sorte
» que les Français le craignent, et que les na-
» turels l'aiment. Il a donné des ordres pour
» apprendre à ces derniers l'usage des armes
» à feu : ils sont en grand nombre, et ap-
» partiennent à une des plus braves tribus
» du Brésil. Si Villegagnon revenait avec
» les renforts qu'il a lui-même annoncés,
» les Français, aujourd'hui réfugiés sur le
» continent parmi les Tamoyos, ne man-
» queraient pas d'occuper encore l'île dont
» je viens de faire la conquête, et, dominant
» de nouveau la rade, ils seraient plus re-
» doutables que jamais. Qu'on se hâte donc
» de m'envoyer des renforts du Portugal,
» pour que je puisse tenter l'expulsion to-
» tale de l'ennemi. »

En effet, Mem de Sa n'étant point assez
en forces pour garder l'île, enleva l'artil-

lerie aux armes de France, fit démolir tous
les ouvrages, et mit à la voile pour le port
de Santos, où tout ce qui était nécessaire,
soit pour les blessés, soit pour les malades,
soit enfin pour la petite armée expédition-
naire, avait été rassemblé par les soins de
l'infatigable Nobrega.

Pendant son séjour à Santos le gouverneur général, d'après l'avis de ce missionnaire, donna l'ordre de transférer à Piratiningua l'établissement de Saint-André,
qui, situé à l'entrée des bois, était exposé
aux attaques imprévues des tribus hostiles
habitant les bords du Paraïba méridional.
Dans ce nouveau site, la colonie prit le
nom de Saint-Paul, et devint bientôt la
ville la plus considérable et la plus florissante de cette partie du Brésil. Le collége de Piratiningua fut alors placé à Saint-
Vincent, et comme le chemin qui conduisait de cette colonie à Saint-Paul était in-
festé par les Tamoyos, une route nouvelle
et plus sûre fut tracée avec beaucoup de
peine et de soins, d'après les plans et sous
la direction des missionnaires jésuites.

Le retour du gouverneur à San-Salvador

fut célébré par des fêtes et par des courses de taureaux qui n'avaient jamais eu lieu au Brésil ; mais à ces témoignages de l'allégresse publique succédèrent bientôt de nouveaux motifs de crainte, et de nouveaux sujets de deuil.

Mem de Sa ne put jouir que d'un court intervalle de paix. Les capitaineries d'Os Ilheos et de Porto-Seguro étaient alors ravagées par les Aymures. De toutes les peuplades indigènes, celle-ci était la plus sauvage et la plus terrible ; on croit qu'elle descendait originairement de la grande race des Tapuyas, si puissante, si nombreuse, reléguée alors dans le nord du Brésil, mais qui avait possédé dans l'intérieur une ligne parallèle à la côte, depuis la rivière San-Francisco jusqu'au cap Frio, avant que les Tupiniquins et les Tupinambas l'eussent chassée plus loin dans les terres. Les Tapuyas s'y étaient multipliés, tandis que les tribus maritimes, au contraire, avaient été successivement affaiblies par les envahisseurs d'Europe. D'après cette tradition, les Aymures auraient été séparés si long-temps de leur mère-nation, que déjà ils n'entendaient plus leur langue primitive. Telle était du moins l'opinion reçue au Brésil sur l'origine de ces sauvages redoutables; mais un langage ne peut subir une si grande altération sans le mélange de quelqu'autre langue toute différente, et d'ailleurs les Aymures étant d'une plus haute stature que les Tapuyas leurs voisins, il semble plus raisonnable d'inférer qu'ils étaient une tribu du sud, où les naturels, en général de plus grande race, ont aussi des habitudes plus grossières. Du reste leur langage était si barbare et si dur, que la plupart des sons semblaient tirés, non de la bouche ni du gosier, mais du fond de la poitrine. Les Aymures avaient une habitude commune, il est vrai, à beaucoup de peuplades américaines, mais étrangère aux tribus brasiliennes; ils s'épilaient soigneusement tout le corps, et gardaient pourtant leur chevelure, qu'ils écourtaient seulement au moyen d'une sorte de rasoir fait de canne durcie. Ces sauvages n'avaient ni vêtemens, ni habitations; entièrement nus, ils dormaient, tapis comme des bêtes, dans le fond des bois; ils s'étaient habitués à marcher sur leurs mains au milieu des buissons et des ronces, où il n'était pas possible de les suivre. Pendant la saison des pluies ils dormaient sous des arbres touffus, et avaient précisément assez d'intelligence pour former avec des branchages un toit qui les mettait à couvert. Ils se nourrissaient de fruits sauvages, d'animaux qu'ils abattaient avec leurs flèches, dont les coups étaient inévitables, et mangeaient aussi leurs ennemis vaincus, qu'ils ne tuaient pas seulement pour des festins d'apparat, mais pour en faire leur nourriture habituelle, les regardant comme des animaux dont ils devaient faire leur proie : ils en rôtissaient à-demi la chair, s'ils avaient du feu ; autrement, ils la dévoraient crue et sanglante, comme auraient fait des tigres. Leur manière de faire la guerre était tout aussi sauvage. N'ayant point de chefs, ils ne se rassemblaient pas en corps nombreux, et ne faisaient jamais face à l'ennemi ; mais ils l'épiaient comme des bêtes féroces, et, du fond des forêts, lançaient leurs coups mortels. Sous beaucoup d'autres rapports encore, les Aymures étaient très inférieurs aux autres peuplades primitives du Brésil. Placés dans l'intérieur des terres, ils ne

savaient pas nager, et telle était l'horreur
qu'ils avaient de l'eau, qu'une rivière,
qu'un ruisseau même qu'ils ne pouvaient
passer à gué, était une barrière suffisante
contre leurs agressions et leurs attaques. On
ne s'étonnera pas que de pareils êtres, tenant
plus de la bête que de l'espèce humaine,
fussent si impatiens de tout esclavage. Quelques-uns, pris par les Portugais, refusèrent
toute espèce de nourriture, et périrent de
ce genre de suicide, le plus lent, et le plus
douloureux de tous.

Incapables de combattre de tels ennemis,
les Tupiniquins s'enfuirent devant eux, et,
par leur retraite, exposèrent les capitaineries d'Os Ilheos et de Porto-Seguro à de
cruelles dévastations. Jamais les Aymures
ne s'étaient montrés si nombreux, si redoutables. Le gouverneur général, appelé
au secours des capitaineries ravagées, s'embarqua avec une force suffisante, fit voile
au port d'Os Ilheos, et de là se dirigea
aussitôt à la recherche de l'ennemi. La
marche eut lieu parmi des marécages et des
terres inondées. On découvrit que les Aymures y avaient élevé un pont d'arbres de la

longueur d'un mille : l'armée passa dessus.
Dans la nuit même elle les atteignit, et en
fit un grand carnage ; hommes, femmes,
enfans, rien ne fut épargné. Mem de Sa,
pour rendre la victoire plus complète, fit
mettre le feu aux bois et aux forêts qui servaient de retraite aux vaincus. Il retournait
triomphant, et avait atteint la côte, lorsque les Aymures, sortant tout à coup d'une
embuscade, fondent comme une troupe de
bêtes farouches sur les Portugais, qui mar-
chaient en colonne. L'armée fait aussitôt
volte-face, tourne les barbares, et les jette
dans la mer. Les Indiens alliés, aussi actifs
sur l'eau que sur terre, noient tous ceux
qu'ils dédaignent de faire prisonniers.

Après cette seconde victoire Mem de Sa rentra dans Ilheos, et se rendit en pompe à l'église
de la Vierge, pour lui rendre grâces de ses
succès. Peu de jours s'étaient écoulés, lorsque
les côtes et les hauteurs voisines parurent
toutes couvertes de sauvages armés. Les Aymures venaient de rassembler des forces considérables, tant des guerriers de leur nation
que des montagnards voisins, et, se voyant
en si grand nombre, ils se flattaient de pou-

voir enfin se venger de leurs ennemis. Mais
ils furent défaits de nouveau dans plusieurs
actions, et demandèrent la paix, qui leur
fut accordée aux termes ordinaires. On
ajoute que, dans cette expédition, Mem de
Sa détruisit plus de trois cents retraites de
ces sauvages, et força ceux qui ne voulurent
pas se convertir à se retirer à soixante lieues
environ dans les terres ; que, même à cette
distance, ils ne se croyaient point encore
à l'abri du fer et du feu des Portugais.
Mais il y a probablement de l'exagération
dans ce récit ; car, malgré toutes les victoires de Mem de Sa, la capitainerie d'Os
Ilheos fut en peu d'années presque détruite
par les Aymures.

Cependant les missionnaires jésuites, se-
condés par un gouverneur plein de zèle,
avançaient heureusement les travaux de la
civilisation des tribus sauvages du sud. Ils
avaient formé déjà cinq établissemens pour
les naturels convertis, et, dans le cours de
cette même année, ils y en joignirent un
sixième.

Mais tandis que, d'un côté, ces missionnaires poursuivaient leurs nobles desseins,

de l'autre se formait une des plus redoutables confédérations de sauvages qui aient jamais menacé la puissance portugaise dans cette partie du Brésil. Mem de Sa n'avait obtenu qu'un commencement de succès à Rio-Janeiro; car, s'il avait chassé les Français de l'île et du fort Coligny, ceux-ci, réfugiés dans la terre ferme, en petit nombre il est vrai, se voyaient pourtant soutenus par les Tamoyos, qu'ils avaient en quelque sorte disciplinés, et qui exerçaient contre les Portugais de cruelles représailles. Ces sauvages, qui faisaient partie de la grande race des Tupis, ne reconnaissaient pour alliés que les Tupinambas, et regardaient comme ennemies toutes les autres tribus brasiliennes, sur-tout celles des Guayzacares et des Guaynazes, auxquelles ils faisaient une guerre d'extermination vers Saint-Vincent. Leurs habitations, spacieuses et régulières, étaient fortifiées de palissades, et mieux défendues encore que celles des Tupinambas leurs alliés; ils leur ressemblaient d'ailleurs dans plusieurs de leurs usages. Ce qui les rendait remarquables, c'était leur habileté à improviser de la poésic, talent qui les faisait rechercher et estimer dans tout le Brésil. Maîtres alors d'une grande partie du pays situé entre Rio-Janeiro et Saint-Vincent, ils attaquaient, du côté des montagnes, les Portugais et leurs alliés qui habitaient le canton de Piratiningua, et, vers la côte, tous ceux que leurs canots de guerre pouvaient atteindre. Quoique toujours harcelés par les redoutables Aymures, les colons portugais rassemblèrent, pour repousser les Tamoyos, toutes leurs forces disponibles; mais ils furent défaits à la première rencontre. Dès-lors les tribus sauvages qui par crainte étaient restées neutres, eurent un rayon d'espoir, et joignirent les Tamoyos vainqueurs. Cet exemple fut suivi par les Tupis de l'intérieur des terres, qui, renonçant à l'alliance des Portugais, prirent également les armes. La terreur fut au comble parmi les envahisseurs d'Europe. « O colons portugais! s'écriaient les mis- » sionnaires jésuites, cette guerre malheu- » reuse n'est qu'une juste vengeance du ciel, » car vous avez mérité tous les maux qui » fondent maintenant sur vous. Ces Tamoyos » si terribles n'auraient-ils pas été vos amis,

» s'ils n'eussent eu à se défendre contre vos
» chasseurs d'esclaves ? La loi naturelle leur
» a fait un devoir de prendre les armes pour
» résister à l'oppression. Peu contens de
» s'être vengés par des victoires, ils veulent
» aujourd'hui vous chasser du Brésil. Mal-
» heur à vous si les Français de Rio-Janeiro
» reçoivent des renforts ! Le projet des Ta-
» moyos recevrait alors son exécution ; à
» moins qu'adoptant une conduite plus ami-
» cale, plus politique, vous ne tendiez la
» main à ces sauvages intrépides, pour en
» faire vos amis et vos alliés. » Mais cette
guerre était dans sa première effervescence,
et la voix de la conciliation ne pouvait encore se faire entendre.

Des sauvages confédérés, rassemblés pour
attaquer Saint-Paul, espéraient surprendre
la ville, lorsque l'un d'eux, récemment
baptisé par les jésuites, vint leur découvrir
le projet. A l'instant même tous les Indiens
convertis du voisinage se réunissent dans
la ville même, sous le commandement de
Tabyreza, chef brasilien, dévoué dès l'origine
aux intérêts du Portugal. Son frère se trouvait parmi les conférés, et son neveu Ja-

goanharo (le grand chien) était un de leurs
principaux chefs. Les sauvages se croyaient
si sûrs du succès, que les vieilles femmes de
leurs tribus apportaient avec elles tous les
ustensiles nécessaires pour célébrer les fêtes
cannibales de la victoire. Jagoanharo envoya même prier son oncle Tabyreza d'a-
bandonner la cause des Portugais, pour ne
pas s'exposer à une mort inévitable. Mais
ce fut en vain; Tabyreza resta fidèle, et les
jésuites sauvèrent la ville de Saint-Paul
comme ils avaient déjà sauvé Piratiningua.
Leurs disciples marchèrent sous les ban-
nières de l'Eglise, et, persuadés que le ciel
serait leur récompense, ils furent invincibles. La ville fut assaillie vigoureusement;
mais, défendue par les néophytes, elle résista
à toutes les attaques. Jagoanharo fut tué en
essayant d'escalader l'église. Son oncle Tabyreza se conduisit, dans le parti contraire,
avec sa valeur habituelle, mais aussi avec
une férocité que n'avait pu diminuer sa conversion. Deux des vaincus, espérant éviter
la mort, se jettent à ses genoux, en s'é-
criant : Nous sommes cathécumènes. Ils
implorent ainsi sa clémence et la protec-

tion des jésuites , leurs pères spirituels ; mais rien ne peut fléchir Tabyreza ; il trouve le crime des deux sauvages trop grand pour être pardonné, et, les traînant au pied des autels, il leur casse la tête à coups de massue.

Cet intrépide et féroce allié des Portugais , ce chef redoutable des sauvages ne survécut pas long-temps à la gloire d'avoir défendu Saint - Paul. Il fut atteint et enlevé par la dyssenterie, et sa mémoire fut long-temps célébrée par les missionnaires jésuites. « C'est , de tous les chefs brasi-
» liens , disaient les pères , animés par une
» juste reconnaissance ; c'est , de tous les
» chefs , celui qui nous a le premier reçus et
» accueillis, celui qui nous a donné des terres,
» qui nous a assistés avec une fidélité admi-
» rable , celui enfin qui nous a sauvés du
» plus imminent danger. » Cet éloge, les historiens portugais l'ont confirmé , et Vasconcellos avoue, dans son Histoire du Brésil , que la conquête de Saint-Vincent est due au seul Tabyreza.

Mais si la valeur de ce chef et le zèle des missionnaires jésuites avaient pu se signaler

avec succès dans la défense de la ville de
Saint-Paul, d'un autre côté, les sauvages
ennemis étaient victorieux sur beaucoup
d'autres points du Brésil. Les Tamoyos,
avec leurs longs canots à vingt rames, dé-
fiaient toute poursuite, et ravageaient les
côtes avec impunité. La capitainerie d'Espiritu-Santo, que Fernandez Coutinho avait
laissée dans un état prospère en partant pour
le Portugal, était presque détruite. Attaqués
d'un côté par les Tupinambas, et de l'autre
par les Guaynazes, les colons portugais ne
purent tenir contre cette double agression.
Maîtres de la campagne, les sauvages brûlèrent les sucreries, et assiégèrent la ville
principale. Ménézes, qui y commandait en
l'absence de Coutinho, fut tué en combattant; son successeur, don Simon de Castello
Branco, éprouva le même sort dans une
sortie. Tel était l'état déplorable de la capitainerie, lorsque Coutinho arriva de Lisbonne avec des renforts. Il essaya pendant
quelques années de tenir tête à cette multitude d'ennemis; mais à la fin les solli-
citations des colons, et le sentiment de son
infériorité, le portèrent à réclamer le se-

cours du gouverneur-général de la colonie. Mem de Sa envoya son propre fils Fernand avec une flottille pour repousser les barbares. L'expédition aborda à l'embouchure de la rivière Circare, et fut jointe par les forces de la capitainerie. La petite armée combinée attaqua aussitôt les sauvages, et les défit; mais, avant que les vainqueurs se fussent rembarqués, les vaincus ralliés les attaquèrent avec de nouvelles forces. Ils les cernèrent, rompirent leurs rangs, et les taillèrent en pièces. Fernand de Sa resta parmi les morts après avoir fait des prodiges de valeur. Moissonné ainsi à la fleur de l'âge, il trompa les plus chères espérances d'un père qui l'idolâtrait, et qui, par ce sacrifice, donnait un gage de son dévouement sans bornes à son roi et à sa patrie.

Cette déplorable défaite fut suivie d'un double fléau qui désola d'abord la capitale du Brésil, puis la colonie presque entière. Portée d'abord à l'île d'Itaporica, puis à San-Salvador, la petite vérole étendit ses ravages au nord de la côte, et trente mille Indiens environ, que les jésuites avaient convertis, furent rapidement enlevés par la contagion.

Pour le bonheur de l'humanité, le génie, favorisé par le hasard, n'était point encore parvenu à étouffer dans son germe cette funeste épidémie, qui, à cette époque, moissonna plus des trois quarts des naturels du *Reconcave*. Ce fléau destructeur fut suivi du fléau plus lent de la famine, comme si l'atmosphère eût été viciée par quelque principe ennemi de toute vie animale et végétale. Les fruits, gâtés, tombaient avant d'être mûrs ; les plantes se desséchaient, et toutes les productions de la nature semblaient frappées de langueur et de mort comme les hommes. La famine occasionna une seconde mortalité. De onze établissemens formés par les jésuites, six furent détruits, soit par la mort des habitans, soit par la désertion d'un grand nombre, qui fuyaient dans l'intérieur des terres pour y trouver quelque adoucissement à tant de maux. Moins exposés que les Indiens, les colons portugais, profitant de la misère publique, achetèrent des esclaves en donnant des vivres en échange. Plusieurs sauvages vendirent les enfans qu'ils avaient volés ; quelques-uns vendirent leurs propres enfans ; d'autres se vendirent eux-mêmes, et soutinrent ainsi leur vie défaillante. Des doutes s'élevèrent sur la validité de ces transactions calamiteuses, et un *tribunal de conscience*, formé à Lisbonne, décida que, dans une extrême détresse, un homme pour vivre pouvait se vendre lui-même, ou ses enfans. L'évêque et le gouverneur général promulguèrent cette décision royale pour tranquilliser la conscience des colons. Il s'éleva cependant une autre difficulté relative aux esclaves qui n'avaient été vendus ni par eux-mêmes, ni par leurs parens. Aux termes de la loi, ils ne pouvaient être retenus; mais leurs maîtres ne voulant plus s'en dessaisir, on crut dangereux de les y contraindre, et, par une sorte d'arrangement tacite entre la religion et l'intérêt particulier, on ne donna aux opprimés aucun relâche, sous prétexte qu'ils redeviendraient idolâtres s'ils redevenaient libres. Quand la famine et la mortalité eurent cessé leurs ravages, beaucoup d'Indiens convertis retournèrent aux établissemens des jésuites. Ceux qui n'y retrouvèrent plus leurs femmes en désirèrent d'autres; mais comme il n'était pas avéré que les premières eussent cessé de vivre, on ne permit aux Indiens de se remarier qu'après un laps de temps considérable ; circonstance qui les contraria vivement, et qui, plus d'une fois, embarrassa la sagesse des missionnaires.

Au milieu de ces malheurs publics la guerre des Tamoyos devenait de plus en plus opiniâtre et exterminatrice ; les colons portugais ne résistaient plus qu'avec peine aux attaques réitérées de ces sauvages. Pleins de zèle et de foi, Nobrega et Anchieta, son fidèle compagnon, qui espéraient faire tourner au profit de la morale ces pénibles épreuves, prêchèrent tous deux aux colons, soit dans les campagnes, soit dans les villes nouvellement fondées, que les Tamoyos n'avaient par-tout l'avantage que parceque le droit et la justice étaient de leur côté, et que Dieu les protégeait visiblement : « C'est au mépris des traités, » ajoutaient les missionnaires, c'est contre » le droit de la nature et des gens que » vous les avez attaqués, que vous avez fait » esclaves ceux dont vous avez pu vous » saisir. Vous avez même souffert que vos » alliés dévorassent les Tamoyos tombés en

» leur pouvoir ; ne vous étonnez donc pas
» si la vengeance céleste vous frappe et vous
» accable. » Le danger était imminent ; toutes
les tribus des Tamoyos s'étaient réunies pour
une attaque générale. Ce fut alors que les
deux apôtres du Brésil, touchés des malheurs de leurs compatriotes, demandèrent
au gouverneur général la permission d'aller
se livrer eux-mêmes aux sauvages, dans
l'espoir d'en obtenir la paix. Ils s'embarquent
sur le vaisseau de Francisco Adorno, l'un
des plus riches colons du Brésil, et s'approchent du rivage occupé par la plus puissante tribu des Tamoyos. A la vue du pavillon portugais plusieurs canots de ces
sauvages mettent en mer pour attaquer le
vaisseau ; mais, apercevant la robe noire des
missionnaires, ils baissent aussitôt leurs arcs
en signe de paix : ils n'ignoraient pas que
ces religieux étaient les protecteurs des Indiens. Anchieta leur parle dans leur propre
idiome, et leur inspire une telle confiance,
que, malgré les trahisons qu'ils ont éprou-
vées de la part de ses compatriotes, plusieurs d'entre eux viennent à bord écouter
les propositions du missionnaire. Le len-

demain, les chefs des principaux établissemens de ces sauvages, venus pour traiter
avec les deux ambassadeurs, envoient d'a-
bord à Saint-Vincent douze jeunes Tamoyos
pour servir d'otages, et prient instamment
Anchieta et Nobrega de débarquer à *Iperoyg*. Là Coaquira, vieux chef, les ayant
reçus pour ses hôtes, les deux missionnaires
élèvent aussitôt une église couverte de branches de palmier, et y célèbrent la messe.
Leurs cérémonies, les mystères qu'ils prê-
chent à haute voix étonnent d'abord les
sauvages ; mais ce qui excite le plus leur
admiration et leur respect, c'est la décence
et la sainteté de la conduite des deux envoyés, qui s'efforcent de semer parmi eux
la paix et la concorde.

Cependant il était difficile que les deux
ambassadeurs chrétiens pussent échapper à
tous les dangers qui les environnaient à
Iperoyg. Plusieurs confédérés des autres
peuplades n'apprirent qu'en frémissant les
négociations pacifiques, et, pour les rompre, un chef nommé Aimbere, sortit de
Rio-Janeiro avec dix canots à vingt rames.
Il avait donné sa fille en mariage à un Fran-

çais du fort Coligny, et, outre cette alliance, il nourrissait contre les Portugais un plus puissant motif de haine ; tombé récemment en leur pouvoir dans une de ces expéditions entreprises pour se procurer des esclaves, il avait été mis, chargé de chaînes, à bord d'un de leurs vaisseaux ; mais, quoiqu'enchaîné, Aimbere, se jetant à la mer, s'était échappé à la nage. Depuis il n'avait plus respiré que vengeance. Le lendemain de son arrivée à Iperoyg, tous les chefs ouvrent une conférence pour décider si la paix offerte sera rejetée ou acceptée. Aimbere, parlant au nom d'une grande partie des hordes de Rio-Janeiro, demande, comme préliminaire, que trois chefs, qui ont abandonné la confédération brasilienne et se sont rangés du parti des Portugais contre leurs alliés naturels, soient livrés à l'instant pour être tués et mangés. Nobrega et Anchieta, présens à la conférence, déclarent avec fermeté qu'on ne peut accueillir une proposition si impie : « Ces chefs » indiens, ajoutent-ils, sont membres aujourd'hui de l'église de Dieu, et amis des » Portugais. Le premier devoir de nos com-

» patriotes est donc de protéger leurs nou-
» veaux amis, en tenant inviolablement à
» la parole qu'ils leur ont donnée. La loyauté
» des Portugais dans cette circonstance sera
» désormais un gage de plus de leur fidé-
» lité pour le maintien des conditions qu'ils
» pourront stipuler avec les Tamoyos. S'il
» en était autrement, n'auriez-vous pas à
» craindre qu'après avoir manqué à leurs
» amis, les Portugais fussent encore moins
» scrupuleux à votre égard, vous qu'ils ont
» regardés jusqu'ici comme leurs ennemis
» naturels?» La réponse d'Aimbere fut qu'il
n'y aurait pas de paix si les Portugais ne
livraient pas les transfuges qui avaient tant
tué et dévoré de ses amis, et que telle était
la résolution invariable de la plus grande
partie des hordes de Rio-Janeiro. La conférence, troublée par cette discussion, parais-
sait rompue sans aucun espoir, lorsque le
vieux Pindobuza (le grand palmier), chef
de l'établissement où se tenait l'assemblée,
prit Aimbere par la main, et, usant de
l'autorité que lui donnait son grand âge,
l'empêcha de commettre aucun acte de violence. Nobrega, jugeant convenable de tem-

poriser, consentit que la demande faite au nom des hordes de Rio-Janeiro fût portée au gouverneur de Saint-Vincent, et Aimbere voulut y aller lui-même, bien décidé, s'il n'obtenait pas ce préliminaire, à rompre la négociation. De son côté, Nobrega avait besoin d'un prétexte pour faire connaître l'état des conférences au gouverneur de la colonie; il lui recommandait sur-tout de n'accéder, sous aucun rapport, à une proposition si déshonorante, quelles que pussent être pour lui et pour son collègue les conséquences d'un refus formel.

Cependant le fils du grand palmier, Paranapuza (la vaste mer), qui était absent lors de l'arrivée à Iperoyg des deux ambassadeurs jésuites, apprit avec des transports de rage que, venus pour conclure la paix, ils exerçaient sur son père une influence absolue. Il rétrograda en hâte avec ses amis, déterminé à tuer les jésuites, et à n'épargner son père que par pitié pour sa vieillesse. Anchieta et Nobrega, le voyant venir dans son canot, et instruits à temps de ses projets sinistres, se réfugient dans la maison du grand palmier, ils la trouvent déserte,

croient la mort inévitable, se jettent à
genoux, et se mettent en prières. Ce fut à
cette ferveur qu'ils attribuèrent leur salut,
plus encore qu'à leur éloquence. Lorsqu'ils
s'étaient vus entourés de Tamoyos prêts à
les égorger, Anchieta avait péroré ces sauvages avec véhémence, pour les dissuader
de commettre un crime si contraire aux
droits de l'hospitalité et des nations. Paranapuza leur déclara ouvertement qu'il était
venu pour les tuer; mais que, touché lui-
même de leur humanité et de leurs vertus,
il voulait être leur ami, et vivre en paix avec
eux. La continence de ces pères, lorsque
des femmes leur avaient été offertes selon
l'usage, inspira sur-tout à leurs hôtes une
sorte d'admiration bien propre à augmenter
le respect qu'ils s'étaient attiré. Les Tamoyos,
étonnés de leur conduite extraordinaire,
demandèrent à Nobrega comment il était
possible qu'il parût abhorrer des jouissances
que les autres hommes désiraient si ardem-
ment. Nobrega, tirant alors un faisceau de
verges de dessous sa robe, leur dit qu'à
l'exemple des anciens anachorètes chrétiens,
c'était en se tourmentant avec cet instru-

ment de pénitence qu'il avait soumis la chair à l'empire de la raison. Nobrega était vieux et cassé par ses pieux et longs travaux, tandis qu'Anchieta était à la fleur de l'âge. Sa continence fut mise aussi à une plus rude épreuve; resté seul, quelque temps après, parmi les sauvages d'Iperoyg, ceux-ci ne cessèrent de lui amener et de lui offrir leurs plus belles femmes. Anchieta, n'ayant ni compagnon, ni ami qui l'aidât dans sa résistance, fit vœu, s'il parvenait à conserver sa pureté intacte, de composer un poëme latin sur la chasteté de la Vierge. Privé de papier, d'encre et de plumes, il récitait ses vers d'inspiration en marchant sur le rivage; pour les mieux retenir il les traçait, jour par jour, sur le sable, et les gravait ainsi dans sa mémoire.

Depuis environ deux mois les deux ambassadeurs chrétiens étaient environnés de dangers à Iperoyg, lorsque le gouverneur de Saint-Vincent témoigna le désir de conférer avec eux pour conclure la paix. Mais les Tamoyos ne crurent pas prudent de laisser partir à la fois les deux otages, et il fut convenu qu'Anchieta resterait. Sa

position devint alors plus critique et plus
alarmante. Exposé seul pendant trois mois
aux caprices et aux emportemens de ces
sauvages, il se vit un jour menacé d'être
mangé si leur députation n'était pas de retour à une certaine époque dont ils avaient
à dessein avancé le terme. Un parti de Tamoyos, impatient de cette espèce d'inacti-
vité qui accompagne ordinairement les négociations de paix, entreprit même une expédition hostile, et amena des prisonniers
portugais à Iperoyg. Touché de l'infortune
de ses compatriotes, Anchieta fit tout pour
les sauver, et conclut leur rançon; mais elle
n'arriva point assez tôt pour les capteurs.
Dans leur colère, ils décident entre eux de
ne plus différer à dévorer le missionnaire
qu'ils ont en otage. Anchieta n'a plus alors
d'autres ressources que de hasarder une prophétie, et il affirme hardiment que la rançon arrivera le lendemain; il va même jusqu'à soutenir que, dans aucun cas, il ne sera
mangé. La barque et la rançon arrivent en
effet le lendemain, à l'heure fixée par Anchieta : il est probable qu'il était sûr de son
fait; toutefois les Portugais et les sauvages

crurent également à ses miracles. Les Tamoyos l'appelaient le grand paye ou prêtre
des chrétiens ; l'idée qu'ils avaient de son
caractère surnaturel lui sauva plus d'une
fois la vie.

A son arrivée à Saint-Vincent, Nobrega
avait trouvé le commandant tué, la forteresse prise d'assaut par les sauvages, les négociations rompues, et la paix plus éloignée
que jamais. Rien ne peut refroidir son ardeur ni décourager son zèle ; il calme les
esprits, et ne s'arrête point qu'il n'ait conduit les députés des Tamoyos à Itanhaem
pour ménager leur rapprochement avec les
naturels alliés ; puis il court à Saint-Paul de
Piratiningua, où une réconciliation est cimentée dans la principale église. La paix
est enfin conclue entre les Portugais, les
Tamoyos, et toutes les hordes des pays voisins. Ce fut l'ouvrage de trois mois.

C'est ainsi qu'après avoir été exposés cent
fois à perdre la vie au milieu des antropophages, Nobrega et Anchieta parvinrent enfin à
conclure une pacification si difficile. Leur pé-
rilleuse ambassade fut regardée comme le salut des colonies portugaises. Plus de trois

cents canots de guerre étaient prêts à ravager
les côtes ; déjà tous les archers qui habitaient
les bords de la Paraïba du sud s'étaient réunis et avaient juré de ne poser les armes
qu'après avoir détruit les établissemens portugais et occupé de nouveau tout le pays
qui leur avait appartenu.

La rapidité avec laquelle Nobrega s'était
transporté sur différens points du Brésil, par
amour pour la paix, lui mérita de la part
des sauvages, le surnom d'*Abaré-Bebe*, le
père volant.

Anchieta, qui s'était également signalé par
son dévouement et son zèle dans une négociation si pénible, quitta Iperoyg après
une résidence de cinq mois parmi les sauvages ennemis, et reparut à San-Salvador
avec son digne collègue. Ce fut alors que,
pour accomplir le vœu qu'il avait fait pendant son ambassade, il écrivit son poëme
sur la Vierge, en cinq mille vers latins,
monument singulier de l'effervescence d'une
imagination exaltée par les plus sublimes
élans des vertus morales et religieuses.

LIVRE X.

SECONDE *Expédition des Portugais contre les Français de Rio-Janeiro. — Mort de Salvador Correa de Sa, neveu du Gouverneur-général. — Entière expulsion des Français. — Fondation de la ville de Saint-Sébastien. — Départ de la flotte de don Louis de Vasconcellos pour le Brésil. — Combat naval, Mort de Vasconcellos, Massacre de soixante-neuf Jésuites, et destruction de la flotte portugaise. — Mort de Nobrega, et Portrait de ce Missionnaire. — Arrivée au Brésil de Louis de Britto d'Almeïda, quatrième Gouverneur-général. — Mem de Sa meurt, après quatorze ans d'administration.*

1565 — 1572.

CEPENDANT la reine régente et son conseil apprirent avec peine que Mem de Sa n'avait pas su profiter de ses succès pour se mettre

en possession de l'île où les Français avaient
élevé le fort Coligny. Quand ensuite la cour
de Lisbonne reçut la nouvelle que Nobrega
et Anchieta venaient de conclure la paix avec
les Tamoyos, elle résolut de ne pas laisser
échapper l'occasion de fonder une colonie à
Rio-Janeiro, et d'en exclure entièrement les
Français restés maîtres en quelque sorte de
la rade, malgré leur première défaite. Soutenus par quelques peuplades de Tupinanbas et de Tamoyos, ils s'étaient établis sur
le continent, y avaient fortifié le poste d'Uraçumiri, et avaient élevé la petite forteresse
de Paranapucy dans l'île de Cat. Quoique
les Portugais eussent peu d'informations positives sur la situation des Français à Rio-Janeiro et sur les dispositions des peuplades
indigènes, ils sentaient néanmoins qu'il ne
serait plus temps d'entreprendre l'entière
expulsion de l'ennemi, qui, d'un moment
à l'autre, pouvait recevoir des secours de
France avec de nouveaux chefs. En conséquence, la reine régente fit partir Eustache
de Sa, neveu du gouverneur, avec deux
galions, pour se rendre à Bahia, où il vint
porter à son oncle l'ordre de l'assister de

toutes les forces de la colonie, afin de chasser les Français établis à Rio-Janeiro. Mem de Sa rassembla immédiatement tous les bâtimens de guerre et de transport qui étaient à Bahia, réunit quelques troupes, et s'empressa de donner à son neveu les informations qui pouvaient faciliter le succès de son entreprise. Il lui recommanda expressément d'observer les forces des ennemis, le nombre de leurs vaisseaux, et de les attirer en pleine mer, pour peu qu'il eût l'espoir de la victoire ; de ne rien négliger sur-tout pour conserver la paix avec les Tamoyos, et enfin de ne rien faire d'important sans l'avis de Nobrega.

Eustache arriva en février à la vue du cap Frio, et dépêcha aussitôt un navire à Saint-Vincent, avec des dépêches par lesquelles il invitait Nobrega à venir le joindre pour l'aider de ses conseils. Il reconnut ensuite la côte, fit prisonnier un Français, et apprit de lui que les Tamoyos de Rio-Janeiro avaient rompu la paix et s'étaient alliés de nouveau à ses compatriotes. Ce rapport fut bientôt confirmé par les embarcations envoyées pour faire de l'eau au-delà de la Barre : l'une d'elles avait été attaquée par sept canots de sauvages et avait perdu quatre hommes. On s'aperçut même bientôt que chaque point de la rade où les vaisseaux français pouvaient être attaqués se trouvait sous la protection des Tamoyos, qui couvraient le rivage, armés de leurs arcs redoutables. Après avoir engagé quelques petites escarmouches sans aucun succès, Eustache de Sa vit avec peine que les vaisseaux ennemis ne s'écartaient pas de la côte, qu'il ne pouvait y aborder lui-même, faute d'embarcations suffisantes, et que ses forces d'ailleurs ne répondaient pas à la difficulté de l'entreprise. Inquiet du retour de Nobrega, et informé d'un autre côté, par le rapport d'un prisonnier, que la guerre avec les sauvages venait de se renouveler à Saint-Vincent, il jugea nécessaire d'aller au secours de cette capitainerie, où une telle diversion pouvait lui devenir funeste. Ce parti arrêté, il mit à la voile dans le courant d'avril. Le lendemain, à minuit, Nobrega entra dans le havre, favorisé par un gros vent. Satisfait d'avoir échappé à la tempête, et se croyant en sûreté au milieu de la flotte portugaise, il jeta l'ancre ; mais à peine le jour vint-il à paraître, qu'il ne vit de tous côtés que des canots ennemis. Le vent qui l'avait poussé dans la rade l'y retenait; il lui était impossible de fuir, et ses gens, se croyant perdus sans ressource, recommandaient leur ame à Dieu, lorsque tout à coup des vaisseaux parurent. C'était l'escadre d'Eustache de Sa, qui, repoussée par le même vent, revenait jeter l'ancre au milieu de la rade. Le lendemain, jour de Pâques, Nobrega et le général en chef abordèrent sur l'île Villegagnon, où le missionnaire prêcha un sermon d'actions de grâces. Consulté par Eustache de Sa sur la suite de leurs opérations militaires, il confirma ce général dans la résolution qu'il avait déjà prise d'aller s'approvisionner à Saint-Vincent, et de s'y pourvoir de barques à rames, sans lesquelles plusieurs postes dont il fallait s'assurer, n'auraient pu être pris.

L'expédition remit à la voile, et gagna le port de Santos. Là on sut que les Tamoyos d'Iperoyg, pacifiés par Anchieta et Nobrega, étaient fidèles à leurs engagemens, que beaucoup d'entre eux étaient même

venus au secours des Portugais, et que le
chef, Cunhambeba, ami particulier d'Anchieta, avait pris poste avec toute sa peuplade en armes sur les frontières des Tupis,
pour la défense de ses nouveaux alliés. Mais
les colons de Saint-Vincent ne voulaient
faire de sacrifices que pour leur conservation immédiate. Ils exagéraient les forces
des Français et des Tamoyos de Rio, et insistaient tellement sur les difficultés de l'entreprise, qu'Eustache lui-même fut ébranlé,
et dit à Nobrega : « Père, quel compte ren-
» drai-je à Dieu et au roi, si cet armement
» est perdu? — Seigneur, répondit le mis-
» sionnaire, je rendrai moi-même compte
» de tout à Dieu, et j'irai vers le roi, à Lis-
» bonne, prendre sur moi la responsabilité
» de l'entreprise et de l'événement. » Après
avoir persuadé le général, il lui fallut encourager aussi les soldats. Le missionnaire
les entraîna, non seulement par son autorité
spirituelle, mais encore par les ressorts de
la politique. Il conduisit l'armée à Saint-Paul
de Piratiningua, où la vue de tant d'Indiens
convertis, disciplinés, et prêts pour la guerre,
excita le courage des colons portugais.

D'autres peuplades, jusque là indécises, apportèrent leurs armes, firent des traités d'alliance, donnèrent des provisions, et offrirent leurs secours. Saint-Paul devint bientôt une place d'armes. Nobrega descendit le long de la côte, et de distance en distance prêcha au peuple et aux colons la nécessité d'assurer un prompt succès à l'expédition, promettant, au nom du roi et du gouverneur général, le pardon de toutes les fautes temporelles à quiconque prendrait les armes et s'embarquerait. Dans une colonie successivement peuplée de criminels ce pardon n'était pas sans objet. On leva des Mamalucos et des Indiens, on fournit des canots de guerre, et d'autres renforts vinrent de Bahia et d'Espiritu-Santo, formant ensemble un armement tel que ne l'avaient pas cru possible ceux qui s'étaient d'abord opposés à l'expédition. Ces préparatifs durèrent jusqu'à la fin de l'année. En janvier 1565 on eut six vaisseaux de guerre, un nombre proportionné de transports et d'embarcations, et plusieurs canots montés par des Mamalucos et des Indiens. Le commandement en chef de ces derniers fut confié au mission-

naire Anchieta. C'était le meilleur général
qu'on pût donner à ces peuples. L'armement fit voile de Bertioga le 20 janvier,
jour de Saint-Sébastien, patron du roi,
et que les Portugais, comme par un présage heureux, choisirent pour protecteur
de l'expédition.

Les vents, constamment contraires, ne
permirent aux canots et aux bâtimens légers
d'approcher de la barre de Rio-Janeiro que
vers les premiers jours de mars. Là il leur
fallut attendre le général en chef. La flotte
et les transports, qui luttaient aussi contre
les vents et les vagues, n'arrivèrent que len-
tement et avec peine. Ces délais épuisèrent
la patience des Indiens alliés ou convertis,
et, les provisions commençant à manquer,
ils formèrent le complot de se retirer, malgré
les exhortations d'Anchieta ; ils ne voulaient
pas, disaient-ils, rester oisifs ni mourir de
faim. Mais, par une de ces promesses hardies dont le missionnaire, encouragé par
le succès, avait contracté une sorte d'habitude, il retint ses soldats, en leur annon-
çant qu'à l'heure même arriveraient les provisions et le général en chef : sa prophétie

était à peine finie, que les vaisseaux furent
en vue.

La flotte réunie entra tout entière dans
la barre, et les troupes opérèrent le débarquement au lieu appelé Villa Velha, sous
la protection du rocher dit le Pain de
Sucre. On s'y retrancha. Mais l'eau manquait : Eustache de Sa fit éclairer le pays;
on ne put découvrir qu'une eau dormante
et saumâtre. Giuseppe Adorno et Martim
Namaredo, deux des plus puissans colons
du Brésil, entreprirent avec leurs soldats
de creuser un puits dans le sable. Le succès
répondit à leur attente, et le puits fournit à l'armée une eau limpide. Les Portugais étaient à peine retranchés que les Tamoyos les attaquèrent. Un Indien converti
étant tombé en leur pouvoir, au lieu de
l'emmener, ils l'attachèrent à un arbre, à
la vue de toute l'armée, et en firent le but
de leurs flèches, croyant intimider ainsi les
alliés des Portugais; mais, au contraire,
cette cruauté les mit en fureur, et, décidés
à vaincre ou à périr, les convertis, conduits
par Anchieta, fondirent sur les Tamoyos,
les dispersèrent, et détruisirent leurs canots.

Six jours après on apprit qu'ils s'étaient ralliés et mis en embuscade avec vingt-sept canots de guerre dans une crique où les convertis devaient passer. Ceux-ci, préparés à l'événement, se mirent en marche, et défirent une seconde fois les Tamoyos. Encouragés par ces premiers succès, les vainqueurs, toujours guidés par Anchieta, entonnèrent d'un air triomphant ce passage de l'Ecriture : « Les arcs des puissans sont » brisés, et ceux qui succombaient naguère » sont revêtus de force ! » En effet, on pouvait dire que les arcs des Tamoyos étaient les arcs des puissans, car un trait lancé par ces sauvages clouait souvent le bouclier au bras qui le tenait ; quelquefois même il passait au travers du corps avec une force que rien ne pouvait ralentir, et, perçant l'arbre qu'il rencontrait au-delà, il s'enfonçait encore dans le tronc.

La guerre cependant fut continuée avec peu de vigueur de part et d'autre, et sans événemens décisifs ; une année s'écoula ainsi dans l'inaction ou dans des escarmouches insignifiantes. Indigné de la lenteur des opérations , Nobrega vint au camp ; il

applaudit toutefois à la conduite d'Anchieta,
qui avait maintenu l'ordre et la discipline
parmi les Indiens convertis et alliés. Il le
dépêcha aussitôt à Bahia pour y veiller aux
intérêts de la compagnie et pour y être or-
donné prêtre ; car jusque là ce missionnaire n'avait été que coadjuteur temporel.
Nobrega le chargea en même temps de traiter avec le gouverneur général de l'importante affaire de l'expulsion des Français. Arrivé à San-Salvador , Anchieta représenta
au gouverneur qu'on ne pouvait espérer aucun succès sans de nouveaux secours , et
qu'il fallait faire un dernier effort, ou abandonner l'entreprise. Mem de Sa fit de nouvelles levées, rassembla quelques vaisseaux,
et, conduisant le renfort en personne, arriva le 18 janvier de l'année suivante à Janeiro, deux ans moins deux jours après que
l'expédition eut fait voile de Saint-Vincent.
L'attaque générale fut différée jusqu'au jour
de Saint-Sébastien , réputé heureux ; en
effet, Uraçumiri , place forte des Français,
fut enlevée ce jour-là d'assaut ; pas un des
Tamoyos qui défendaient les retranchemens n'échappa ; il n'y eut que deux Fran-

çais tués et cinq faits prisonniers. Ces derniers furent pendus , selon le féroce système de guerre adopté alors par les Européens en Amérique. Les vainqueurs marchèrent aussitôt à Paranapucy , l'autre forteresse des Français dans l'île de Cat. Il fallut en canonner les fortifications et faire brèche avant de donner l'assaut. Paranapucy fut enfin emporté ; mais à la première attaque Eustache de Sa, marchant à la tête des siens, reçut une flèche au visage qui lui fit une blessure cruelle dont il mourut après avoir langui un mois entier. Son cousin Salvador Corréa de Sa , nommé général pour le remplacer, prit aussitôt le commandement. Peu de Français périrent dans ces deux actions décisives, dont leurs alliés , les Tamoyos , avaient soutenu tout l'effort. Quand ces derniers eurent succombé les Français se rembarquèrent dans quatre vaisseaux qu'ils tenaient mouillés en rade , firent voile à Pernambuco , et y prirent possession du Récif avec l'intention de s'y établir. Ce choix prouve qu'ils avaient exploré la côte avec soin et que leurs plans étaient sages ; mais il leur manquait les moyens d'en poursuivre l'exécution. En effet,

Olinda, la capitale de Pernambuco, à présent l'une des plus florissantes villes du Brésil, était trop près du Récif pour souffrir à ses portes des ennemis qui venaient d'être expulsés de Rio-Janeiro. Le commandant de la ville les attaqua vigoureusement et les contraignit de reprendre le large. L'un des Français de l'expédition, avant de se rembarquer, exprima son chagrin au sujet des malheurs de ses compatriotes au Brésil, en gravant sur un rocher ces mots, que l'historien Rocca Pita nous a conservés avec leur orthographe ridicule : *Le munde va de pis ampi.*

Peut-être n'y a-t-il jamais eu de guerre où si peu d'efforts de part et d'autre aient eu des conséquences si importantes. Trop occupée à combattre les huguenots pour songer au Brésil, la France négligea, abandonna même ses colons de Rio-Janeiro, et Coligny, voyant ses projets anéantis par Villegagnon, ne prit plus aucun intérêt à la colonie qu'il avait en quelque sorte créée ; d'ailleurs le temps de l'émigration des calvinistes était passé depuis qu'ils avaient pris les armes en France contre leurs compatriotes catholiques.

Le Portugal fut presque aussi peu attentif que la France aux affaires du Brésil dans ces dernières années. La mort de Jean III avait été pour la monarchie une perte irréparable. A la vérité, la reine régente s'était d'abord attachée à suivre les plans de ce monarque, mais avec moins de zèle et bien moins de pouvoir. Elle fut forcée, en 1562, de résigner au cardinal Henri l'administration de l'état ; mais on vit ce nouveau régent montrer, dès les premiers instans, tout aussi peu de fermeté et de résolution que lorsque, plus tard, il ne sut point conserver la monarchie intacte. Certes, si Mem de Sa eût été moins fidèle, si Nobrega et Anchieta eussent été moins habiles, Rio-Janeiro, maintenant le chef-lieu du Brésil et la retraite de la dynastie de Bragance, serait aujourd'hui une possession française.

Immédiatement après sa victoire le gouverneur général, en conséquence de ses instructions, traça sur le bord occidental du fleuve le plan d'une nouvelle ville, qui, après deux siècles d'existence, a été érigée en métropole de l'Amérique portugaise. Mem de Sa la nomma Saint-Sébastien, en l'honneur du saint de ce nom et du roi régnant. Son assiette, choisie dans une belle plaine, entourée de montagnes variées, couvertes de forêts superbes ; l'heureuse position de sa rade, préservée des vents orageux par les hauteurs voisines, et où les vaisseaux mouillent en sûreté comme dans un bassin, devaient l'élever bientôt au rang d'une des premières stations navales du globe. Mem de Sa ordonna de fortifier d'abord les deux côtés de la barre. Les Indiens, alliés et convertis, commandés par les jésuites, entreprirent tous les travaux de la nouvelle ville, sans qu'il en coûtât rien à l'état. En peu de mois la nature brute fut animée et fertilisée par la main de l'homme. Les rivières, jusqu'alors abandonnées à leur course vagabonde, coulèrent dans leurs lits déblayés ; des eaux stagnantes ou de tristes marais furent desséchés ou taris ; la mousse inutile n'étouffa plus les herbes nutritives ; la hache et le feu éclaircirent ces forêts impénétrables aux rayons du soleil, n'offrant que des arbres entrelacés qui succombaient sous le poids des siècles, et ces buissons stériles qui couvraient les plus fertiles coteaux. La pierre de taille, artistement élevée, remplaça la cabane sauvage de palmier, et forma bientôt à l'homme un abri sûr et commode; des temples s'ouvrirent à la gloire de l'Eternel; des murailles s'élevèrent pour ceindre une ville au berceau. On posa des quais, on perça des routes; la terre, sillonnée par la charrue, put recevoir dans son sein le souffle des vents et les rayons du soleil; le sol, l'air et les eaux acquirent plus de salubrité, et la nature sauvage, désormais vaincue par l'industrie et par le courage, céda enfin son empire à l'homme civilisé qui se créait une patrie nouvelle.

La ville de Saint-Sébastien fut d'abord divisée en trois parties, comme en trois étages: la première sur les hauteurs, la seconde à mi-côte, et la troisième qui s'étendait sur le rivage voisin de la rade. A peine la nouvelle ville eut-elle un aspect régulier, qu'on lui donna pour premier gouverneur Salvador Correa de Sa, le même qui s'était distingué pendant la conquête. Le premier *alcaïde mor* fut mis aussi en possession de sa charge avec toutes les formalités usitées en Portugal. Le gouverneur lui donna les clefs des portes et resta en dehors. L'alcaïde entre aussitôt, ferme la ville avec les deux guichets, et demande ensuite au gouverneur s'il veut entrer, et qui il est. « Je suis, répond Correa, gouverneur, au nom du roi de Portugal, de la ville de Saint-Sébastien, et je veux y entrer. » Les portes sont ouvertes à l'instant pour reconnaître s'il est réellement le *capitam mor* de la ville et forteresse de Saint-Sébastien, dont il prend aussitôt le commandement.

Il est fâcheux pour la mémoire de Mem de Sa que ce gouverneur général ait souillé de sang innocent la fondation de sa ville, en y vouant au supplice un des huguenots qui, fuyant la persécution de Villegagnon, était venu chercher un asile parmi les Portugais. Cet infortuné se nommait Jean Bolès, homme érudit, possédant le grec et l'hébreu. Réfugié à San-Salvador avec trois de ses camarades, il y fut arrêté à l'instigation de Louis de Gram, provincial des jésuites, animé d'un zèle persécuteur pour l'orthodoxie. L'un des compagnons de Bolès feignit de rentrer volontairement dans le giron de l'église catholique ; mais Bolès et les deux autres, plus fermes dans leurs principes, se résignèrent à une prison indéfinie, plutôt que de changer de croyance. Bolès était prisonnier depuis huit ans lorsqu'il fut transféré à Saint-Sébastien, et traîné au supplice comme Français et hérétique obstiné. Cet acte de politique ou plutôt cette odieuse cruauté déshonore la mémoire de Mem de Sa et des jésuites qui la conseillèrent pour effrayer ceux des compatriotes de Bolès qui auraient été tentés de revenir encore dans les parages de Rio-Janeiro.

Les missionnaires jésuites ne furent pas oubliés dans la fondation de Saint-Sébastien. On leur donna au milieu de la ville un terrain pour y élever un collége doté au nom du roi, en faveur de cinquante frères, dotation que les jésuites avaient méritée par leurs travaux au Brésil, et qui fut confirmée à Lisbonne l'année suivante. Les convertis indiens qui avaient participé à la conquête furent rassemblés près de la ville sur les terres concédées aux jésuites. L'établissement prospéra et devint, en quelque sorte, un poste avancé contre les Tamoyos et contre les interlopes français et anglais.

Le chef indien Martim Affonso, qui s'était

signalé dans les dernières expéditions , fut placé avec sa peuplade à une lieue environ de la ville nouvelle, dans un poste appelé aujourd'hui *San-Laurenzo*. Les Tamoyos, qui avaient voué à ce chef une haine mortelle , désiraient avec ardeur le prendre vivant et le manger. L'arrivée de quatre vaisseaux français au cap Frio leur donna l'espoir de la vengeance. C'étaient probablement les mêmes Français qui avaient été chassés successivement de Rio-Janeiro et du Récif. Les sauvages réclamèrent leur coopération pour attaquer l'ennemi commun. Mem de Sa était retourné à San-Salvador , et il ne restait plus aucunes forces que les assaillans dussent redouter. Ils entrèrent dans la barre sans opposition , car les forts n'étaient pas encore armés. Le gouverneur Correa, étonné de cette brusque invasion , expédia un aviso à Saint-Vincent pour demander du secours, et fit partir un détachement, afin de renforcer Martim Affonso, sachant quel était le but principal des Français et des sauvages. Il se prépara ensuite lui-même à défendre la ville non encore murée.

Cependant Martim Affonso, peu suscepti-

ble de découragement, s'était mis en défense avant que les Français et les Tamoyos
débarquassent, et, heureusement pour lui,
après qu'ils eurent pris terre ils différèrent
encore l'attaque jusqu'au jour suivant. Les
troupes dont le gouverneur avait pu disposer étaient arrivées pendant la nuit au
camp de Martim Affonso. Ce chef marcha
aussitôt pour surprendre l'ennemi. Un plein
succès couronna sa tentative. Laissés à sec
par la marée, les vaisseaux français se trouvèrent tellement penchés, que leurs canons
ne purent servir contre les assaillans, ni répondre au feu d'un fauconneau. Après une
perte considérable ils se hâtèrent de profiter du secours de la marée pour se rembarquer et regagner le large. Ce fut la dernière
alarme qu'ils donnèrent aux fondateurs de
la nouvelle ville. Avec le renfort arrivé de
Saint-Vincent le gouverneur de Saint-Sébastien les poursuivit jusqu'au cap Frio. Ils
en étaient déjà partis; mais un autre vaisseau
de la même nation venait d'y arriver, et son
capitaine, fort en équipage et en canons,
crut n'avoir rien à craindre d'une flottille de
canots montés principalement par des Brasi-

liens. Il fit une belle défense , et Salvador Correa en vint à l'abordage. Il fut trois fois jeté dans la mer , et trois fois ses Indiens le sauvèrent , quoiqu'il fût pesamment armé. Le capitaine français combattait sur le pont, armé aussi de toutes pièces et tenant une épée nue dans chaque main. Un des Indiens alliés , impatienté de voir que les flèches ne pouvaient percer l'armure de ce capitaine ennemi , demande s'il n'y a aucun moyen de l'atteindre ; on lui indique la visière du casque ; il y dirige une nouvelle flèche , lui perce l'œil, et le tue. Le vaisseau , privé de son chef, se rendit aux Portugais, et ses canons , transportés à Rio-Janeiro , furent placés pour fortifier et défendre la barre. Quand le jeune roi Sébastien apprit la conduite courageuse du chef indien Martim Affonso , il lui envoya des présens, parmi lesquels était une de ses armures ; marque honorable d'encouragement et d'estime.

Ainsi, ce prince pouvait à peine gouverner ses sujets par lui-même, et déjà la conquête de la plus belle partie du Brésil promettait aux Portugais l'entière domination de cette vaste possession d'Amérique. Dès que ce jeune roi eut atteint sa seizième année, le cardinal Henri, son oncle, lui remit les rênes de l'état, à la satisfaction générale des grands et du peuple.

Le monarque se garda bien de négliger les riches établissemens que l'Europe enviait à sa nation dans les autres parties du monde, et le Brésil ne fut point oublié. Il prolongea encore pour deux ans l'administration de Mem de Sa, qui avait été si longue et si heureuse.

Les possessions de l'Inde se soutenaient toujours avec éclat; le Portugal regorgeait de leurs produits, et Lisbonne était comptée parmi les plus belles et les plus florissantes villes du continent.

Les jésuites, toujours employés à la propagation de la foi, faisaient régner dans les contrées orientales, et sur-tout au Brésil, tous les bienfaits de la doctrine chrétienne; ils étaient en grand crédit à la cour de Sébastien. Ce prince résolut même d'envoyer au Brésil un renfort de ces missionnaires avec don Louis de Vasconcellos, qu'il choisit pour succéder à Mem de Sa dans le gouvernement de la colonie. Tous les pères destinés à ce voyage furent mis sous la direction de François-Ignace de Azevedo.

Azevedo était d'une famille distinguée du Portugal. Entré en 1547 dans l'ordre des jésuites, il avait déjà rempli divers emplois au Brésil, lorsqu'il fut élevé au poste important de provincial de l'Amérique portugaise, par le fameux Francisco Borja, alors général de son ordre. Pie V, pour encourager une émigration si utile au christianisme, accorda les indulgences plénières à tous ceux qui accompagneraient Azevedo, et fit don à ce provincial des jésuites de plusieurs reliques destinées à réchauffer le zèle pieux des colons du Brésil. Soixante-neuf pères, accourus pour participer à une si honorable mission, se réunirent à Lisbonne, où s'équipait une flotte de sept vaisseaux et une caravelle, sous le commandement de don Louis de Vasconcellos, qui devait gouverner la colonie. Le Portugal n'y avait point encore envoyé d'armement si considérable. Tout annonçait que le Brésil allait être enfin vivifié et protégé; mais les destins en décidèrent autrement.

Azevedo se mit à bord du San-Iago avec trente-neuf frères; vingt autres suivirent

Pedro Diaz dans le vaisseau du gouverneur, et les dix derniers, placés sous la direction de Francisco de Castro, s'embarquèrent dans le vaisseau des orphelines, ainsi nommé parce-qu'il portait un grand nombre de jeunes filles que la cour envoyait se marier et former des établissemens au Brésil. La flotte mit à la voile, et arriva bientôt à Madère. Là le gouverneur don Louis, redoutant les calmes de la côte de Guinée, résolut d'attendre une saison plus favorable; mais le San-Iago, ayant à bord Azévedo et le plus grand nombre des missionnaires, se sépara de la flotte pour aller à l'île de Palma, une des Canaries, déposer un chargement destiné aux habitans de l'île et en reprendre un nouveau pour le Brésil. Le trajet était court, mais dangereux, parceque des corsaires français croisaient dans ces parages. Les pères prièrent Azevedo de passer sur un autre bord pour ne pas s'exposer ainsi sans nécessité. Azevedo s'y refusa, tout en permettant à ses compagnons de prendre eux-mêmes ce parti. Quatre novices seulement acceptèrent; leurs places furent remplies aussitôt par quatre autres qui ambitionnaient le martyre:

leurs désirs furent bientôt accomplis. Le lendemain parurent cinq vaisseaux français, sous les ordres de Jacques Sore, fameux corsaire normand et huguenot, parti de la Rochelle dans le dessein d'exterminer tous les catholiques qui tomberaient en son pouvoir. Le San-Iago avait l'avantage de la marche, et gagna l'île en sept jours. Mais un vent violent le força d'entrer dans un port près de Torça-Corte. De là au port de Palma il n'y avait que trois lieues par terre ; la distance par mer était plus considérable. Un colon français, qui avait été à Oporto le condisciple d'Azevedo, lui donna le conseil de ne pas s'aventurer dans le San-Iago, mais d'aller à Palma par terre, parcequ'il était à craindre qu'il ne fût pris par les pirates. Rien ne put dissuader Azevedo, qui semblait se précipiter volontairement à sa perte. Le San-Iago remet à la voile : arrivé près de Palma, il est entouré par les corsaires. Le combat s'engage : les jésuites sont en prières et invoquent le ciel sur le tillac ; mais bientôt toute résistance devient inutile, tout espoir est perdu. Le San-Iago est pris à l'abordage, et, à l'exception d'un novice, aucun des jésuites n'échappe à la fureur de Jacques Sore; il fait jeter à la mer et ceux mêmes qui sont encore vivans, et les blessés, et les mourans, et les morts. Maître du vaisseau, il regagne la France avec un riche butin.

La nouvelle de cet événement sinistre arrive bientôt à Madère, où se trouve le reste de la flotte; tous les jésuites qui sont à bord célèbrent à l'envi ce qu'ils appellent le triomphe des missionnaires chrétiens, leurs frères, martyrisés par les hérétiques; triomphe qu'eux-mêmes ne tarderont point à partager. Quoique la flotte eût attendu la saison favorable, elle eut beaucoup à souffrir du climat pestilentiel du cap Vert; et lorsqu'après un long et déplorable voyage elle parut en vue du Brésil, le vent souffla si violemment qu'elle ne put ni doubler le cap Saint-Augustin ni venir à terre. Poussée jusqu'à la Nouvelle-Espagne, elle y fut dispersée par la tempête; un vaisseau gagna Saint-Domingue, un autre l'île de Cuba; le reste erra dans la haute mer. Ralliée enfin, mais délabrée, cette malheureuse flotte fait une nouvelle tentative pour arriver à sa destination; mais c'est en vain; battue de

nouveau par la violence des vents, repoussée
vers les Açores, toute désemparée, elle a ses
équipages tellement affaiblis que, lorsque
Vasconcellos tente encore une fois sa mauvaise fortune, un seul de ses vaisseaux suffit
pour contenir les misérables restes de ses
forces. On touchait à l'équinoxe de septem-
bre, et il n'y avait pas une semaine que don
Louis avait quitté l'île de Tercère, lorsqu'on
aperçut en mer cinq vaisseaux de haut bord,
quatre français et un anglais. C'étaient encore des pirates, commandés par Jean de
Capdeville, Béarnais, compagnon de Jacques Sore, calviniste comme lui, et parcou-
rant les mers dans le même but. Quatorze
jésuites, sous Pedro Diaz, étaient avec le gouverneur. Quelqu'inutile que fût la résistance,
Vasconcellos se prépara courageusement au
combat et attaqua le premier Capdeville.
Une vigoureuse canonnade s'engage de part
et d'autre à la portée du mousquet ; mais
bientôt le corsaire fond sur l'amiral portugais, monte à l'abordage, et entre dans le
vaisseau même. Victime de sa résolution héroïque, le malheureux Vasconcellos est tué
sur le pont, les armes à la main, et jeté à la

mer. Tels furent les cruels événemens qui
anéantirent coup sur coup ce bel armement
destiné pour le Brésil. De soixante-neuf missionnaires qu'Azevedo avait amenés avec
lui de Lisbonne, un seul arriva à sa destination, et y confirma la nouvelle du désastre. Jamais la compagnie de Jésus, avant
ou après cette époque, ne fit en même temps
une aussi grande perte ; jamais elle n'obtint,
selon l'expression des missionnaires, un
triomphe si glorieux. On donna un grand
appareil de miracle à une catastrophe dont
les circonstances seules suffisaient sans doute
pour laisser dans les esprits une impression
profonde de tristesse. En Portugal et au Brésil on assura qu'Azevedo une fois tué, les
hérétiques n'avaient pu arracher de ses
mains le portrait de la Vierge, peint par
Saint-Luc, et qui était un don du pape. Là
ne s'était pas borné le miracle. Jeté de dessus le pont, Azevedo avait tendu ses bras,
tout mort qu'il était, et s'était placé de lui-
même dans la posture d'un crucifié ; repris
à bord et rejeté de nouveau à la mer, toujours il avait remis ses bras dans la même
posture, et y était demeuré jusqu'à l'éloigne-

ment des pirates hérétiques. Alors seulement les prisonniers du San-Iago l'avaient vu s'abîmer dans les flots. Peu après, cômme un vaisseau catholique faisait voile à l'endroit même où le martyre avait eu lieu, le corps d'Azevedo s'était élevé du sein des flots dans la même posture pour mettre le tableau de la Vierge à bord, puis s'était replongé dans les abîmes de l'océan. Ce récit extraordinaire les jésuites le confirmaient en quelque sorte aux yeux des fidèles, en montrant à San-Salvador le tableau miraculeux, encore empreint des doigts sanglans d'Azevedo.

Nobrega ne vécut point assez pour apprendre le sort de ce nouveau martyr de son ordre et de ses compagnons d'infortune. Il mourut à peu près à la même époque, dans la cinquante-troisième année de son âge, épuisé par de longs travaux et des fatigues continuelles. La veille de sa mort, il prit congé de ses amis, comme s'il allait entreprendre un long voyage; ceux-ci lui demandèrent où il allait : « A la maison, dans mon » pays, répondit Nobrega. » Placé dans une contrée où l'on ne mit en action que les bons

principes de son ordre, ce célèbre missionnaire doit être regardé à juste titre comme
le fondateur de ce système bienfaisant employé à l'égard des Indiens par les jésuites
du Paraguay avec un succès si remarquable. Nobrega, par ses travaux et par ses
bienfaits, méritait de figurer honorablement dans les annales du Brésil, où il releva la morale sur les fondemens de la religion et d'une saine politique. Il soutint la
colonie chancelante, et fut le vrai législateur
des Indiens. Aucun homme n'employa sa
vie ni plus activement, ni avec plus d'utilité pour sa patrie et pour ses semblables.

Quand la mort de Vasconcellos fut connue
à Lisbonne le roi Sébastien nomma Louis
de Brito d'Alméïda pour lui succéder dans le
gouvernement du Brésil. Plus heureux que
Vasconcellos, Louis de Brito parvint à sa
destination, et reçut l'autorité des mains de
Mem de Sa. Ce dernier vécut encore assez pour
transmettre son pouvoir à son successeur; la
mort le surprit peu de temps après, à San-
Salvador, où il laissa le souvenir d'une administration habile et prospère pendant quatorze années. Il avait eu dans ses derniers

jours la mortification de voir le Brésil négligé par la mère-patrie. Tout y avait décliné
sous le gouvernement du cardinal Henri,
pendant la minorité de Sébastien. Jean III
avait pris de telles mesures, que, s'il eût vécu
dix ans de plus, des villes et des forteresses
eussent été bâties sur presque tous les points
du Brésil ; mais après sa mort, au lieu d'é-
lever de nouveaux établissemens, on laissa
tomber les anciens. Les flottes, qui étaient
dans l'usage chaque année d'amener au Brésil de jeunes colons industrieux et pleins de
vigueur, n'arrivèrent plus, et la métropole
sembla devenir indifférente au sort de ses
possessions d'Amérique. Non seulement elles
furent négligées, mais encore on traita leurs
défenseurs avec une sorte d'ingratitude.
Les services passés restèrent sans récompense.

On ne fit rien pour les enfans des colons
qui étaient morts les armes à la main en ex-
pulsant les Français, événement de la plus
haute importance pour l'existence même de
l'Amérique portugaise. La métropole n'était
redevable de la conservation du Brésil qu'à
des colons ou à des indigènes accourus volon-

tairement à sa défense, et qui s'étaient engagés dans une longue guerre aux dépens de
leur fortune et de leur propriété. Découragés
de voir leurs réclamations dédaignées à la
cour, les descendans de ces braves se montraient peu disposés à faire par eux-mêmes
des sacrifices pareils si des circonstances
semblables se renouvelaient un jour, car il
n'y a de patrie que pour ceux qui ont intérêt
à la défendre.

LIVRE XI.

DIVISION *du Brésil en deux Gouvernemens séparés. — Destruction des Tamoyos par Antonio Salema, Gouverneur de Rio-Janeiro. — Transmigration des Tupinambas. — Premières recherches des Mines de diamans. — Le Brésil est réuni de nouveau en un seul Gouvernement, sous Diego Laurenço da Vega. — Expédition désastreuse du roi Sébastien en Afrique. — Révolution qui range le Portugal sous la domination de l'Espagne. — Le Brésil reconnaît Philippe II.*

1572 — 1581.

Louis de Brito ne succéda point à toute l'autorité de son prédécesseur. L'accroissement de la colonie avait été si rapide sous l'administration de Mem de Sa, que la cour

de Lisbonne jugea convenable de diviser le
Brésil en deux gouvernemens séparés. Bahia
continua d'être la résidence de l'ancien gouverneur, et la ville de Saint-Sébastien devint le siége du nouveau gouvernement de
Rio-Janeiro, dont la juridiction commençait
à la capitainerie de Porto-Seguro et comprenait tous les établissemens au sud. Il fut
conféré au docteur Antonio Saléma, qui passa
de Pernambuco à Saint-Sébastien. Cette ville
naissante était toujours menacée non seulement par les Tupinambas et par les Tamoyos,
mais encore par des armateurs français qui
continuaient leur commerce d'échange au
cap Frio. Fidèles à leur alliance avec eux,
les sauvages de ces contrées avaient juré une
haine éternelle aux Portugais du Brésil; tout
était hostile et menaçant autour de la nouvelle ville de Saint-Sébastien. Antonio Salema, homme d'un caractère ferme et ri-
gide, résolut de délivrer son gouvernement
de ces ennemis irréconciliables. Il rassemble
un corps de quatre cents Portugais et de sept
cents Indiens auxiliaires, et, secondé par
Christovam de Barros, qui s'était signalé lors
de l'expulsion des Français, il attaque à la

fois les Tupinambas et les Tamoyos, et leurs alliés européens. Mais les aldées ou villages des Brasiliens ennemis étaient fortement palissadés, et ils firent derrière ces sortes de retranchemens une résistance opiniâtre, repoussant les Portugais non seulement à coups de flèches, mais encore avec des arquebuses qui leur étaient venues de France. La victoire eût été long-temps douteuse si, selon le système de cruauté adopté dans ces guerres, Antonio Salema eût refusé de traiter avec les Français qui commandaient ou dirigeaient les sauvages. Plus politique ou plus adroit que les commandans portugais ses prédécesseurs, il promit la vie à tous les Français qui mettraient bas les armes, et il tint parole, exigeant toutefois la remise des fusils et arquebuses dont on avait armé les sauvages. Abandonnés alors sans guides à leur inexpérience de la tactique européenne, les Tamoyos et les Tupinambas se virent exposés à la fureur de leurs ennemis. Les Portugais furent encore vainqueurs, non par l'ascendant d'une bravoure supérieure à celle de leurs adversaires, mais par l'avantage que les armes à feu et la discipline leur assu-

raient sur des hommes nus qui ne pouvaient
plus leur opposer qu'une intrépidité aveugle. Les Portugais en firent un affreux carnage, et en peu de temps la perte des deux
peuplades, en tués ou en captifs, fut, dit-on,
de huit à dix mille personnes des deux sexes.
Les Tamoyos furent presque entièrement
anéantis. Les restes malheureux de la tribu
des Tupinambas, abandonnant la côte après
avoir mis le feu à leurs habitations, er-
rent tous à l'aventure vers les montagnes
voisines, y traînent leurs blessés, s'appellent les uns les autres, passent de l'a-
battement à la rage à l'aspect de leurs
femmes et de leurs enfans, dénués de tout et
sans aucun asile; plusieurs même les mas-
sacrent par une sorte de pitié. Telle était la
désolation des vaincus, lorsqu'arrivés à l'entrée des montagnes leurs chefs suspendent
la fuite, afin de délibérer s'il faut se remettre à la discrétion des vainqueurs ou fuir à
jamais cette terre qu'ils avaient eux-mêmes
conquise. Mais le malheur avait tellement
aigri les esprits qu'il semblait impossible de
les ramener à un sentiment unanime. Enfin,
Japy Ouassou, l'un des chefs à qui l'expé-

rience et le grand âge donnaient le plus d'influence et de crédit, leur parla en ces termes : « O Tupinambas ! derniers restes de
» cette immense peuplade dont le nom seul
» inspirait la terreur à vos ennemis, quoi !
» vous dépouillant de votre juste haine
» contre les envahisseurs portugais, vous
» livreriez-vous aujourd'hui à ces oppres-
» seurs des Indiens. Auriez-vous oublié
» leur perfidie et leur cruauté, ou pour-
» riez-vous croire que des hommes qui
» se font un jeu du massacre et de la dévas-
» tation deviendront plus justes et plus hu-
» mains ? Las de nous égorger, ils cherchent
» maintenant à nous attirer à eux sous le
» voile d'une fausse pitié ; mais c'est encore
» un piége qu'ils nous tendent ; c'est pour
» faire de nous des instrumens de nouvelles
» conquêtes ; c'est pour user nos bras et nos
» corps par des travaux dont l'unique sa-
» laire serait la violence et l'outrage. Forcés
» de céder à l'ascendant de leurs armes à
» feu, nous ne pouvons y rien opposer :
» portons ailleurs nos pas et notre courage.
» N'espérons plus de nos alliés de France au-
» cun secours efficace, puisqu'ils nous ont

» abandonnés à nous-mêmes pour conserver
» leurs jours. Retirons-nous si avant dans
» les terres que nos yeux ne soient jamais
» blessés par la vue d'un chrétien. Là re-
» venons aux usages de nos ancêtres, qui se
» contentaient de labourer et de couper les
» arbres avec des instrumens de pierre, et
» dédaignons désormais tous ces perfides
» présens; tous les objets inutiles que nous
» ont apportés les hommes venus d'Europe
» pour nous subjuguer. Hâtons-nous de fuir
» au loin le supplice de la servitude; la terre
» est vaste, ne nous arrêtons que lorsque
» nous aurons mis entre nous et nos impla-
» cables ennemis un espace qu'ils ne puissent
» plus jamais franchir. » Entraînés par le
discours de Japy-Ouassou, les Tupinambas
prirent à l'instant la résolution d'effectuer
une retraite qu'ils auraient cru déshonorer
par le nom de fuite. Ils se retranchent d'a-
bord dans le fond des forêts; mais, ne s'y
croyant point encore en sûreté contre les
agressions des Européens, ils se décident à
chercher au-delà de l'immensité des déserts
quelque terre inconnue qui puisse devenir le
dernier asile de leur indépendance. Ils se

rassemblent en foule et partent en longues
colonnes de tout sexe et de tout âge, se dirigeant au nord vers la ligne équinoxiale, et
ne laissant derrière eux que de vastes soli-
tudes. Arrêtés enfin par le grand fleuve des
Amazones, les Tupinambas ne veulent ni
reculer à l'aspect de cette puissante barrière,
ni retourner sur leurs pas; ils s'établissent
sur plusieurs points de sa rive méridionale,
depuis son confluent avec la rivière de Madera jusqu'à son embouchure. Les uns se
fixent le long de la mer, vers les bouches
mêmes du fleuve, d'autres sur la montagne
d'Ibouijapap; ceux-ci jugent que l'île de
Maranham les rendra plus que tout autre
position inaccessibles à leurs ardens persé-
cuteurs, car rien ne leur paraît plus à
craindre que le voisinage des peuples civi-
lisés; ceux-là préfèrent les bords des rivières
Tuboucourou et de Moary; d'autres enfin,
retirés à l'est et à l'ouest de Para, vers
Comma et vers les côtes maritimes de Caye-
té, établissent là leurs demeures, et tous
joignent aux noms des lieux qu'ils habitent
celui de *Tupinambas*, dont ils sont trop fiers
pour jamais l'oublier, ni consentir à le perdre.

Quelques versions écrites, et d'autres qui ne sont que traditionnelles, ont assigné différentes causes à la division de la tribu entière en autant de hordes séparées. Plusieurs de ces mêmes Tupinambas qui avaient pris part à la grande émigration, et qui vivaient encore en 1595, assuraient qu'à peine arrivés dans les contrées du nord ils avaient fait un grand festin où les principaux et les plus anciens de la nation s'étaient réunis ; que là , les esprits s'étant échauffés par l'abondance des boissons fermentées dont les Brasiliens font usage , une femme dans l'ivresse avait frappé l'un des convives; qu'il s'en était suivi un tumulte général; que des partis acharnés s'étaient sur-le-champ déclarés les uns pour la femme sauvage , les autres en faveur du Tupinambas outragé ; qu'enfin cette dissension subite , en aigrisant les esprits, divisa la nation entière en différens partis ennemis les uns des autres , au point de s'entredévorer à l'imitation de ces peuplades féroces qu'aucun lien n'a jamais uni.

Quelques voyageurs , en s'accordant sur l'origine et les principales circonstances de

l'émigration des Tupinambas, font prendre
à ces intrépides sauvages une autre direction.
Ils les conduisent à l'occident jusqu'aux
frontières du Pérou, leur font peupler plusieurs chaînes des Cordilières, et ajoutent
que, s'étant mêlés bientôt vers les sources
du Cayari aux Espagnols qui habitent cette
contrée, ils avaient d'abord vécu en bonne
intelligence avec eux; mais qu'ensuite un
Espagnol ayant fait battre de verges un Tupinambas qui lui avait tué une vache, le
sentiment de l'indépendance s'était réveillé
parmi cette nation sauvage, et l'avait portée
à tenter une seconde émigration; que, s'a-
bandonnant alors dans leurs canots au cours
du fleuve et ensuite aux flots de la mer, les
Tupinambas ne s'étaient enfin arrêtés que
sur les côtes et dans les îles du tropique,
où les Européens les retrouvèrent établis
un demi-siècle plus tard.

Quoi qu'il en soit, la transmigration de
cette peuplade brasilienne porte un caractère de grandeur que l'histoire ne devait pas
laisser dans l'oubli. La conduite de ces fiers
sauvages envers les Français de Maranham,
achèvera bientôt de faire briller en eux cette

inflexibilité agreste, à laquelle n'ont peut-être rien à opposer les peuples qui se glorifient d'une longue civilisation.

Cet événement extraordinaire avait laissé tout le pays de Rio-Janeiro au pouvoir des colons portugais, sans qu'ils eussent plus à craindre aucune ligue des peuplades indigènes avec les armateurs européens qui auraient pu tenter encore de les déposséder. Tranquille désormais sur le sort de la nouvelle ville de Saint-Sébastien, le gouverneur Salema ne s'occupa plus que de la prospérité et de l'accroissement de la colonie.

De son côté le gouverneur de Bahia, profitant d'un intervalle de paix, donna toute son attention aux découvertes intérieures et aux premières recherches des mines de diamans. Dès cette époque l'opinion s'était accréditée au Brésil qu'on trouverait des pierres précieuses dans l'intérieur de la capitainerie de Porto-Seguro, sur les confins de celle d'Espiritu-Santo. Sébastien-Fernandez Tourinho fut envoyé par le gouverneur Louis de Brito pour s'en assurer, avec un parti d'aventuriers décidés à le suivre dans cette pénible entreprise. Tourinho vint à la rivière Doce, et ayant fait route à l'ouest par terre et par eau pendant trois mois entiers, il trouva enfin des rochers cristallisés qui contenaient des pierres d'une couleur qui n'était ni d'un vert ni d'un bleu décidé, et qu'il supposa être des turquoises. Les naturels lui dirent qu'au sommet de ces rocs escarpés il y avait d'autres pierres d'une couleur plus vive et plus brillante, et quelques-unes même qui, d'après leur description, semblaient devoir renfermer de l'or. Tourinho, continuant ses recherches, trouva au pied d'une montagne boisée une émeraude et un saphir, chacun parfait dans son espèce. A soixante-dix lieues plus loin il vit d'autres roches qui contenaient des pierres vertes. A cinq lieues de là était une chaîne de montagnes où, selon le rapport des indigènes, il y avait des pierres rouges et vertes très brillantes, et derrière cette chaîne on rencontrait, disaient-ils, une autre montagne tout entière de fin cristal, et où se trouvaient, comme incrustées, des pierres vertes et bleues d'une beauté rare. Tourinho trouva en effet de très beau cris-

tal, qui renfermait des émeraudes et des
pierres d'un bel azur. Il revint à San-Salvador avec ces informations et des échantillons de ses découvertes.

Empressé de faire continuer ces recherches, le gouverneur chargea le capitaine
Antonio - Diaz Adorno d'entreprendre une
seconde expédition de ce genre. A son arrivée au Rio de Caravalos, Adorno trouva
des saphirs, des émeraudes, et d'autres
pierres d'une telle pesanteur, qu'il présuma
qu'elles pouvaient renfermer de l'argent et
même de l'or. L'expédition descendit le
Rio-Grande en canot : il paraît que, pendant
cette navigation difficile, les compagnons
d'Adorno se séparèrent. Ce chef descendit à
terre seulement avec deux compagnons de
voyage, et, traversant le territoire de quelques tribus brasiliennes, de la race des Tu-
pinas et des Tupinambas du nord, il revint
ainsi à Bahia rendre compte au gouverneur
du résultat de l'expédition. Il confirma le
rapport de Tourinho, ajoutant toutefois qu'à
l'est de la montagne de cristal il y avait
des émeraudes, et à l'ouest des saphirs.
Quoiqu'imparfaits, les échantillons qu'A-

dorno avait ramassés prouvaient de plus en plus l'existence des mines de diamans ; aussi le gouverneur de Bahia envoya-t-il ces échantillons au roi Sébastien , avec ceux que Tourinho avait apportés lui-même. Mais on touchait alors à une époque désastreuse pour la monarchie portugaise ; déjà le roi Sébastien se montrait bien plus occupé de la poursuite d'une vaine gloire que de la prospérité de ses vastes possessions des Deux-Indes.

Cependant deux autres expéditions furent encore tentées pour la recherche des mines sous les auspices du gouverneur de Bahia , d'abord par Diégo-Martin Caoque (dont le surnom, *Matante Negro*, ou tueur de nègres , désigne un homme méchant et cruel), ensuite par Marcos Azevedo , qui rapporta une grande quantité de pierres précieuses de différentes couleurs. Le territoire où furent trouvés ces premiers diamans était occupé par des tribus brasiliennes agricoles et paisibles. Plusieurs autres colons entreprirent, dans le cours du même siècle, des recherches semblables ; mais, soit faute de soins et de suite , soit qu'on eût déjà perdu

les traces des premières mines, soit enfin
avidité ou crainte de la part des explora-
teurs, les résultats de leurs recherches, dont
ils dérobèrent la connaissance au gouvernement, restèrent ignorés. Ce ne fut que
long-temps après que les conquérans du Brésil parvinrent enfin à exploiter avec fruit les
mines précieuses que ses montagnes recèlent.

Louis de Britto avait aussi commencé à
chercher du cuivre; mais, découragé bientôt
par des obstacles imprévus, il abandonna
tout-à-fait les travaux, au grand étonnement
des colons de Bahia, qui étaient persuadés
qu'à soixante lieues dans les terres il y avait
une montagne où le minéral était à la surface en gros monceaux; ils croyaient en
outre qu'à une demi-lieue de là d'autres
montagnes renfermaient du fer de meilleure
qualité que l'acier de Milan. Là se bornèrent
les premières recherches pour la découverte
des diamans et des métaux.

La division du Brésil en deux gouvernemens séparés fut trouvée nuisible aux intérêts de la colonie, et la cour de Lisbonne
subordonna de nouveau le gouvernement
de Saint-Sébastien à celui de Bahia; ainsi,

vers la fin de son administration, Louis de Britto gouverna la colonie entière. A l'expiration de son autorité, Britto la remit entre les mains du gouverneur général Diego Laurença da Vega, envoyé au Brésil par le roi Sébastien. Ce nouveau gouverneur prit les rênes de l'administration à San-Salvador, en 1578, année si fatale au Portugal, pendant laquelle Sébastien et la fleur de sa noblesse périrent en Afrique.

Ce grand désastre, dont les suites furent si funestes au Brésil, mérite, sous plusieurs rapports, d'être rappelé ici avec quelques détails, d'autant plus que l'histoire de la monarchie portugaise se trouve essentiellement liée à notre sujet.

Ennemi du repos et des plaisirs tranquilles, Sébastien s'était laissé entraîner à une sorte d'héroïsme que le jésuite Camera, son précepteur, avait fait naître dans son ame, naturellement grande et fière. Sa passion immodérée pour la gloire lui faisait ambitionner de conquérir cette partie de l'Afrique occidentale où s'étaient signalés ses ancêtres. Un mélange d'idées pieuses et guerrières lui faisait aspirer de triompher des Maures, dans l'espoir d'arborer la croix sur les mosquées de Maroc. En paix avec toutes les puissances de l'Europe, maître du commerce le plus étendu, adoré d'une nation qui retrouvait en lui les vertus de ses plus illustres souverains, le roi de Portugal semblait ne devoir s'occuper que de jouir de sa prospérité et de son bonheur; mais l'amour de la célébrité le conduisit à sa perte. Ses flatteurs le rendirent sourd aux avis de ses vieux ministres; aux représentations de la reine Catherine, son aïeule, et du cardinal Henri, son oncle; aux cris de tout un peuple frémissant des dangers auxquels voulait s'exposer son monarque chéri. Le succès d'une première expédition en Afrique, où Sébastien avait en personne combattu et défait les Maures, encourageait cette audace guerrière, le plus impérieux de ses penchans, ou plutôt sa seule passion; il n'attendait plus, pour la satisfaire, qu'une occasion favorable; elle ne tarda pas à se présenter.

Muley Abdelmeleck venait de précipiter du trône de Maroc son neveu Muley Mohamet, qu'aucune qualité recommandable ne distinguait aux yeux de ses su-

jets. Après s'être inutilement adressé à
Philippe II, roi d'Espagne, Mohamet obtint
plus d'accès auprès de Sébastien, dont il
connaissait l'humeur belliqueuse et chevale-
resque. Le prince fugitif promit au roi de
Portugal les ports d'Arzille et de Larache,
s'il parvenait à le remettre en possession de
ses états. L'imprudent Sébastien saisit avec
joie l'occasion de repasser lui-même en
Afrique, bien plus pour y faire des conquêtes que pour rétablir le prince dont il
venait d'embrasser la cause. Il épuisa pour
cette expédition hasardeuse les finances de
l'état, déjà obérées par les dépenses exces-
sives de ses ministres. Insensible aux larmes et aux prières de ses sujets, il fit bénir
l'étendard royal, et mit à la voile le 25 juin,
avec cinquante vaisseaux, cinq galères, une
multitude de transports, et une armée de
quinze mille hommes d'infanterie et de mille
chevaux. Peu formidable en elle-même, cette
armée, composée de soldats de différentes
nations, était d'ailleurs perdue de luxe et
de débauche. Elle aborde à Tanger, et marche
aussitôt sur Arzille. Sébastien y trace son
camp; mais, contre l'avis de ses généraux,

il s'avance bientôt après dans l'intérieur du pays, vers Larache, dédaignant d'y arriver par mer. Au moment même où l'armée portugaise croit le roi de Maroc sur la défensive, ce prince, aussi habile capitaine que grand politique, se montre tout à coup dans les plaines d'Alcazar avec une armée supérieure en nombre, et qu'il avait lui-même aguerrie. Là se donne, le 4 août 1578, une bataille sanglante où les soldats de deux différentes parties du monde, et qu'animent la diversité de mœurs et de religion, se disputent le prix de la valeur et de la gloire. Enveloppés par la cavalerie africaine, qui formait un immense croissant, les Portugais et leurs alliés sont taillés en pièces. Sébastien, plus soldat que général, se trouve par-tout; il affronte tous les dangers; mais il succombe, et, couvert de blessures, il est fait prisonnier par une troupe de Maures qui se l'arrachent les uns aux autres. Un de leurs généraux, qui se fait jour au milieu de ces forcenés près d'en venir aux mains, leur crie: « Quoi ! lorsque Dieu vous donne la victoire, » c'est pour un prisonnier que vous vous » égorgez ! » Et plus barbare encore que ses soldats, il porte au malheureux Sébastien un grand coup de cimeterre qui le renverse mourant de son cheval ; d'autres Maures l'achèvent. Huit mille chrétiens sont massacrés, très peu se sauvent; la plupart de ceux qui échappent au carnage restent captifs des Maures, à qui la victoire coûte dix-huit mille hommes. Mais ce qui rend cette journée plus mémorable encore, c'est la mort des trois rois qui sont venus combattre dans la même bataille ; Muley Abdelmeleck, chef de l'armée victorieuse, expire de maladie dans sa litière pendant l'action, donnant les ordres les plus sages, et son neveu Mohamet se noie en fuyant, tandis que son allié Sébastien tombe sous le fer des Maures. Ainsi périt à trente-quatre ans, avec l'élite de sa noblesse, et sans héritier, l'arrière-petit-fils du grand Emmanuel, laissant le royaume dans l'épuisement, et ses sujets dans la consternation, lui sur qui la nation entière s'était reposée avec tant de confiance du soin de prolonger ses belles destinées. Un deuil solennel signala dans tout le royaume la douleur publique, et le sceptre fut remis entre les mains du cardinal Henri, que son âge et sa faiblesse rendaient désormais peu capable de soutenir le fardeau d'une monarchie chancelante.

A peine Philippe II, roi d'Espagne, a-t-il appris la mort de Sébastien, que, dirigé par son ambitieuse et sombre politique, il fait partir pour Lisbonne don Christovao de Moura, ministre portugais vendu à ses intérêts, afin de sonder les esprits sur la situation du royaume. En même temps qu'il ordonne de célébrer à Madrid les obsèques du roi, il se dispose à faire valoir ses titres à la couronne de Portugal, et, ne pouvant révoquer en doute qu'elle ne lui fût disputée, il ne néglige rien pour s'en assurer la possession par la force des armes.

Cette couronne n'était qu'en dépôt sur la tête du prêtre-roi, qui, prévoyant sa fin prochaine, nomma cinq régens du royaume pour gouverner le Portugal après sa mort, et une junte pour discuter et régler les intérêts de la succession.

Trois princes la réclamaient à la fois : don Antoine, prieur de Crato, fils naturel de Jean III, invoquait en sa faveur une promesse de mariage faite à sa mère par l'aïeul de Sébastien; Catherine, duchesse de Bragance, annonçait ses prétentions comme petite - fille d'Emmanuel; et Philippe, né d'Isabelle, fille aînée de ce monarque; soutenait l'avantage de son sexe à égalité de droits de naissance. Maître en Europe de l'Espagne, des Deux-Siciles, du Milanez, de la partie catholique des Pays-Bas, et de la Franche-Comté; en Afrique, des territoires de Tunis et d'Oran, des Canaries, et de plusieurs des îles du Cap-Vert; en Asie, des Philippines, des îles de la Sonde, et d'une partie des Moluques; en Amérique enfin, des empires du Mexique, du Pérou et du Chili, et des plus belles îles entre les deux hémisphères, le fils de Charles-Quint cèdera-t-il à des compétiteurs incapables de résister à ses armes ou à l'influence de son or? Non. Philippe a calculé d'avance toutes les chances de l'usurpation qu'il médite.

Agé de soixante-dix ans, le cardinal-roi ne règne en Portugal que pour voir l'héritage du royaume devenir l'objet d'une discussion juridique, et son neveu troublant ses derniers momens, pour se faire adjuger une si riche succession.

Mais redoutant les droits de la duchesse de Bragance à la couronne, Philippe offre au duc son époux toutes les colonies portugaises en pleine souveraineté, avec le titre de roi, si Catherine veut se désister de ses prétentions. Ni le roi d'Espagne, en faisant cette offre, ni le duc de Bragance, en la refusant, n'en apprécièrent toute l'importance.

Cependant la mort de Henri suit de près celle de Sébastien, et livre le Portugal à l'ambitieuse avidité de Philippe. En vain le peuple de Lisbonne, effrayé du joug de l'Espagne, se décide-t-il en faveur de don Antoine, prieur de Crato, et même ose le couronner; en vain, soutenu par l'Angleterre et la France, ce prince écrit-il aux Indes et au Brésil, dans l'espoir qu'on s'y déclarera pour lui; Philippe rassemble une armée de vingt-cinq mille hommes, et ordonne au fameux duc d'Albe, dont la gloire est souillée de sang, de marcher contre don Antoine, et d'envahir le Portugal. Le duc retrouve la victoire fidèle à ses drapeaux. Partout les Portugais sont vaincus; le duc de Bragance reconnaît Philippe pour son roi, et don Antoine, proscrit, chassé de sa pa-

trie, court chercher un asile en France.
Lisbonne est prise et ravagée; la flotte portugaise reçoit les ordres de Philippe, qui,
reconnu souverain du Portugal par les états
de Tomar, vient prendre possession de son
nouveau royaume.

La révolution fut entière, et s'opéra sans
troubles dans les immenses colonies portugaises; cédant à l'impulsion et à la destinée
de la mère-patrie, elles passèrent immédiatement sous le joug de l'Espagne. Les seules
îles Açores reconnurent don Antoine. Ainsi
Philippe se vit maître absolu, non seulement
d'une nouvelle monarchie en Europe, mais
encore des riches établissemens portugais
en Afrique, dans les Indes orientales et dans
le continent de l'Amérique; ainsi le Brésil
se soumit, et changea aussi de métropole.

Philippe s'était assuré la monarchie portugaise, en confirmant les lois et les priviléges de la nation, en promettant de ne pas
augmenter les impôts, de n'accorder, tant en
Europe, que dans les Deux-Indes, les charges
et les places du gouvernement qu'à des Portugais, en prenant l'engagement formel de
n'employer que les vaisseaux de la nation

dans son commerce avec ses colonies. Si une conduite aussi généreuse en apparence fut regardée par la noblesse inférieure, et même par le peuple, comme un piége adroit, plus dangereux que la force des armes, pour opprimer le Portugal, d'un autre côté les grands du royaume, la haute noblesse, et les principaux officiers de l'état ne virent dans les sermens de Philippe qu'une sorte de garantie pour la conservation de leurs emplois et de leurs richesses, tant en Europe que dans les Indes.

Telles furent les causes qui firent passer sans opposition toutes les colonies portugaises sous la domination de Philippe II, dont l'autorité fut bientôt affermie dans les deux hémisphères. En vain une expédition française tenta de rétablir don Antoine en Portugal et au Brésil. La victoire se déclarant pour la flotte espagnole près des Açores, l'escadre française, complètement défaite, se retira en désordre, et don Antoine fut heureux d'échapper lui-même par la fuite. Trois vaisseaux français, expédiés au Brésil pour l'y faire reconnaître, envoyèrent un parlementaire à Rio - Janeiro, informer Salvador Correa de Sa, gouverneur de la ville, que le commandant de l'escadre venait avec des dépêches de don Antoine, prieur de Crato, à qui les Français donnaient le titre de roi. Mais Philippe II régnait déjà au Brésil, et le gouverneur de Rio-Janeiro ne voulut ni recevoir les lettres du roi titulaire, ni permettre aux vaisseaux français d'entrer dans la rade. La barre était déjà trop bien fortifiée pour qu'ils pussent s'en ouvrir l'accès par la force. Ainsi finit la tentative de don Antoine sur le Brésil : quoique vaine, elle fut moins désastreuse qu'aucune autre de ses entreprises.

L'administration de Laurenço da Vega, gouverneur général du Brésil, ne fut marquée que par ce changement de domination, sans être signalée d'ailleurs par aucun autre événement important.

L'introduction des carmes au Brésil date de cette même époque ; ils y furent conduits par le père Domingo Freire, qui fonda leur premier couvent dans la ville de Santos.

Le frère Antoine Ventura vint l'année suivante dans la colonie, avec des bénédictins, qui s'établirent à San-Salvador. Peu de temps après le gouverneur Da Vega, vieux et infirme, se voyant sur la fin de sa carrière, et près de mourir, sans que rien eût été prévu dans la colonie pour cet événement, résigna son autorité, avec l'approbation des nobles et du peuple, à la *senado camera*, la chambre de la ville, et à l'*ovedor geral*, l'auditeur général Cosme Rangel de Macedo. Philippe II confirma cette forme de gouvernement, composé de plusieurs personnes, et le Brésil fut ainsi administré pendant près de deux ans, jusqu'à l'arrivée de Manuel Tellès Baretto, à qui ce monarque avait conféré le poste important de gouverneur général de l'Amérique portugaise.

LIVRE XII.

Etat *du Brésil à l'époque où le Portugal fut soumis à la domination de l'Espagne.*

1580 — 1581.

Quatre-vingts ans s'étaient écoulés depuis la découverte du Brésil, et la puissance portugaise, après un demi-siècle de colonisation, semblait s'y affermir enfin, lorsque la révolution dont nous venons de retracer les principales circonstances rangea la colonie entière sous la domination de l'Espagne. Ses progrès, tantôt lents, tantôt rapides, avaient été souvent contrariés, soit par les agressions des indigènes, soit par une administration inhabile, soit enfin par l'indifférence de la métropole. Tout à coup les espérances d'amélioration et d'accroissement semblèrent s'évanouir par un changement de domination qui, pendant un siècle presque entier, propagea dans la colonie toutes les fureurs de la guerre. Mais avant d'entrer dans la narration des événemens qui ont rendu trop célèbre cette période désastreuse, il est à propos de faire connaître l'état du Brésil à l'époque où il reçut le joug de Philippe II.

San-Salvador de Bahia, sa capitale, contenait alors huit mille habitans ou colons, et tout le pourtour de la baie, ou le *Reconcave*, en comptait un peu plus de deux mille : les nègres ni les Indiens ne furent compris dans ce premier dénombrement, et ces deux classes pouvaient mettre en campagne à elles seules cinq cents cavaliers et deux mille fantassins. Dès l'origine un clergé nombreux vint de Lisbonne à Bahia. L'église cathédrale eut un établissement pompeux, mais pauvre, composé de cinq dignitaires, huit chanoines, un curé, un coadjuteur, et cinq chantres ; mais peu d'entre ces ecclésiastiques avaient reçu tous les ordres, et comme leurs traitemens étaient très modiques, il en coûtait à l'évêque une partie considérable de son revenu pour avoir des

prêtres en état de desservir sa cathédrale.
Soixante - deux églises , tant dans la ville
qu'au *Reconcave*, et trois monastères, com-
plétaient ce grand établissement religieux,
disproportionné, sous tous les rapports, avec
la population encore faible d'une colonie
nouvelle. Seize églises, la plupart remplies
de richesses et d'ornemens, étaient parois-
siales, et avaient leurs chapelains et leurs
couvens à Lisbonne. Les jésuites, qui jouissaient alors d'une influence sans bornes,
possédaient aussi à Bahia un collége d'une
vaste étendue, avec une église spacieuse et
bien ornée.

On venait de jeter à San-Salvador les fondemens d'un arsenal et d'un atelier de construction ; des travaux successifs devaient
compléter peu à peu les établissemens de
cette métropole du Brésil. Ses maisons et
ses édifices étaient généralement de pierres
et de briques; mais il n'y avait encore de
remarquable que l'hôtel du gouvernement,
qui servait de résidence au gouverneur général. La ville étant située sur une hauteur
escarpée d'environ cent toises, on avait recours à des machines à poulies pour y faire

parvenir les marchandises venues par la voie de la mer, et provisoirement déposées dans les magasins du port. La plupart des rues, quoiqu'alignées et assez larges, avaient une pente si rapide, qu'elles étaient impraticables aux voitures et même aux chaises à porteur. Malgré cet inconvénient, les riches colons n'allaient point à pied, et déjà même ils se faisaient voiturer dans des hamacs de coton à réseaux, suspendus à un grand bâton de bambou, que deux nègres vigoureux portoient sur leurs épaules. Ces hamacs étoient surmontés d'une impériale, d'où pendoient des rideaux qu'on tirait à volonté lorsqu'on voulait se dérober aux regards, se garantir de la pluie, ou éviter l'ardeur du soleil. Là, couchés sur des coussins de riche étoffe, les colons portugais se faisaient transporter plus doucement, d'une extrémité à l'autre de la ville, qu'ils ne l'auraient été dans les meilleures voitures : ces sortes de palanquins s'appelaient *serpentines*. Le luxe des habits et des esclaves avait fait aussi à Bahia des progrès rapides; les nègres y servaient de bêtes de somme, portant d'un lieu à un autre les marchandises les plus lourdes,

On comptait déjà dans cette capitale plus de cent colons dont le revenu s'élevait de trois à cinq mille creuzades, et les propriétés de vingt à soixante mille. Ces riches particuliers se faisaient remarquer généralement par l'extravagance de leur faste; leurs femmes ne portaient que des étoffes de soie brodées en or, et leurs maisons étaient ornées avec la même prodigalité. Quelques - uns possédaient de la vaisselle et de l'or pour deux ou trois mille creuzades. Le luxe de la table avait fait les mêmes progrès. Le marché de la ville était toujours pourvu de pain fait d'un pur froment venu du Portugal, et de vins des Canaries et de Madère de la meilleure qualité.

Moins fortifié par l'art que par la nature, San-Salvador n'était flanqué vers le continent que de quelques bastions de terre assez mal construits; mais quatre-vingts pièces d'artillerie, dont quarante de gros calibre, défendaient les approches de la ville. A la vérité, la plupart des canons dirigés sur la barre, ou le canal, étaient d'une si forte dimension, que par cela même ils ne pouvaient être d'aucun usage. Quelques forts s'élevaient pour mieux assurer la défense de la ville et de la rade; d'autres n'étaient encore qu'en projet.

La fameuse baie de Tous-les-Saints, qui peut contenir deux mille navires, était réputée alors, non seulement la plus spacieuse du Brésil, mais, après celle de Rio-Janeiro, la meilleure de la colonie entière, quoiqu'exposée aux rafales dans la saison des grandes pluies. Au besoin, les habitans de Bahia pouvaient rassembler et mettre en mer quinze cents bâtimens de différentes grandeurs, parmi lesquels on comptait environ trois cents caravelles et cent vaisseaux capables de porter de l'artillerie. Il n'y avait pas un homme dans le *Reconcave*, soit nègre, soit colon, soit Indien, qui n'eût sa barque ou son canot, et aucune des sucreries (*ingenios*) n'en avait moins de quatre.

La canne à sucre avait été apportée de la capitainerie d'Os Ilhéos; mais elle était indigène au Brésil, et croissoit en abondance autour de Rio-Janeiro. Le nombre des sucreries au *Reconcave* était déjà de trente-six, dont vingt-une avec des moulins à eau.

La quantité de sucre exportée annuellement montait à plus de cent vingt mille *arrobas*, environ deux mille quatre cents muids anglais, outre ce qui était employé en confitures, article d'un très grand débit tant en Portugal que dans la colonie même.

Tout le pays, à deux lieues de rayon de la ville, était couvert de bonnes plantations semblables aux fermes du Portugal. Les troupeaux, les chèvres et les vaches, venus du cap Vert et d'Europe, multipliaient d'une manière prodigieuse, et donnaient du lait dont on faisait du beurre et du fromage comme en Portugal, le climat n'y apportant aucune différence. On avait aussi transporté à Bahia des chevaux du cap Vert. De riches colons, propriétaires de haras, élevaient jusqu'à quarante et cinquante cavales, dont le prix était de dix à douze mille reis chacune, et à Pernambuco on les vendait trente ducats ou soixante creuzades.

Les oranges et les citrons, introduits par les Portugais, étaient devenus excellens et plus gros qu'en Europe. Le thé, récemment découvert à Bahia, était indigène au Brésil, ainsi que le café. De leur île Saint-Thomas, les Portu-

gais avaient importé à Bahia le gingembre,
et si heureusement, que, dès l'année 1573, on
en avait déjà récolté quatre mille *arrobas*
de meilleure qualité que celui qui vient des
contrées orientales, quoique l'art de le sé-
cher ne fût pas aussi bien connu au Brésil. On
faisait un grand usage de sa racine en con-
serves; mais le gingembre fut ensuite prohibé,
comme faisant tort au commerce de l'Inde.

L'écorce de l'embica fournissait des cor-
dages et des cables excellens. On se servait
aussi de sa semence comme de poivre pour
la cuisine, et réduite en poudre, elle était
regardée comme un antidote contre la morsure des serpens. Le chanvre venait aussi à
Bahia. Les plantes parasites comprises sous
le nom général de *timbo*, servaient à faire
des corbeilles, ou des étoupes quand elles
étaient battues. On employait leur suc pour
tanner les cuirs. Broyées et jetées dans les
lacs ou les rivières, elles donnaient à l'eau
une couleur rembrunie, et enivraient ou
empoisonnaient les poissons.

Le cacao, apporté du cap Vert, avait
prospéré en peu d'années, mais alors il
commençait à dépérir ; ce qui était occa-

sionné, disait-on, par un insecte destructeur; il était d'ailleurs peu estimé dans un
pays déjà si abondant en fruits délicieux.

Les melons et les grenades furent presque
entièrement détruits, ainsi que la vigne,
par les fourmis arrivant en corps d'armées,
et qui, en une nuit seule, dévoraient non
seulement le fruit, mais la plante ou l'arbre
même. Cet insecte faisait tant de ravages,
que les colons portugais le nommaient le
roi du Brésil. Mais ses dégâts momentanés
étaient plus que compensés par la guerre
utile qu'il faisait aux autres insectes. Les
habitans, qui connaissaient la saison et l'é-
poque de leur invasion redoutable, veil-
laient, et à leur approche abandonnaient
leurs maisons jusqu'à ce que ces inévitables
visiteurs les eussent nettoyées de scorpions,
de mille-pieds, de serpens, et généralement
de tous les reptiles et insectes qui pullulent
dans ces climats. On voyait ensuite ces my-
riades de fourmis continuer leur route en
longues colonnes. Un autre insecte nommé
broca, et qu'on dépeint comme une puce
volante sans ailes visibles, perçait tous les
vases de bois qui contenaient une liqueur

quelconque, excepté de l'huile. Les serpens étaient sur-tout destructifs dans les colombiers, où ils dévoraient les petits et les œufs. Mais l'insecte qui fit souffrir le plus cruellement les premiers colons fut le *chiquas*, qui paraît avoir été plus formidable encore au Brésil qu'aux Antilles. Il s'introduisait sous les ongles des mains et des pieds, et quelquefois même attaquait toutes les jointures. Plusieurs colons perdirent leurs pieds de la manière la plus douloureuse, avant de connaître le spécifique dont les naturels faisaient usage pour se préserver des cruelles atteintes de ce dangereux insecte. Ce spécifique consistait à oindre la partie la plus exposée avec une huile rougeâtre et épaisse, exprimée du *couraq*, fruit qui ressemble à une châtaigne dans son enveloppe. La même huile était un onguent souverain pour les blessures et les fractures.

En peu d'années toutes les productions nécessaires à l'homme civilisé se naturalisèrent à Bahia. On trouvait au *Reconcave* même de vastes portions de terrain qui fournissaient du salpêtre, et en si grande quantité, qu'on aurait pu en envoyer des chargemens

en Espagne, au lieu de le tirer de l'Allemagne à grands frais.

Les habitans de Bahia n'avaient d'autre
chaux que celle qu'ils tiraient des écailles
d'huîtres, comme à Saint-Vincent ; elles
étaient si abondantes, qu'on pouvait en tout
temps de l'année en remplir des barques.

Dans aucune autre partie du monde la
mer ne se montra jamais aussi productive
ni aussi bienfaisante qu'à Bahia. La principale nourriture dont on faisait usage dans
les établissemens de sucrerie consistait en
crabes, en requins et en poisson appelé le
charco. Salée et séchée comme provision maritime, la laite de ce dernier poisson était très
estimée au Brésil. On tirait du foie des requins
de l'huile en grande quantité. Les baleines
n'étaient pas rares non plus à Bahia. On y
trouvait aussi très souvent de l'ambre gris.
Un des premiers colons en reçut quatre *ar-*
robas pour la dot de sa femme. L'ambre
abondait encore plus à Seara. Les indigènes
s'imaginaient qu'il servait de nourriture à la
baleine, qui, après l'avoir reçu dans son estomac, le vomissait, et cette opinion, qui
approche si fort de la vérité, fut adoptée

par les colons du Brésil, parcequ'on trouva
dans l'estomac d'un poisson monstrueux,
échoué près de San-Salvador, seize *arrobas*
de cette substance, dont une partie était
saine, et l'autre corrompue, c'est-à-dire dans
un état imparfait. Tous les oiseaux du Brésil mangent avec voracité de l'ambre gris,
et dans les tempêtes ils le dévoraient avant
qu'on pût s'en emparer.

S'il existe quelque part sur la terre des
singes de mer, c'est sans doute au Brésil;
du moins n'y a-t-il aucune raison suffisante
qui puisse faire infirmer à cet égard le témoignage des naturels, qui appellent ces animaux *upupiara*, et les représentent comme
très nuisibles, remontant les rivières pendant l'été, et attirant au fond de l'eau les
hommes qu'ils trouvent nageant ou occupés
à la pêche, bien plus pour les déchirer que
pour s'en nourrir.

Les rivières du *Reconcave* chariaient alors,
dans la saison des pluies, des morceaux de
cristal et des pierres semblables à des diamans. On ne doutait même plus à Bahia,
d'après le rapport des Mamalucos et des Indiens, qu'il n'y eût bien avant dans les terres

des mines d'émeraudes et de saphirs incrustés dans du cristal. Enfin le Brésil n'avait pas encore de province plus riche et plus peuplée que celle de Bahia.

Pernambuco était presque aussi florissant. La mort d'Edouard Coelho, son premier concessionnaire, avait été presque immédiatement suivie d'une confédération générale de tous les indigènes contre les colons de cette province. Dès que la cour de Lisbonne en eut connaissance, elle enjoignit à d'Albuquerque Coelho, qui venait de succéder aux droits de son père, d'aller sur-le-champ au secours de sa capitainerie. Coelho partit avec son frère Georges d'Albuquerque, et arriva en 1560 à Olinda. La colonie était en péril, et les habitans d'Olinda n'osaient s'aventurer à deux lieues de la ville. Les jésuites furent appelés au conseil, avec les chefs civils et militaires, et quoique le plus jeune des frères de Coelho n'eût que vingt ans, on l'élut *conquistador da terra*. Il mérita ce titre par cinq années de travaux, de guerres et de succès. Alors seulement toute l'étendue de la côte fut en sûreté, ainsi que tout le pays à quinze ou vingt lieues dans l'intérieur; et les Cahètes, repoussés sur tous les points, abandonnèrent la contrée aux conquérans. Ces grands avantages furent conservés depuis. Ainsi, quoique Edouard Coelho eut hasardé plusieurs milliers de creuzades pour fonder une capitainerie, dont le sort était si précaire lorsque son fils la reçut en héritage, les capitaux qu'il avait sacrifiés, en quelque sorte, rapportèrent à son fils un revenu de dix mille creuzades, provenant des droits imposés sur les pêcheries et sur les moulins à sucre de son riche domaine. On y avait élevé en peu de temps cinquante sucreries, dont la dixième partie était affermée pour dix-neuf mille creuzades. La province s'étendait à environ quarante lieues au sud jusqu'au fleuve Saint-François.

Bâtie dans un lieu élevé près du rivage de la mer, Olinda, sa ville principale, renferme plusieurs collines dans son enceinte. Sa situation est si bizarre, que toute l'industrie humaine ne pourrait la fortifier régulièrement. Le récif lui sert de port. Petit et peu commode, il est fermé d'ailleurs, en quelque sorte, par une chaîne de bancs et de rochers, dont la côte est bordée dans une grande étendue. Au sud, près de la ville, coule le *Rio-Biberibi*, qui vient se perdre entre le continent et le port, où il forme une petite île. Parmi les édifices publics on distinguait alors le collége des jésuites, fondé par le roi Sébastien, sur la pente d'une agréable colline : on y enseignait les langues et les sciences aux jeunes colons, et même aux Brasiliens convertis. La ville contenait sept cents habitans, ou colons ; mais ni les maisons isolées dans les campagnes environnantes, ni les sucreries, dont chacune était habitée par vingt ou trente colons et par une centaine de nègres, n'entraient dans ce premier aperçu de la population coloniale. Quatre à cinq mille esclaves africains ou natifs étaient alors employés dans cette province, qui, à elle seule, pouvait mettre en campagne mille soldats, dont quatre cents de cavalerie. Plus de cent colons y jouissaient d'un revenu de cent à cinq cents creuzades, et quelques-uns de huit cents, et même de mille. En peu d'années des aventuriers, arrivés pauvres du Portugal, étaient retournés riches dans la mère-patrie.

L'exploitation du bois de teinture et les

moulins à sucre étant préférés à l'agriculture, occupaient tous les bras, aussi le Brésil n'avait-il point alors d'établissemens où
les vivres et les autres besoins de la vie fussent plus chers : on les y apportait des
îles Canaries et du Portugal même. Toutefois l'aspect du pays était déjà très séduisant
par la verdure et la fertilité naturelle de ses
campagnes. Garassou, à quatre ou cinq
lieues d'Olinda, méritait moins le nom de
ville que celui de bourg. Amata do Brasil,
située à huit ou neuf lieues d'Olinda, était
plus peuplée que Garassou. L'exploitation
des bois de teinture, et son transport au rivage pour en faire des chargemens, était la
principale occupation des habitans d'Amata.
Ce bois précieux appartenait à la couronne,
qui affermait le droit de l'exporter. San-
Lazaro, autre bourg, s'élevait alors entre
Amata et Olinda : on y faisait déjà le meilleur sucre de la province. Les bâtimens de
commerce qui partaient de la colonie avec
des chargemens de sucre, payaient dix pour
cent à la couronne, et cinq pour cent de
plus en arrivant en Portugal. Environ qua-
rante-cinq navires venaient annuellement à

Pernambuco, pour y faire des chargemens de sucre et de bois de teinture, et cependant cette importante capitainerie n'avait ni forteresse, ni presque aucun autre ouvrage défensif. Quelques colons attentifs et prévoyans, exprimaient déjà leurs craintes sur les dangers auxquels étaient exposés Olinda, le Récif et la province entière, et ils insistaient auprès du gouvernement sur la nécessité de la mettre à l'abri d'une entreprise hostile.

On supposait alors qu'il ne pouvait y avoir de communication fréquente ni de commerce entre Bahia et Pernambuco, à cause des vents réguliers qui contrariaient la navigation ; mais par terre on sentait déjà la nécessité d'un établissement sur la rivière Seregipe, pour fermer le passage aux criminels d'Olinda et de San-Salvador, qui passaient d'une de ces provinces à l'autre.

La capitainerie de Saint-Vincent continuait aussi à fleurir : il y avait alors deux établissemens fortifiés dans l'île de ce nom, et plusieurs sucreries ; mais Saint-Vincent était peu considérable en lui-même, son port étant presque inaccessible aux grands vaisseaux. Les Tupiniquins, qui habitaient la contrée voisine, avaient fait alliance avec les Portugais ; cette tribu amie avait été long-temps en guerre au sud avec les Carios, et au nord avec les Tupinambas, qui s'étaient montrés si actifs et si dangereux, non seulement aux Indiens alliés des Portugais, mais aux Portugais eux-mêmes. L'île de Bertioga, située entre le continent et Saint-Amaro, à deux lieues de Saint-Vincent, avait offert, dès l'origine, des avantages qui décidèrent les premiers colons à y établir un poste militaire ; mais le voisinage des Tupinambas en rendit le séjour inquiétant. En effet, ces sauvages le détruisirent ; mais les Portugais, trouvant l'occupation de l'île trop avantageuse pour l'abandonner, relevèrent l'établissement, et le fortifièrent.

La ville de Santos, située dans une baie vis-à-vis la petite île de Saint-Amaro, était devenue l'établissement maritime le plus considérable de toute la capitainerie. L'entrée de son port se nomme *Barragrande*; les plus gros vaisseaux remontent jusqu'à Santos par cette barre. On n'y comptait guère

alors plus de quatre-vingts maisons. Les habitans étaient un mélange de Portugais et
de métis, dont le nombre ne s'élevait qu'à
trois ou quatre cents, la plupart mariés à
des Indiennes converties, et gouvernés par
des prêtres ou des religieux portugais qui
possédaient de grands biens dans la colonie. Les colons de Santos avaient un
grand nombre d'esclaves et d'Indiens tri-
butaires. A trois lieues de cette ville sont
les hautes montagnes de Pernabiacaba, qui
conduisent par une autre chaîne, et par
une forêt de six à sept lieues, à la fameuse
ville de Saint-Paul de Piratiningua, qui devait son origine aux missionnaires jésuites.
Peuplé de Mamalucos et d'Indiens convertis, Saint-Paul est situé sur une colline, au
pied de laquelle serpentent deux ruisseaux
limpides ; elle jouit, au sud et à l'est,
d'un aspect magnifique. La vue s'étend au
nord sur des plaines sans bornes, et à l'ouest
sur d'immenses forêts. L'air, rafraîchi par
les montagnes, n'y est jamais d'une excessive chaleur. Le fleuve Ingambi, qui coule
au nord à une lieue de la ville, s'élance du
sein des montagnes de Pernabiacaba ; dans

la saison des pluies on le voit se gonfler, sortir de ses bornes, et inonder alors tous les champs voisins. Au nord du fleuve s'étend, à trente ou quarante lieues, cette chaîne de riches montagnes qui renferment les premières mines d'or et de diamans alors peu connues, et dont le Portugal n'a dû depuis l'exploitation qu'à l'active persévérance et à l'avidité insatiable des habitans de Saint-Paul.

La capitainerie de Saint-Vincent était assez éloignée du tropique pour que l'orge et le froment pussent y croître; mais on les y cultivait peu, car les colons se contentaient de la nourriture du pays : on semait seulement un peu de blé pour la table des riches. Dans ces capitaineries plus tempérées, on était plus à l'abri des fourmis, et l'on pouvait y cultiver la vigne : aussi plusieurs colons recueillaient-ils trois à quatre pipes de vin par an, qu'ils avaient soin de faire bouillir afin qu'il ne se tournât point en vinaigre. A Saint-Paul même on commençait aussi à cultiver la vigne avec succès; mais là venaient en abondance ces autres productions dont les hommes sont bien plus avides :

l'or et l'argent qu'on y trouvait, pour peu qu'on cherchât des mines.

La capitainerie d'Espiritu-Santo avait été rétablie après la défaite et la mort de Fernand de Sa; mais auparavant, Fernandez Coutinho, son premier concessionnaire, s'y était ruiné, en sacrifiant pour ce grand établissement colonial, non seulement sa fortune héréditaire, mais encore ce qu'il avait acquis dans l'Inde. Réduit à la plus déplorable détresse, on l'avait vu contraint, pour se nourrir, d'avoir recours à la charité publique. La capitainerie, avec tous ses droits et ses titres, passa au fils de Coutinho, et ce fut tout son héritage. Relevée enfin, elle se composa, comme dans l'origine, de quelques familles portugaises réparties dans deux établissemens, dont l'un porte, ainsi que la capitainerie même, le nom d'Espiritu-Santo. Sa baie, de médiocre grandeur, contient quelques petites îles. La ville principale est située à la droite du port, sur le rivage même : elle n'avait ni fossés ni murailles. La côte septentrionale est parsemée de rocs dangereux pour les navigateurs. Cette capitainerie, l'une des plus fertiles du Brésil, promettait alors de redevenir florissante.

Celle de Porto-Seguro commençait aussi à sortir de ses ruines. Après la mort de Tourinho, son premier possesseur, tout avait décliné sous la mauvaise administration de son fils. Ce dernier laissa une fille qui refusa de se marier, et vendit ses droits au premier duc d'Aveiro pour une rente annuelle de cent mille reis. L'influence et les capitaux du nouveau concessionnaire, et sur-tout l'établissement d'un collége de jésuites, relevèrent bientôt la colonie; car, partout où venaient ces missionnaires, ils rassemblaient et civilisaient les Indiens. On compta bientôt aux environs de Porto-Seguro plusieurs villages de Brasiliens convertis. La ville conservait encore la croix qu'Alvarez Cabral avait fait planter sur cette terre nouvelle, lorsqu'il découvrit le Brésil. C'est à peu de distance de cette même côte que commencent les fameux écueils nommés *Abrolhos*, qui s'étendent si loin en mer. Les navigateurs portugais n'avaient point encore pu en fixer les bornes. Ils sont dangereux, sur-tout pendant la haute mer, étant alors cachés par la surface des flots; mais à la

marée basse , on découvre leurs pointes ,
qu'on peut éviter sur-tout dans le jour lorsque les vagues s'y brisent.

La capitainerie de Porto - Seguro renfermait encore deux autres petites villes , Saint-
Amaro et Santa-Crux. C'était la plus riche
province du Brésil en bois de construction ;
elle offrait aussi en abondance des productions excellentes , telles que des bananes ,
des oranges , des noix de cocos , et sur-tout
du manioc. Son commerce consistait en
eaux parfumées et en essences , qu'on vendait à San-Salvador. Les arbres à baume et
à gomme y étaient si communs , que pour
en tirer le suc précieux , les Portugais les
coupaient dans leur racine , au lieu d'employer le moyen plus économique de l'in-
cision. Tous ces avantages s'évanouirent en
quelque sorte par une suite de nouveaux
malheurs qui vinrent encore accabler toute
la province. Les Aymures y renouvelèrent
leurs ravages ; et , à l'époque où la colonie
entière passa sous la domination de l'Espagne, Porto-Seguro était presque dépeuplé ;
à peine y comptait-on vingt familles portugaises. Il ne lui restait plus qu'une seule

sucrerie; et, comme si tous les fléaux s'é-
taient ligués pour sa destruction, le feu prit
deux fois en un an à la ville principale, et
au second incendie, tout ce qui avait d'abord
échappé aux flammes fut consumé.

La capitainerie d'Os Ilheos, située à trente
lieues au nord de Porto-Seguro, et presque
à la même distance de Bahia, au midi, était
devenue florissante sous l'administration de
Lenas Giraldès, son dernier concessionnaire. Fertile en sucre et en manioc, cette
province renfermait déjà plus de cent familles portugaises, et un grand nombre d'esclaves sans cesse occupés des travaux de
l'agriculture; mais tout à coup, partageant
le sort de la capitainerie de Porto-Seguro, elle
fut ruinée et ravagée par les barbares Aymures qui, après l'arrivée des Portugais, étaient
venus fondre à plusieurs reprises sur ces deux
établissemens limitrophes, qu'ils détruisirent
presque entièrement vers la même époque.

Alors la province de Rio - Janeiro, qui
renferme aujourd'hui la métropole du Brésil, n'avait encore dans son sein qu'un établissement ébauché. Du côté de terre aucune
fortification ne défendait la nouvelle ville

de Saint-Sébastien ; mais deux grands villages peu éloignés de ses murailles, et habités par plusieurs milliers de Brasiliens qui
avaient embrassé le christianisme, et contribué à la conquête du pays, servaient comme
de postes avancés contre les agressions des
peuplades de l'intérieur, bien moins à craindre, il est vrai, depuis la destruction des Tamoyos et l'émigration des Tupinambas. Les
Indiens catholiques, qui avaient reçu le
joug des Portugais, leur obéissaient avec
une soumission aveugle. La fertilité du terrain de Rio-Janeiro est telle, que tout y
venait spontanément. On y établissait alors
des sucreries. L'admirable position de la
ville, et la magnificence de sa rade faisaient
déjà présager sa grandeur future.

Ainsi, à l'exception des provinces de Bahia et de Saint-Vincent, de Saint-Paul et de
Pernambuco, et de quelques établissemens
élevés par le zèle des missionnaires, les
autres colonies du Brésil, lorsqu'arriva le
changement de domination, ou ne faisaient
que de naître, ou avaient déjà été ravagées
et presque détruites.

Toutes les tentatives de colonisation

avaient été malheureuses vers l'embouchure de l'Amazone et sur les côtes voisines, et deux cents lieues de côtes au nord de Pernambuco étaient encore occupées par la formidable et nombreuse race des Tapuyas.

Mais, à l'exception des Guayanazes et des Aymures, toutes les hordes sauvages établies le long de la côte, depuis Pernambuco jusqu'à Saint-Vincent, avaient été repoussées, vaincues, ou soumises.

La barbare tribu des Cahètes, d'abord presque détruite à Pernambuco, revenant à la charge recrutée, mais enfin repoussée de toutes parts, avait abandonné la province aux colons portugais, forts de leur alliance avec la tribu des Tabayares. Les Tupinambas du nord étaient vaincus ou soumis à Bahia. Maîtres d'abord des côtes d'Os Ilheos et de Porto-Seguro, et repoussant les premiers colons portugais, les Tupiniquins avaient vécu ensuite dans une étroite union avec eux, sans pouvoir toutefois les défendre contre les invasions des Aymures. A Tamaraca, les Pitiguares avaient été repoussés et chassés. Dissoute par l'habileté des missionnaires jésuites, la confédération des tribus

brasiliennes du sud ne pouvaient plus désormais se renouveler, sur-tout depuis la
destruction des Tamoyos et l'émigration des
Tupinambas de Rio-Janeiro. La conversion
entière et la civilisation des Guaynazes, fidèles alliés des colons de Saint-Vincent et
de Saint-Paul, mettaient ces deux colonies
à couvert des attaques des hordes du sud.

Tels étaient alors les rapports politiques
des Portugais du Brésil avec les peuplades
indigènes. D'autres causes plus générales
encore avaient aussi influé sur les dispositions et le caractère des premiers colons,
et sur leur état physique et moral.

Quelque salubre que soit généralement
le climat du Brésil dans sa vaste étendue,
il fut cependant nuisible à un grand nombre
de colons, dont les habitudes avaient été
formées dans une température différente ;
c'est ainsi que des plantes dépérissent et
meurent, quoique transplantées sur un sol
plus riche et dans un climat plus heureux.

Les femmes portugaises n'élevèrent d'a-
bord que très peu d'enfans, pas même un
sur trois ; mais apprenant enfin des sauvages
à réjeter, dans une température si chaude,

le poids des vêtemens, à laisser la tête nue,
à user librement de bains froids, elles ne se
plaignirent bientôt plus que le climat fût
destructif de la vie de leurs nouveaux-nés.

Cependant le mélange de trois races différentes, l'européenne, l'africaine et l'amé-
ricaine, produisit des maladies nouvelles,
ou au moins de nouvelles constitutions qui
modifièrent tellement les anciennes maladies, que de nouveaux symptômes échappèrent à la sagacité des médecins les plus
habiles. Une maladie du foie devint endé-
mique dans la classe inférieure : ses invasions étaient sur-tout fréquentes dans la
saison humide. Les affections de la vue affligèrent particulièrement les soldats et les pauvres : ils éprouvaient cet aveuglement du
soir dont se plaignent souvent les Européens
entre les tropiques. La fumée de tabac et de
charbon fait d'écorce de Guariba, ou du
blanc de plomb mêlé avec du lait de femme
étaient les spécifiques auxquels on avait recours. Une autre maladie commune était ce
que les Portugais nomment *ar*, l'air, en sup-
posant qu'il ait été en effet l'agent du mal
que les médecins caractérisaient sous le nom

de *stupar*. C'était une sorte d'abattement, d'affaissement général qui paralysait les facultés du corps et celles de l'ame. Les fumigations d'encens et de myrrhe, et les bains de fumier de cheval étaient regardés comme des remèdes salutaires pour ces sortes de maladies. Mais la plus terrible était un ulcère à l'anus; à moins que les progrès n'en fussent bientôt arrêtés par l'usage de l'opium, il devenait fatal aux colons, et aucune sorte de mort ne fut jamais ni plus dégoûtante, ni plus cruelle.

Tels furent les maux physiques qui affligèrent les Portugais du Brésil pendant le premier siècle qui suivit la découverte. Mais celui qui voulait parvenir à la vieillesse dans cette contrée, soit parmi les naturels, soit parmi les colons européens, s'abstenait soigneusement de l'usage journalier des viandes, du vin et des liqueurs. La sobriété conduisait naturellement à une longévité heureuse et paisible. Nulle part les Européens n'ont moins souffert qu'au Brésil de leur transplantation au-delà des limites que la nature semble leur avoir assignées. Mais leur moral s'affecta davantage par une sorte de détérioration intellectuelle qui provenait de circonstances, dont quelques-unes étaient temporaires, par conséquent faciles à détruire ou à dissiper. Les crimes les plus fréquens en Portugal, le devinrent davantage au Brésil; parceque la colonie recevait les vagabonds et les bannis de la métropole. Les débiteurs frauduleux y accoururent, ainsi qu'une foule d'hommes coupables de viol, de rapt et de meurtre. Ce dernier crime était là, comme en Portugal, une sorte de vengeance souvent pratiquée, rarement punie, et regardée sans horreur.

Cependant une race d'hommes s'élevait, fière et intraitable, il est vrai, mais acquérant de son mélange avec le sang des indigènes une vigueur prodigieuse de constitution et une activité infatigable. Tandis que les Espagnols du Paraguay négligeaient les découvertes des premiers conquérans, et oubliaient presque les mœurs et le langage de leur patrie, les Mamalucos ou Métis brasiliens continuaient à explorer la contrée, restaient des années entières dans les bois et dans les montagnes, chassaient aux esclaves, ou cherchaient, sur le rapport des naturels, de

l'or et des pierres précieuses, assurant ainsi,
à force de persévérance et d'opiniâtreté, tant
à eux-mêmes qu'à la dynastie de Bragance,
les plus riches mines, la plus vaste partie
de l'Amérique du sud, et la plus belle région
du monde habitable.

FIN DU PREMIER VOLUME.

Lightning Source UK Ltd.
Milton Keynes UK
UKOW07f0233270616

277144UK00005B/31/P